国　著

社会」背景下高职教育研究

世界图书出版公司

广州·上海·西安·北京

图书在版编目（CIP）数据

"两型社会"背景下高职教育研究／蒋卫国著. —广州：世界图书出版广东有限公司，2012.5

IISBN 978 - 7 - 5100 - 4616 - 2

Ⅰ. ①两… Ⅱ. ①蒋… Ⅲ. ①高等职业教育 - 研究 - 中国 Ⅳ. ①G718.5

中国版本图书馆 CIP 数据核字（2012）第 091872 号

"两型社会"背景下高职教育研究

责任编辑	李 素　王 慧　刘海雁
封面设计	兰文婷
出版发行	世界图书出版广东有限公司
地　址	广州市新港西路大江冲 25 号
电　话	020 - 84459702
印　刷	虎彩印艺股份有限公司
规　格	890mm×1240mm　1/32
印　张	8
字　数	215 千字
版　次	2013年5月第2版　2014年4月第3次印刷
书　号	ISBN　978 - 7 - 5100 - 4616 - 2
定　价	30.00元

目　录

前言 / 001

第一章　高职教育在中国 / 005
一、世界范围的职业教育 / 005
二、中国高职教育的发展历程 / 011
三、中国高职教育的基本特征 / 017

第二章　高职教育与地方经济的互动发展 / 020
一、高技能人才在经济发展中地位的提高 / 020
二、高职教育与地方经济的发展关系 / 025
三、美国社区学院——高职教育与地方经济发展紧密结合
　　的典范 / 028

第三章　"两型社会"的建设与湖南高职教育的发展 / 044
一、"两型社会"的提出及其内涵 / 044
二、"两型社会"建设背景下的湖南经济 / 048
三、"两型社会"建设背景下的湖南高职教育 / 052

第四章 建立高职教育与"两型社会"建设的对接机制 / 083

一、明确政府、行(企)业的角色定位及其与学校之间的关系 / 083

二、建立科学的教学运行机制 / 090

三、建立社会评价体系 / 108

四、建立产学结合机制 / 128

五、完善"专升本"机制 / 143

第五章 建设"两型社会"中的特色高职院校 / 154

一、明确服务"两型社会"建设的发展理念 / 154

二、转变观念,提高社会认同度 / 162

三、加强师资队伍建设 / 169

四、大力开展创业教育 / 173

五、坚持全面和一贯性的职业指导 / 195

六、成立高职教育联盟 / 200

七、创新人才培养模式 / 214

第六章 实现高职教育在"两型社会"建设中的价值 / 236

一、建设"两型社会"为高职院校的发展提供了机遇 / 236

二、高职教育在建设"两型社会"中的战略地位 / 238

三、建设"两型社会"对高职教育提出的新要求 / 241

四、实现高职教育在"两型社会"建设中的价值 / 244

参考文献 / 247

前　言

　　21 世纪以来,我国现代化建设已经进入到加快经济发展方式转变的新的历史时期,经济社会发展需要尽快走上创新驱动、内生增长的轨道,大力发展高职教育被列入国家重要议事日程。《国家中长期教育改革和发展规划纲要(2010—2020 年)》指出"发展职业教育是推动经济发展、促进就业、改善民生、解决'三农'问题的重要途径,是缓解劳动力供求机构矛盾的关键环节,必须摆在更加突出的位置"。国家发展迫切需要数量充足、结构合理的技能型人才,特别是高技能人才作为支撑;就业是民生之本,当前人民需要生活得更加幸福、更有尊严,社会需要更加公正、更加和谐。要做到这些,就需要大力发展高职院校。

　　我国关于高职教育的研究主要有下列几种观点:

　　一是教育层次说。

　　这种观点的依据是从什么是高等层次和什么是职业教育两个方面而得出来的。教育层次主要是根据受教育的年限来划分的,即若完成某类专业教育需要在 12 年以后再学习若干年,一般就把这类教育划分为高等层次。我国《高等教育法》明确规定:高等学历教育分为专科教育、本科教育和研究生教育。其中专科教育是在 12 年后再学习 2～3 年。职业是个历史的概念。"职"指执掌之事,"业"是古代记事的方法,"职业"即分内应做之事。社会出现分工后,职业对个人来说,就是谋生的手段。进入工业化社会后,由于新机器的发明和使用,生产第一线越来越需要接受过一定教育培训、掌握必备的专门知识和技能的劳动者。这样针对生产第一线从业人员的教育培训就产生了,后来又扩大到了服务、管理等领域,可见高职教育可认为是培养生产、服务、管理等第一线需要的实用人才的高等教育。按照这一观点,高职教育是相当于普通高等教育修业年限的职业教育。高职教育虽然目前主要被定位在专科层次,但并不意味着仅限于这一层次,在适当时候,可拓展至本科、研究生教育层次。

二是培养目标类型说。

这种观点认为,依据专业教育培养目标类型,可把高等教育划分为学科型、职业型、其他型三种类别。学科型高等教育是指以培养学科型高级专门人才,即系统地掌握某一学科领域的基础理论和专门知识,有能力推动学科进步与发展或经过一定实际工作锻炼后,能够胜任该学科所涵盖的同性质职业或岗位工作的人才为教育目标的高等教育。职业型高等教育是指以培养职业型高等专门人才为教育目标的高等教育,即培养社会生产和生活中实际存在的、需要经高等教育相应专业培养并加以系统训练方可胜任相应职业、岗位工作的人才,如临床医生、各类教师就属于这类教育培养出来的人才。职业高等教育在我国目前宜主要实施专科教育,有些专业修业年限可长些,如培养飞机驾驶员。以培养职业型或学科型以外的其他高级专门人才为教育目标的高等教育统属"其他类型高等教育"。

三是人才类型说。

这种观点认为,人才类型与教育类型有很强的相关性,人才类型是划分教育类型的决定性因素。目前社会所需的人才类型可分为学术型、工程型、技术型和技能型四种,其中从事发现和研究客观规律工作的是学术型人才;从事为社会谋取直接利益有关事业的设计、规划、决策工作的称为工程型人才;在生产第一线或工作现场从事为社会谋取直接利益工作,或把工程型人才的设计、规划、决策转变为工程、产品等物质形态的称为技术型人才;技能型人才也是在生产第一线或工作现场从事为社会谋取直接利益的工作,但与技术型人才相比,他们主要依赖操作技能进行,智力技能成分相对较少,程度较低。与此相对应的教育类型分别是学术教育、工程教育、技术教育和技能教育。前两类人才主要由普通高等教育来培养,技术型人才一般由高职教育来培养,而技能型人才的培养则由中等职业技术教育来承担。

对高职教育内涵的界定,不同的角度就会产生不同的描述方式。国际上公认的联合国教科文组织颁发的《国际教育标准分类》(International Standard Classification of Education,简称 ISCED)(1997 年版)将教育分为 7 个等级:学前教育为 0 级、小学教育为 1 级、初中教育为 2 级、高中教育为 3 级、高中与大学之间有一段补习期教育为 4 级、大学教育为 5 级、研究生教育为 6 级。"标准分类"将大学教育(5 级)分为以学术性为主的教育(5A)和以技术性为主的教育(5B)。"标准分类"对以学术性为主的教育(5A)描述为:"课程在很大程度上是理论性的,目的是为进入高级研究课程和从事工程要求的职业做充分的准备。"对以技术性为主的教育(5B)描述为:"课程内容是面向实际的,是分具体职业的,主要目的是让学生获得从事某个职业或行业或某类职业或行业所需的实际技能和知识,完成这一级的学生一样具备进入劳务市场所需的能力和资格。"很显然,我国目前的高职教育从层次、类型以及课程特征上看,与 ISCED 中的 5B 基本是一致的。

可见高职教育就是以社会某一种(类)职业岗位(群)的实际所需的知识和技能为设定课程计划的主要依据,面向生产、建设、管理、服务等第一线需要培养技术应用型人才的一种高等教育类型,包括学历教育和非学历教育。这一概念包含五方面的内容:一是培养目标的针对性强,即为了满足社会职业岗位或岗位群的需要而确定培养目标,从而也保证了专业和课程设置的定向性。二是课程体系的构建体现出极强的实践性,要求理论知识的"必须、够用",强调理论服务于应用技能的培养。三是教育层次是高等教育,因而对学生的入学要求也有了具体的规定,即应具有高中文化水平或与此文化基础相当。它属于高等教育的一种类型,具有职业性质的特点。四是人才性质属于应用型,包括某些智能成分占有较大比例的技能人才。五是教育形式为学历教育和非学历教育。

从上述界定中可以看出,高职教育属于高等教育范畴,但又有别于传统高等教育的学术型、研究型特点,高职教育更应被称为应用型、实践型教育,是一种特色鲜明、自身规定性清楚的高等教育类型,是与经济发展最为密切、最为直接的一种教育类型,它肩负着培养有创新精神和创业能力的技术应用型人才的重任。高职教育的发展有利于提高劳动者知识技能和综合素质,有利于增强和提高劳动者技术创新和应用新技术的能力,有利于提高社会的劳动生产率,促进社会经济的快速发展。随着我国经济体制改革的加速和经济增长方式的转变,我国的高职教育逐渐登上历史舞台,并不断由边缘向中心靠近。到 2008 年底,中国大陆独立设置的高等职业技术学院超过 1200 所,占全国高校总数70% 左右,高职在校生超过 1300 万,占全国高校在校生的一半多,高职教育已经占领了高等教育的"半壁江山"。《国家中长期教育改革和发展规划纲要(2010—2020 年)》进一步指出"发展职业教育是推动经济发展、促进就业、改善民生、解决'三农'问题的重要途径,是缓解劳动力供求机构矛盾的关键环节,必须摆在更加突出的位置"。作为高职教育的承办者——高职院校应抓住机遇,在总结国内外职业教育的发展经验的基础上,不断探索和创新高职院校的发展途径,促进自身的发展和壮大,以不断满足我国社会和经济发展对技术型人才的需求。

本书中的一些见解还比较单薄,缺乏一定的实践依据,还需要在实践中不断地探讨和完善。

第一章　高职教育在中国

　　高职院校,是高等职业院校的简称,是高等学校的重要组成部分。从世界范围看,高等职业教育是经济社会发展到一定阶段出现的一种新型高等教育,与传统普通高等教育有着不同的性质,是以培养具有一定理论知识和较强实践能力,面向基层、面向生产、面向服务和管理第一线职业岗位的实用型、技术型和技能型专门人才为目的高等教育,是职业技术教育的高等阶段。到 2008 年底,我国大陆独立设置的高等职业技术学院超过 1200 所,占全国高校总数的 70%左右,高职在校生超过 1300 万,占全国高校在校生的一半多。

一、世界范围的职业教育

　　职业教育发轫于工业化国家。许多工业化国家在创造人类物质文明的同时,也创造了被世人称道的职业教育。

(一)职业教育是经济振兴的必由之路

　　从国际比较的角度来看,职业教育的发展程度及普及状况是衡量一个国家现代化程度和社会文明程度的一个重要标志。可以说,没有一个发达国家不重视职业教育。通常情况下,发达国家都有完善的职业教育体系和成熟的职业教育模式。如德国的"双元制"、美国的社区学院、加拿大的 CBE、澳大利亚的 TAFE。

　　第二次世界大战给德国带来了毁灭性的破坏,主要城市几乎遭到彻底毁坏。德国南部约有 90% 的工厂停产,工业产值也只有战前的 5% ,经济几近崩溃。在灾难面前,德国人脚踏实地地思考着如何重建家园。战争一结束,便立即着手重建与恢复整个教育事业,恢复职业教育及第二次世界大战期间关闭的职业学校的教学工作。经过近 10 年的争论和协调,1969 年 8 月 14 日,《联邦职业技术教育法》正式颁布。该法的出台保障了国家对职业教育的干预力,使之形成了科学合理的职业教育体系,即学校教育与企业培训紧密结合,以企业培训为主的"双元制"职业教育。在德国教育体制中,实施的是二次分流教育。第一次是小学后,完成初等教育后,每年约有 1/4 的学生进入实科中学,接受职业化的教育,将来进入技术学院或直接上岗。第二次是 12 年义务教育的第 10 年,相当于我们国家的初中后分流。在高中阶段除了大约 30% 的学生进入完全中学高中段学习外,其余 70% 接受中等职业教育。"双元制"职业教育模式,不仅为其战后的崛起起到了强大的推动作用,而且构成了德国民族文化的一个重要方面,受到世界上许多国家的关注和效法。德国前总理科尔在谈到德国科学技术与经济迅速发展的奥秘时指出,德国人民所具有的文化素质和发达的职业教育是促成联邦德国今日强盛的关键所在。

　　与之相反,英国自 18 世纪后期开始曾以头号霸主身份引领世界潮流一个多世纪。但在经历了两次世界大战,特别是第二次世界大战后,英国则从一个世界上最强盛的工业大国和占世界 1/4 领土的殖民帝国,演变为一个追随美国的二流国家。英国由盛转衰是多种因素综合作用的结果,但职业教育的相对落后,是其中一个重要的原因。19 世纪 50 年代之前,英国政府恪守自由放任的信条,对职业教育不管不问。同时,英吉利民族在长期的历史积淀中形成的崇尚古典教育的人文主义传统,对职业教育存有明显的偏见。在 19 世纪末 20 世纪初,德国、法国、美国和日本通过博览会看到了自己的不足,加快建立国家职业教育制度的时候,英国仍力图以为升学服务的文法中学统一中等教育,视职业教育为中等教育之外的另类。《1944年教育法》的实施,技术中学和现代中学才被纳入中等教育体系。但随着综合中学改组进程的加快,使本来就处于弱势地位的现代中学和技术中学大大减少。20 世纪 60 年代以来,在大部分的竞争对手都保留和加强中等技术学校教育时,英国却取消了它。英国所放弃的不是职业教育,而是参与国际竞争的秘密武器。正如 1990 年 5 月英国《金融时报》刊文所说,"与欧洲大陆和日本相比,职业教育体系薄弱,缺乏各个层次的技术学校是英国战后教育最大的失败"。

(二)职业教育的发展是技术进步和社会需要的结果

按一般的逻辑,技术进步是工业化的条件,最早的工业化国家职业技术教育理所当然应该是发达的。恰恰相反,英国的职业教育不仅起步晚,而且发展缓慢。由此可见,工业化水平与职业教育发展之间的关系是复杂的,而非简单的、线性的。英国著名历史学家霍布斯鲍姆(Eric Hobsbawm)在其《工业与帝国》中指出,"在 18 世纪早期,除了那些实用机械之外几乎不需要什么科学知识或技术技能"。如果说,工业发展的早期阶段,对知识和技能的需求有限,而且传统的教育形式如家庭和学徒制也足以满足其需求的话,那么到了工业革命的第二个发展阶段,先进技术的发展水平已经使正规的应用科学培训变得不可或缺了。因此,英国在以机械为标志的第一次工业革命中获得了绝对的霸主地位,而在以电力为标志的第二次工业革命中则开始处于劣势。从世界各国工业化进程看,工业化中期对技能型劳动者有着巨大的需求,是职业教育发展的黄金时期。

一般讲,职业教育是工业化的产物。但从本质上看,职业教育实质是科技进步的结果,科学技术的发展制约着职业教育的发展水平。在农业社会里,人力和畜力是主要动力,生产技术简单,劳动者所需要的生产技能在劳动中就可获得。18 世纪末蒸汽机的发明,推动了工业革命。随着大机器生产的快速发展,迫切需要掌握机械原理和生产技能的大量劳动者,单靠在生产过程中自发学习和师徒相传远远不够,只有独立于生产劳动之外的学习过程才能适应新的需要。由此,学徒制逐步衰落,早期的职业学校应运而生。二战以来,世界范围内新技术革命的兴起促进了社会产业结构和劳动就业结构的变化。科学技术的发展,新的产业和职业不断出现,对培养新生劳动力的职业教育提出了要求。另外,科学技术的发展使劳动者的知识结构发生变化。在劳动组织结构中,非技术劳动者与技术劳动者、一般体力劳动者的比重发生了重要变化,非技术劳动者和体力劳动者的比重逐步减少。这对职业教育提出了向高层次发展的要求。

同时技术是一个发展的概念。古代的技术泛指一切技能与技艺,主要依靠经验积累,至 19 世纪,随着工业革命的不断深入,技术的概念被扩展。技术不再是主要依靠经验的积累,而是以科学理论为基础来发展。技术的科学化、理论化是现代技术的最大特征。进入 20 世纪,技术的含义继续拓宽,开始包含方法、工艺、思想以及工具和装备等,到 20 世纪下半叶,技术成为一种创造出可再现的方法或手段的能力,并能导致产品、工艺过程和服务的改进。在当今世界,技术变成了一项复杂的社会事业,不仅包括研究、设计和技巧,还涉及财政、制造、管理、劳工、营销和维修,也扩展到广阔的服务领域。现代技术的含义除物质性的技术外,还包括非物质性的技术。社会对技术型人才的需求日趋旺盛,对技术型人才职业能力的要求不断提高。同时,也带来了职业教育内涵的不断变化。

(三)职业教育在争论和歧视中曲折发展

为产业服务的技术学校的产生,使中等教育与现代机器大生产实现了结合,也使中等教育的功能由单一选拔功能,扩展到升学和就业教育兼备的双重功能,改变了中等教育几百年来一直游离于经济生活之外的状况。职业教育的产生和发展体现了教育的进步。但是各国教育官员对职业教育却不那么关心。

　　法国19世纪60年代，教育大臣主要致力于充实初等教育和中等教育，对如何办好学校形态的职业教育以及职业教育训练，大多数人都比较糊涂。在英国，职业学校创立之初就有一些反对的声音。公学和大学中长期存在的对人文教育的尊崇，使得一些人很难接受职业学校的概念，他们对过早地对儿童进行职业教育持怀疑态度。更有甚者，认为职业教育是与高等教育完全不沾边的"次等教育产品"，是专门为工人阶层的孩子提供低劣教育的地方。德国多科技术学院是在当时德国各大学的鄙视和反对下发展起来的。教育部长洪堡（Humboldt）就曾经公开说过，应用科学和真正的知识相距千里。在这种思想指导下，德国大学极力排斥职业培训，反对应用科学进入它们的殿堂。他们对德国多科技术学院的"上升"一直持反对意见。无独有偶，南北战争之后，美国国会1862年便通过《毛利法案》，由联邦拨地给各州兴建农工学院。创办农工学院，面向工农业实际，培养专业人员。1884年，康涅狄格州农学院毕业典礼上，学生讲演《灌溉和排水》、《马脚、牛脚和它们的疾病》时，听众哗然，认为不伦不类。农工学院被许多保守人士嘲笑为"放牛娃学院"。尽管如此，职业教育在曲折中不断发展壮大。

（四）职业教育的内涵不断拓展，呈多样化、终身化趋势

　　一方面在西方，"职业教育"（Vocational Education）在多数情况下，是指培养一般熟练工人或半熟练工人的职业教育和培训；高一层次的"职业教育"通常称之为"技术教育"（Technical Education），即以培养一般的技术人员为主要目标；再高一层次的"职业教育"便是那种以培养工程师或高级专业技术人员为目标的"专业教育"（Professional Education）。因此"Vocational Education"、"Technical Education"、"Professional Education"分别代表了职业人才培养中的三个层次，大致对应于我国的"技术工人"、"技术员"与"工程师"。1974年联合国教科文组织曾建议将"职业和技术教育"（Technical and Vocational Education)作为教育的综合性术语(A Comprehensive Term)。1984 年,联合国教科文组织出版了《技术和职业教育术语》一书,对技术教育与职业教育加以区别。职业教育"通常在中等教育后期进行","通常着重于实际训练",培养"技能人员"(Skilled – personnel);技术教育则设置在中等教育后期或第三级教育(高中后教育)初期,培养中等水平人员(技术员、中级管理人员等)以及大学水平的工程师和技术师。1999 年 4 月联合国教科文组织在韩国召开的第二届国际职业技术教育大会上,又使用了"技术和职业教育与培训"(Technical and Vocational Education and Training,TVET)的概念。但不少学者坚持技术教育是职业教育的子概念,不赞成技术教育与职业教育并列,主张将两者统称为"职业教育"。在我国,有"职业教育"和"职业技术教育"两个通用术语。按《中华人民共和国职业教育法》的定义,职业教育是各级各类职业和技术教育以及普通教育中职业教育的总和。近年来,联合国教科文组织、国际劳工组织、世界银行、亚洲开发银行等国际机构越来越普遍地使用技术和职业教育与培训(TVET)的术语,用以替代传统的职业技术教育或职业教育。TVET包括以下内容:普通教育中的技术和职业入门教育、为从事某种职业做准备的技术和职业教育、作为继续教育组成部分的技术和职业教育。

另一方面在终身学习制度的框架下,学习者的年龄、身份等差距在逐渐淡化,职业教育的短期性、技能性和社区性的特点愈加凸显,职业教育将进一步与成人教育相互融合。从全民的角度看,职业教育是面向全民的教育,是让所有人有机会接受的教育。2004 年 6 月美国教育部公布了全国职业教育发展状况评估报告。据美国教育部统计,目前,几乎每一位美国高中生(96.6%)在毕业前都会修习一些职业课程,45%的高中生平均修习至少 3 个学分的职业课程。美国大约一半的高中生和 1/3 的大学生把职业课程作为他们学业的主要部分之一。大约有 4000 万成人(每四个成人中就有一个)参加短期的中学后职业培训。在过去的十几年里,高中职业课程正在吸引着越来越多的学术天赋较好的学生。香港现今仍然沿用英式的教育制度。中学三年级在读的学生中仅有 18% 能够进入大学学习。那么,另外 82% 的人的谋生与就业问题就成了职业教育与培训的任务。正如 1999 年在韩国召开的第二届国际职业技术教育大会上指出的,"技术和职业教育与培训应能使社会所有群体的人都能入学,所有年龄层的人都能入学,它应为全民提供终身学习的机会"。

二、中国高职教育的发展历程

(一)中国高职教育的产生阶段

高职教育在中国发展的历史不长,比较公认的是在清末洋务运动期间,主张并实施实业学堂开始的。当时西方列强用他们的船坚炮利打开了中国的国门,也打醒了"沉睡"的中国人。我国一些爱国人士、改革派纷纷联合起来,在"师夷长技以制夷"的思路指引下,开始大举兴办一批工厂,尤其是军工厂,积极引进西方的先进机器和先进技术。然而由于我国长期受制于"重道轻艺"的观念,社会上严重缺乏能操纵这些机器的技术工人和管理者。于是一批旨在培养有一定文化基础和技术能力的面向工、农、商等方面实用人才的学校便应运而生。如福建的福州船政学堂、江西的蚕桑学堂、南京铁路学堂等。虽然这些学校没有被冠之以职业或技术之类的名称,但从其办学性质、培养目标、课程设置等方面来看与职业教育是基本一致的,是中国近代职业教育的雏形。

舒新城在《近代中国教育思想史》一书中指出:"⋯⋯清光绪二十九年,张之洞奏定学堂章程《学务纲要》中谓'农工商各项实业学堂,以学成后各得治生之计为主',实业学堂设学要旨谓:'实业学堂所以振兴农工商各项实业,为富国裕民之本计';其用意与职业教育无殊,不过不以职业教育为言耳。"此后,越来越多的教育家、实业家和爱国人士以直接或间接的方式关注、支持职业教育的发展,甚至亲身参与职业教育的实践活动并为之付出毕生的精力。

(二)中国高职教育的曲折发展阶段

由于受多方面因素的影响,职业教育在中国的发展并非是一帆风顺的。中国职业教育思想先驱黄炎培先生于1913年10月发表了《学校教育采用实用主义之商榷》一文,提出了实用主义教育思想,并在1917年5月6日倡导成立中华职业教育社,1926年又发表了题为《提出大职业教育主义征求同志意见》的著名文章,由此掀起了职业教育在中国发展的一次高潮。根据中华民国政府1912—1913年的"壬子癸丑学制"和1922年的"壬戌学制"成立的专门学校和高等师范学校,是中国近现代高职院校的进一步发展。"壬戌学制"至今仍然在台湾贯彻实施。但袁世凯复辟后,中国的教育,包括职业教育受到了沉重打击,高职教育发展跌入了低谷。

新中国成立后,国民党反动派留给我们的是千疮百孔、一穷二白、百废待兴的烂摊子,经济基础十分薄弱。中国的高职院校除了高等师范院校真正是在继续走高等职业教育之路外,其他的高等职业教育几乎没有或是名存实亡。由于受西方资本主义国家的全面封锁以及自身经验的缺乏,我国转向了全面向前苏联学习与借鉴,高等教育以前苏联高教模式为蓝本进行了充实与调整,特别是以培养通晓基本理论并能从事实际运用的专门技术人才为目标的中等技术学校,受到了极大的重视,学校数量得到迅猛发展。1950—1965年间,技工学校从3所增加到400所,学生从3600人猛增到18.3万人;中等技术学校从500所增加到871所,学生从9.8万人上升到39.2万人。然而十年文化大革命使我国教育受到了空前的摧残,职业教育作为受害者之一再次跌入低谷。

（三）中国高职教育的飞速发展阶段

党的十一届三中全会后，我们党顺利地实现了工作重心的大转移，开始全面发展经济。"十年文革"造成我国少培养了100多万名大学生的"人才断层"，成为了社会主义现代化事业蓬勃发展的"拦路虎"。经济建设与人才短缺的矛盾，无论在数量上，还是在人才类型上，都日渐突出。尤其是随着工业化、信息化时代的到来，职业岗位和岗位内涵都发生了巨大变化，我国经济发展急需大量有知识文化和信息素养，掌握现代科学技术并能在生产、管理、服务第一线从事技术工作的人才。

1980年，天津职业大学创办，这是新中国成立后在中国大陆出现的第一所师范院校之外的高职院校，具有划时代的意义。紧接着在20世纪80年代初期，一批面向地方经济发展需要的由地方或中心城市主办为主的职业大学在南京、武汉等地骤然兴起。1985年颁布的《中共中央关于教育体制改革的决定》中明确提出："……积极发展高等职业技术院校，……逐步建立起一个从初级到高级、行业配套、结构合理又能与普通教育相沟通的职业技术教育体系。"该《决定》颁布以后，全国先后建立起120余所职业大学，举办高职教育。1991年，中国颁布《国务院关于大力发展职业技术教育的决定》，对职业技术教育的性质、地位、作用以及方向、任务、措施等都作了明确规定。并再一次重申建立初等、中等、高等职业教育体系问题，也再一次提出积极发展高等职业技术教育的任务。1993年，召开了全国教育工作会议，会后由国务院颁布了《教育改革和发展纲要》。会议明确指出我国教育今后发展的两个重点，一是基础教育（重中之重），二是职业技术教育。《纲要》更加明确指出："职业教育是现代教育的重要组成部分，是工业化和生产社会化、现代化的重要支柱。"《纲要》的实施意见提出："有计划地实行小学后、初中后、高中后三级分流，大力发展职业教育，逐步形成初等、中等、高等职业教育和普通教育共同发展、相互衔接、比例合理的教育系列。""积极发展多样化的高中后职业教育和培训。通过改革现有高等专科学校、职业大学和成人高校以及举办灵活多样的高等职业班等途径，积极发展高等职业教育。"这一系列政策与法规的颁布，对我国高职教育规范有序地发展起到了极大的推动作用。

但我国高职教育真正的发展是在 90 年代后期。1996 年，召开了全国职教工作会议，同年，全国人大通过并颁布了《中华人民共和国职业教育法》。职教会议提出，通过三级分流大力发展职业教育，通过"三改一补"（高等专科学校、职业大学、成人高校改革，中等专业学校办高职班作为补充）大力发展高等职业教育。同时，《职业教育法》的颁布使职业教育走向了依法治教的道路。《职业教育法》的第 13 条指出："职业学校教育分为初等、中等、高等职业学校教育。……高等职业学校教育根据需要和条件由高等职业学校实施，或者由普通高等学校实施。"1998 年全国人大通过并颁布的《中华人民共和国高等教育法》中明确指出："本法所称高等学校是指大学、独立设置的学院、高等专科学校，其中包括高等职业学校和成人高等学校。"在本法中非常明确地把高等职业学校作为高等教育的一部分确定了下来。1997 年联合国教科文组织颁布了《国际教育标准分类》（以下简称《标准分类》）。《标准分类》将教育分为七个等级：学前教育为 0 级、小学教育为 1 级、初中教育为 2 级、高中阶段教育为 3 级、高中阶段与大学阶段之间有一段补习期教育为 4 级、大学阶段教育为 5 级、研究生阶段教育为 6 级。《标准分类》将大学教育（5 级）分为学术性为主的教育（5A）和技术性为主的教育（5B）。《标准分类》对学术性为主的教育（5A）描述为："课程在很大程度上是理论性的，目的是进入高级研究课程和从事工程要求的职业作充分的准备。"《标准分类》对技术性为主的教育（5B）描述为："课程内容是面向实际的，是分具体职业的，主要目的是让学生获得从事某个职业或行业或某类职业或行业所需的实际技能和知识，完成这一级学业的学生一般具备进入劳务市场所需的能力和资格。"从中可以看出,5B就是我国所追求的高等职业教育,它的发展是世界教育的总趋势,而不是一个国家的现象。《标准分类》的颁布,使高等职业教育得到了权威性的确认。

1999年党中央、国务院作出大幅度扩大高等教育招生规模的决定,并将招生计划增量部分主要用于发展高等职业教育。同年6月全国教育工作会议召开,中共中央国务院颁布了《加快教育改革全面推进素质教育的决定》,指出:"高等职业教育是高等教育的重要组成部分。要大力发展高等职业教育,培养一大批具有一定理论知识和较强实践能力的技术应用型人才。"我国高等职业教育进入了一个新的发展阶段。

随着科技的进步和经济的发展,职业教育的综合理念不断发生变化。21世纪职业教育观表现出教育目的由单纯针对职业岗位,扩展到着眼于整个职业生涯,其性质由终结教育演变为终身教育,职业能力的内涵由狭义的职业技能拓展到综合素质,由单一的满足上岗要求,扩大到适应社会的发展。在新的教育理念的影响下,职业教育发生了深刻的变革。1999年高等教育实施扩招,我国高等职业教育的规模急剧增长,到2003年独立设置的高等职业技术院校已达908所,占全国普通高等学校总数的58.5%,基本形成了每个地、市至少设有一所高等职业院校的格局。到2004年底,全国共有独立设置的高等职业院校1047所,占全国普通高校总数的60%,2004年普通高校的毕业生280万,其中高职毕业生147万人,占总数的52.5%,相对于普通本科招生年均增长速度,高职教育要高13.12个百分点,相对于普通本科在校生年均增长速度,高职教育要高1.21个百分点,高等职业教育已占据高等教育的半壁江山。

2006年11月16日,我国教育部颁布文件《教育部关于全面提高高等职业教育教学质量的若干意见》(教高[2006]16号)明确指出:"高等职业教育作为高等教育发展中的一个类型,肩负着培养面向生产、建设、服务和管理第一线需要的高技能人才的使命,在我国加快推进社会主义现代化建设进程中具有不可替代的作用。"同时,开始实施被称为"高职 211 工程"的"国家示范性高等职业院校建设计划":力争到 2020 年中国大陆出现 20 所文化底蕴丰厚、办学功底扎实、具有核心发展力且被国外高等职业教育界广泛认可的世界著名高职院校;重点建设 100 所办学特色鲜明、教学质量优良、在全国起引领示范作用的高职院校;重点建设 1000 个技术含量高、社会适应性强、有地方特色和行业优势的品牌专业。2007 年全国具备招生资格的高职院校共有 1109 所(含民办学校),还有 612 所普通本科学校举办高等职业教育,其中包括一些著名的重点大学。截至 2008 年,我国教育部和财政部已经正式遴选出了天津职业大学、成都航空职业技术学院、深圳职业技术学院等 100 所国家示范性高等职业院校建设单位和 8 所重点培育院校。目前我国高职教育已形成了五路办学大军:独立设置的职业大学、职业技术学院、高等专科学校、民办高校和本科学校举办的二级职业技术学院,成为与地方经济社会发展和人民群众利益联系最直接、最密切的高等教育办学机构。自此,中国内地的高等职业教育和高职院校进入了一个前所未有的新的发展时期。

从中国高等教育的发展历程来看,虽然在清朝末期、"中华民国"初期,我国有了职业教育的胚形,但真正意义上的高等职业教育,是在以经济建设为中心的战略转移大背景下开始发展的。20 世纪 90 年代至今,伴随着改革开放的春风和我国经济的快速复苏,我国的高等职业教育有了飞速的发展,一批批高等职业院校如雨后春笋般在各省市诞生。我国的高等职业教育是随着经济建设与社会发展而出现的一种新型的高等教育类型,肩负着大规模培养技术应用型人才的重要历史使命,在社会主义现代化建设进程中具有不可替代的重要作用。如今,我国已迈入高等教育大众化阶段,经济建设正发生重大的转型,行业的技术升级和改造促使高科技信息与技术手段被运用到各行各业,职业岗位的数量、结构、内涵都发生了深刻的变化,作为与社会经济有着天然联系的高职教育必将在这一环境中取得更大的发展,必将也理应能为我国经济发展、国强民富发挥更大的作用。

三、中国高职教育的基本特征

(一)教育属性——高等性

根据《国际教育分类标准》,高职教育(5B)与普通高等教育(5A)同处于第五层次,即属于高等教育的范畴。为了满足我国经济快速发展的需要及促进高职教育的健康成长,我国相继颁发了《职业教育法》、《高等教育法》、《面向二十一世纪教育振兴计划》等法律法规,明确指出高职教育是高等教育的组成部分,发展高等职业教育是高等学校的重要任务,这就为高职教育的"高等"性质提供了法律保障。1999 年 6 月颁布的《中共中央国务院关于深化教育改革全面推进素质教育的决定》进一步指出:高等职业教育是我国高等教育的重要组成部分。就职业教育体系而言,高职教育也处于"高等"地位。从各自的培养目标来比较,就更显而易见了。2000 年 3 月教育部《关于全面推进素质教育深化中等职业教育教学改革的意见》中重新确定中职的培养目标:……在生产、服务、技术和管理第一线工作的高素质劳动者和中初级专门人才。而高职教育的培养目标则为:……适应生产、建设、管理、服务第一线需要的、德智体美等方面全面发展的高等技术应用型人才。

(二)教育类型——技术应用型

一般来说,社会人才可分为两大类:一类是发现客观规律和研究客观规律的人才,即通常所说的科学家,是属于学术型人才;另一类是应用客观规律为社会直接谋取利益的人才,即通常所说的技术工人,属于应用型人才。随着社会的发展,企业生产科技含量的提高及劳动分工的不断细化,在前两类人才的中间增加了工程师和技术员类人才,构成了现在的学术型、工程型、技术型、技能型四类人才,与此相对应的教育类型是科学教育、工程教育、技术教育、技能教育。技术型人才是面向生产第一线从事为社会直接谋取利益工作的,但他们要有一定的基础理论知识以及把理论运用于实践的能力。技能型人才也属于这一类型,但他们主要是依靠操作技能而开展工作,对智能素质的要求不高。根据《国际教育分类标准》及我国高职的定位,我国高职教育属于技术教育类型,是应用型、技术型的专门教育。

(三)教育模式——产学研结合

培养目标决定教学模式,教学模式为培养目标服务。高职教育以培养面向生产、建设、管理、服务第一线需要的高等技术应用型人才为目标。这决定了高职教育教学模式:专业设置应根据社会职业岗位(群)的需要;教学内容要反映现实生产所必需的最基本、最先进的专业理论知识和职业能力,以满足社会经济发展的需要;教学组织形式是理论教学与实践教学并施,尤其是要加重实践教学的比例,一般都应达到50%左右,突出对学生职业能力的培养;师资队伍建设应向"双师型"靠拢,即既要有较扎实的理论修养,懂得教育教学规律,又要有较强的实践能力,并取得相应的职业资格证书;重视实验与实训基地的建设,加强与企业的合作。可见,只有实行产学研的教育模式,才能较有效地满足这一要求。

(四)教育评价——"双证"

要实现培养目标,建立科学、合理的评价机制是一项必不可少的工作。评价对象可分为学校、教师、学生;评价主体有用人单位(行业、企业、事业单位)、学校、教师、学生、家长。如对教师的评价要摆脱照搬普通高校的做法,不以科研成果、论文数量、核心期刊论文数量论成败。高职教育是一种特殊类型的高等教育,它与行(企)业有着天然的联系。如果把学生当做"产品"的话,那么"产品"的直接消费者就是行(企)业。因而产品质量的优劣不能仅有"生产者"——学校说了算,还要有"使用者"——行(企)业的参与。学校不打开校门,不接受行(企)业的参与,就很难保证"产品"的质量,也很容易造成适销不对路、供求相脱节的局面,而"双证"就是学校和行(企)业共同把握"产品"质量关的结合点。所谓"双证",即学历证书和职业资格证书,它是一个重要的考核评价标准和尺度,是目前流行的较为客观的既评价理论又考核实践能力的标准体系。学历证书以学校为主导,制定标准并组织严格的学历文凭考试;职业资格证书以国家为主体,以行(企)业为主导,制定标准并组织职业技能鉴定。高职院校的学生只有取得"双证",才能被认为是一个合格的高职人才。

(五)办学主体——多元化

高职教育的发展历史及其培养目标的定位,决定了其办学主体必然是多元化的。职业教育办学主体多元化,实质是投资主体多元化和管理主体多元化,行业、企业必定要成为办学主体之一。高职教育是工业化社会的产物,这天生注定了它与经济发展联系最为密切,是为经济发展培养第一线应用型人才服务的。如果高职院校仅依靠自身力量"闭门造车",势必会导致学校专业设置不合理、教学内容滞后、人才定位不清等问题的出现,高职教育也就难以在社会中找到自己的位置。另外,脱离行业、企业,学生职业能力获得的必要条件——实训基地的数量也就难以保证,在科学技术飞速发展的今天,机器设备的先进性就更难保证了。让行业、企业和其他社会力量成为办学主体,这些问题就迎刃而解了。办学主体的多元化,也符合我国社会主义市场经济体制的要求。社会主义市场经济体制的一个重要特征是,非公有制经济是我国社会主义市场经济的重要组成部分,调动非公有制企业参与办学的积极性,是我国实施"穷国办大教育"的重要举措,这也是它们的切身利益所在。

第二章　高职教育与地方经济的互动发展

知识经济的兴起和发展,带来经济发展方式的深层转换,科学技术对社会发展的贡献率越来越高。社会生产、财富分配已经由对资源的依赖转向对知识的依赖,特别是对高技能人才的需求越加迫切。作为高技能人才培养基地的高职院校被推到经济社会发展的中心地位,变成经济社会发展的"发动机"。我国高职院校已经进入到主动嵌入地方经济社会发展,打造办学特色的新发展阶段。高职院校培养的人才不同于普通高等院校,而是一种融科技知识与技能为一体的高技能人才。

一、高技能人才在经济发展中地位的提高

（一）高技能人才的崛起

通常劳动力结构可以划分为上下两层:上面是决策层、指挥层、管理层;下面是执行层、实施层、操作层。决策层主要靠科学原理和科学技术方法来指挥生产活动;执行层主要靠经验、靠实践来完成生产活动。在工业化初期,生产很可能就只有这两个层次。但由于工业发展过程中引起的生产复杂化和操作技术化,逐步就在上层和下层之间产生了中间层,亦即技术技能层。这个中间层的主要任务就是把上面的科学、理论、方法和下面的经验、实践、操作有机地结合起

来。生产越发展,产品科技含量越高,中间层的作用就越重要。

在大多数工业化国家发展过程中,劳动力结构的变动呈现出阶段性特征。如图1。

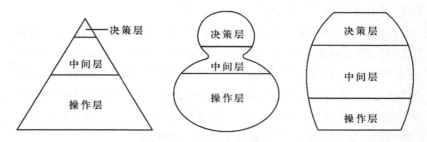

图 1:各国经济发展过程中的劳动力结构变动

第一阶段即起飞阶段:GDP 在人均 300 美元到 1000 美元之间,劳动力结构呈金字塔形。在这一阶段,上层和中间层人数都很少,人才非常匮乏。因此国家的主要目标就是通过发展基础和高等教育,大力培养人才。

第二阶段即增长阶段:GDP 从人均 1000 美元向 3000 美元冲击。这一阶段经济高速增长,而劳动力结构则呈现出"两头大,中间小"的葫芦状。在这一阶段,国家大力发展教育,许多青年人进入大学,甚至到海外留学,大批决策管理层人才被培养出来。这时上面这一层开始变大,下面操作层也仍然很大,但中间层依然严重匮乏。我们国家现在出现的大学毕业生找工作难,同时一般岗位、操作岗位人员找工作也难。但是中间层人才,特别是高级技术技能人才急缺。往往企业出价月薪 6000 元、8000 元,年薪 10 万、20 万,仍难以招聘到一个技师或高级技师,这种现象在韩国、日本以及欧美国家工业化过程中都曾出现过。

第三阶段即优化阶段:产业结构和劳动力结构不断优化,劳动力结构开始呈现出"两头小、中间大"的新特征。产业结构的优化,主要是生产的科技含量不断提高的结果,它导致了生产过程中需要越来越多能够把复杂的科学原理和科学技术方法不断转化为现实的操作、运行、产品和服务的人。这就导致中间层的地位越来越受到重视，技术技能层面的人才不断扩张增长。这一趋势最终使劳动力结构呈现出两头小、中间大的"啤酒桶"形状。

如果我们把决策层（上层）叫做"白领"，把操作层（下层）叫做"蓝领"，那么处于两者之间的中间层就叫做"灰领"，GREY（灰色）在英文中就有间于两者之间的意思。但是"灰领"概念的提出，不仅仅是对过去概念的形象描述，还有创新的意义。在知识经济时代即将到来之际，"灰领"的出现，代表了世界性产业发展和劳动力发展中的一种潮流，也代表了世界性职业变动的一种潮流。

从一定意义上说，现代工业化社会发展的历史，就是生产技能发展的历史。产业革命就是一批掌握了先进生产技能的手工业者，向阻碍这种生产技能发展的制度发起的挑战。产业革命以来的生产技能发展和以往的生产技能发展完全不同。在前工业社会也有生产技能，但那时生产技能主要产生于生产实践，叫做"经验型技能"，它虽然也符合客观规律，也发挥过重大作用，创造过灿烂的古代文明，但是它缺乏科学理论和科学技术方法的指导，是一种传统的、质朴的、未经加工升华、完全依赖实践经验的技能。而现代生产技能的最大特点就是，现代科学原理和现代科学技术方法介入到生产过程中。在这一过程中产生了和经验型技能完全不同的东西——技术型技能。在过去200年工业社会的发展中，这种技术型技能起着特别重要的作用，它是科学技术转化为现实生产力的关键。

20世纪末21世纪初，知识经济初现端倪。现代科学知识理论方法对人类生产的影响越来越大，越来越直接。在生产过程中，和"技术型技能"不同的另一种形态的技能——"知识型技能"开始发挥越来越大的作用。所谓知识型技能，就是在新的生产条件下，人们把科学知识、科学原理和科学方法直接运用到生产活动中，创造出现实的产品和服务的能力。在很多情形下，这种能力表现为以熟练的心智技能为基础的实际动手操作能力。同时由于现代科学的各个分支互相渗透、生产服务综合化、技术技能相互交叉叠加,还产生了一批掌握多种不同技能的复合型人群,如机电一体化人才,综合服务一体化人才,以及新兴的创意和操作一体化的人才。"复合型多技能"也就成为现代生产技能的重要组成部分。

从这个发展过程中我们可以看到,现在掌握了高超生产技能的"灰领"人才实质上由三部分人组成:一部分人是工业化以来就出现的技术型技能人群,他们掌握的技术比过去更加复杂,科技含量更高;另一部分人是掌握了丰富的现代科学知识,同时又具有很强的动手能力,从事技能型工作的人群即知识型技能人群,他们很可能是未来知识经济时代的生产主力军;第三部分人是掌握了各种不同技能的复合型多技能型人才。而且更值得注意的是,过去的高技能人才往往是从蓝领层中发展而来,曾被称为高级蓝领。现在的高技能人才,就不仅仅是从蓝领发展而来了,还有大量原来从事白领层工作的人正转化到这种新型高技能人才之中来。

(二)高技能人才的社会地位与作用

高技能人才处于劳动力各个阶层中的核心位置,其地位可以用三句话概括:他是高级人才,他是技能人才,他是技能人才的高等阶段。高技能人才本身是个人才群体,分布在经济社会发展的每个部门,在促进经济社会发展中起着重要作用。随着科技的突飞猛进和知识经济时代的到来,高技能人才的社会地位和作用将愈来愈突出。

1. 高技能人才是把科学技术转化为现实生产力的主力军

当今世界,各个国家都把高新科学技术开发与科技成果转化为社会生产力的能力和程度同视为关系到一个国家综合国力的重要指标。对于一项科技成果能否转化为现实生产力来说,科学技术方法和丰富实践经验结合起来的通道就成了推动技术创新和实现科技成果转化的重要力量。高技能人才既拥有相当的科学理论知识,又具备熟练的动手操作能力,实际上就相当于科技成果的"转化器"。高技能人才的这种承上启下作用,将随着科技水平的不断提高而越发凸显出来。

2. 高技能人才是知识经济时代的生产骨干

高技能人才既拥有相当的科学理论知识,又具备熟练的操作动手能力。他们是把上层和下层连接起来,把设计、指挥、决策、管理的意图贯彻到生产、操作层面的纽带;他们是把上面的科学技术方法和下面的丰富实践经验结合起来的通道。同时他们掌握着先进的知识、技术及管理经验,在转变企业生产方式、改善企业管理模式、提高生产技术水平和提升产品技术含量等方面起着重要作用;在新兴的、知识型的产业中,他们是生产的中坚。

3. 高技能人才是社会均衡财富分配的依托

在整个劳动力结构中,高技能人才处于中间位置,他们是人力资源质量的主要依托,也是社会财富实现以及社会财富均衡分配的主要依托,他们处在中间的位置,他们的收入处在白领和蓝领之间。当前在高技能人才严重短缺的情况下,由于市场的力量,使他们中部分人员的工资飙升到很高的价位,反映了高技能人才的严重短缺。在通常情况下,灰领阶层的薪酬是处于社会中间水平。这样一个庞大的中间价位的工薪劳动者的出现,非常有利于社会财富的均衡分配,对于消除当前我国面临的社会财富分配悬殊这样的问题有很积极的意义。

4. 高技能人才是保持社会稳定和发展健康的力量

当前,在全球范围内出现的两极分化,导致了严重的世界性和地区性问题。从根本上消除社会的严重分裂和分割,就需要在建立社会秩序的同时,培育社会中最稳定的中间阶层,这样的一个中坚阶层是保障社会安定的基础。

二、高职教育与地方经济的发展关系

围绕地方或行业经济发展需求、培养本地企业急需的高技能人才，以推动地方经济与社会的发展，促进地方经济和国家综合实力的提高，是高职院校社会服务职能的新内涵。高职教育作为培养适应地方经济发展需要的高技能人才的高地，它的发展必须与地方经济发展相适应。高职教育与地方经济发展具有良好的互动关系，一方面高职教育为地方经济的发展提供人才保障和技术支撑，另一方面地方经济则是高职教育发展的基础和物质保证。

（一）高职教育是地方经济发展的人力资源库

1. 为地方经济的发展培养高技能人才

高职教育的根本任务就是面向地方经济建设和社会发展需要，培养大批高技能人才，特别是为地方生产、建设、管理、服务第一线培养"下得去、留得住、用得上"的高级应用型人才。随着经济建设的快速发展和产业结构的不断调整升级以及高新技术向各生产领域的广泛应用，电子、信息、新材料、生物、装备制造、现代服务业等新兴产业和高技术产业不断涌现，传统农业也要走"三高一优"等现代农业发展之路，工农业生产由劳动密集型逐渐转向技术密集型，由体力型为主转向智力型为主，由对熟练劳动者和中初级人才的需求转向为对中高级高技能人才的需求。而这些高技能人才主要就是通过高职院校来培养的。高职院校能够主动适应地方经济社会发展需要，培养多规格、多层次、高质量、广适应的高级应用型人才，从而有力地推动地方经济发展和社会进步。

2. 为地方经济发展提供技术支持

高职院校拥有一支科技创新能力较强的师资队伍，具有一批较先进的仪器设备和大量图书资料，能够为地方经济发展提供智力支持和技术支撑。其一,高职院校可以将自身的科技成果和发明专利通过科技中介机构向企业转移和向现实生产力转化,推动地方经济的发展;同时还可以根据区域经济发展的科技需要来调整自己的学科专业结构和科研方向,从而增强高职院校的科技创新工作为地方经济社会发展服务的针对性和有效性。其二,高职院校还可以发挥自身的人才和科技优势,承担企业委托的横向科研项目,或者与企业联合开展科技攻关或者合作开发新技术、新产品。其三,高职院校的教师与企业的工程技术人员和管理人员还可进行双项流动,教师可以把自身最新科技成果带到企业,或参与企业的技术改造、科技攻关、职工培训等活动为企业发展注入新的生机和活力。其四,高职院校还可以充分利用自身的智力、信息和软科学研究的优势,为地方政府、企事业单位的发展规划、发展战略、重大建设工程和重大技改项目等提供决策咨询、管理咨询和可行性论证服务,提高管理和决策的科学化水平,从而更有力地推动地方经济的快速发展。

3. 为地方经济的发展提高劳动者素质

随着大规模的产业结构调整及高新技术的推广应用以及新设备、新工艺的采用,社会劳动将逐步走向智力化,现有劳动者的知识素质和技能已普遍落后于科技和产业发展的形势和要求,这就需要通过高职院校对企业现有职工进行在岗培训和继续教育。并且随着产业结构的调整和新兴产业的兴起,许多只有中初级技术水平的工人被迫下岗,而高新技术工种和高技能岗位却大量缺人。下岗和半失业职工的再就业需要通过高职院校的职业培训来实现。同时随着高新技术和先进设备的引进,企业也需要对在岗职工进行再培训。此外,我国还有大批农村剩余劳动力要向城镇转移,他们大都没有受过专业教育,没有掌握更多的技能,已有知识和技能也普遍老化,难以适应城镇化建设和发展的需要,必须通过高职院校的专业培训使之转化为高素质的实用型人才。从而高职院校可以充分发挥自身的教育资源优势,成为岗前培训、岗位培训和继续教育的重要基地,为推动地方经济建设和社会发展、提高广大劳动者的知识与技能素质作出重要贡献。

(二)地方经济是高职教育发展的基础保障

1. 为高职教育提供办学经费的支持

目前,我国民办高职教育发展还比较落后,地方高职院校以公立为主,其办学经费也以地方财政拨款为主。一般来说,地方经济发展水平越高,地方财政收入越多,对高职教育的投资就可能越大,亦即经济较发达的地区,高职教育一般也比较发达。此外,在经济发达的地区,产业梯度较高,企业产品的技术含量和附加值也较高,对技术的需求更迫切。这样企业会主动"攀高亲",积极寻求与高校包括高职院校的合作与联姻。高职院校就可通过向企业转让科技成果、接受企业委托的横向课题、提供技术咨询和技术服务、与企业联合开发新技术和新产品等方式,获得企业的经费支持,增强高职院校的办学实力。

2. 扩大高职院校的生源市场

经济发展水平较高的地区,城乡居民可支配收入越多,生活水平越高。按国际一般惯例,在人均 GDP 超过 1000 美元之后,居民消费结构会从温饱型向消费型、享受型转变。我国人均 GDP 在 2002 年已经突破 1000 美元,广大老百姓在生活上满足了温饱之后对精神生活的追求,特别是对接受更高层次教育的需求就更为迫切。根据价值中国网提供的调查数据显示,有 20.2% 的居民储蓄动机是"攒教育费",稳居居民储蓄动机的首位。这就意味着,在经济较发达的地区,居民的教育支付能力越强,其子女接受高等教育包括高职教育的比例也越高,相应地就扩大了高职教育的生源市场。

这种生源市场的扩大,不仅体现在职前教育上,还表现在职后教育上。随着地方经济发展水平的提高,产业调整升级步伐加快,对从业人员的知识更新和技能培养也提出了更高的要求,现代的劳动者特别是技术型、管理型人才将迫于这种压力而产生对再教育和职后培训的需求,这就为高职教育发挥其再教育和培训职能提供了有利条件。

3.增强对高职毕业生的吸纳能力

经济发展是教育发展的物质基础,地方经济发展水平与区域内高职教育发展水平之间客观上存在服务与被服务、制约与被制约的关系。根据克拉克定律,随着地方经济的发展和产业结构的调整升级,就业人口将发生梯度转移,即从第一产业向第二产业再向第三产业依次流动,结果是第一产业就业人员的比例逐渐减少,第二、第三产业就业人员的比例逐步增加。而第二、第三产业对从业人员的知识与技能素质要求更高。由此不难看出,地方经济的发展,促进了产业结构的现代化和高度化,相应扩大了高职教育毕业生的就业市场和就业机会,提高了当地企业对高职毕业生的吸纳能力,进而相应扩大了高职院校的招生数量和办学规模。因此,经济发展水平的提高,会通过产业结构调整带动就业结构的变化,增加对高职教育毕业生的需求量,促进地方高等教育的发展。

三、美国社区学院——高职教育与地方经济发展紧密结合的典范

从世界范围来看,美国是高职院校为地方经济建设服务开展得最早,也是效果最好的国家。在一个多世纪的发展过程中,美国对高职院校如何与地方经济建设实现共同发展,不仅在理论上,而且在实践上,都有着成熟的经验。社区学院是美国独创的一种高职教育机构。它以社区为中心,把高等教育与社区人民的教育需求紧密结合在一起,把高等教育与当地社会经济发展紧密结合一起,在学制、机制、教学功能上大胆改革创新,将学院的大门向社会各个方面开放,实现了千千万万民众就读高等教育的梦想,也促进了美国整个社会

的经济发展。同时也为我国的高职院校如何与地方经济实现互动发展树立了很好的典范。

（一）美国社区学院是美国经济发展的产物

美国社区学院发端于19世纪末20世纪初的初级学院运动。美国建国初期，还是一个农业生产国。1861年至1865年的南北战争以后，美国资本主义经济快速发展。19世纪末20世纪初的美国，已经从一个半农业、半工业国转变为工业、农业、商业和城市化高度发达的国家。由于科学技术的发展，职业结构的变化，人们需要不断更新知识，各种年龄的人都需要学习。社会各界都迫切希望改革原有的高等教育结构，尽快在各地建立一种收费低廉、学习时间较短，既能够传授普通文化知识，又能获得谋生技能的新型高等教育机构。同时随着美国中等教育的迅猛发展，到了19世纪后半叶，希望进入大学继续学习的中学毕业生也日益增多。但由于大学学费昂贵等多方面原因，许多中学毕业生无法进入大学。为了满足更多的中学毕业生接受高等教育的需要，一些中学开设了"中学后"教育课程，并在这一基础上逐渐发展为初级学院的课程。1901年美国第一所公立初级学院——伊利诺斯州的乔利埃特初级学院成立。此外一些原属中等教育范畴的师范学校、技术学校、农业学校、机械学校和商业学校等，也开始积极增设高等教育课程，并逐渐办成初级学院。从1921年到1946年，初级学院逐渐发展成为独立于中学和大学之外的新型短期高等教育机构，成为美国高等教育体系的重要组成部分而发挥其应有的作用。

二次大战后，由于美国联邦政府和州、市、县各级政府对初级学院的发展采取鼓励和扶持的态度，不断加大资助的力度，致使初级学院不断地开设为社区服务的项目，加强与所在社区的联系，逐渐发展成为"关心社区的生活质量"、"提高社区的文化水平"、"发展社区的经济"，以社区为中心的高等学校。1947年，美国总统高等教育委员会明确提出了"社区学院"这一概念作为公立初级学院的名称。

20世纪80年代中期以来,美国各州已形成了较为完备的社区学院系统,几乎每个城镇30平方英里的周围,公共交通车辆能够达到的地方都有一所社区学院,基本能够满足当地社区居民接受两年制高等教育或参加继续教育的需要。但同时美国正面临严重的经济衰退,美国经济陷入了严重困境,引起美国教育界检讨教育工作中存在的各种问题。1984年在美国联邦政府的大力资助下,成立了由多位专家组成的美国社区学院未来委员会。美国社区学院未来委员会提出"建设社区"是美国社区学院未来改革的基本使命和努力方向,通过社区学院和社区的密切合作,从而保持美国成为经济上充满活力和政治上实现充分民主的国家。为了实现建设社区的宏伟任务,美国各州社区学院都根据当地的具体情况,不断完善各专业的课程体系,努力提高教学质量,主动加强同当地社区的交流合作,及时了解当地社区经济社会发展中亟待解决的问题和各类实用专业人才的需求数量及其素质要求,通过协商签订合同为当地企业培养和培训人才,利用社区学院的智力、资源的优势为企业提供信息服务和技术指导,对社区居民开放社区学院的图书馆、体育场地,使社区学院在促进当地社区经济建设和社会发展中发挥越来越重要的作用。

(二)美国社区学院是以社区为中心的高等职业学校

美国社区学院是设立于社区、服务于社区的高等职业学校。一切以社区为中心,主要为本社区成员提供教育和培训服务,满足社区发展的需要,这是社区学院不同于其他类型高等学校的鲜明特点。美国社区学院使高等教育的范围普及于社区,使教育的对象遍及于全民,真正实现教育改革和制度创新,对于传统的教育制度和观念,产生了革命性的影响,是新型的高等教育民主化、大众化的教育机构。

1. 以社区的需要为发展动力

以社区为中心是美国社区学院的办学宗旨,也是其办学特色之一。每所社区学院都有自己独特的地理区域与服务对象,为了更好地为当地社区服务,适应社区和时代发展的需要,社区学院采取了多项措施与当地社区保持密切联系。

第一,社区学院设置的学科、专业和各种课程以当地社区工商业发展的需要和就业趋势为依据,从而使教学内容与当地社区情况尽可能结合起来,为社区发展服务。

第二,社区学院非常注重市场调研,专业、课程的设置根据社区建设与发展需要随时调整,课程涉及面广、实用性强、变化快,以便当地居民学到这些知识后,感到对他们的生活和工作有帮助。

第三,为做好教学服务工作,许多社区学院设有顾问委员会或专业指导委员会,成员由当地企业界人士和本行业专家担任。他们都非常熟悉当地本行业的情况和专业技术知识,对有关专业的课程设置、教学内容、教学方法和招生人数等都能提出具体意见,并能及时提供社会需求信息、课程开发建议,以及有关就业情况和新的就业机会等信息。通过这种方式,社区学院设置的课程与当地社区发展的实际需要紧密结合在一起。

第四,社区学院实行董事会领导下的院校负责制。董事会成员从当地知名人士中推选,他们负责制定政策、遴选校长、筹集经费、批准预算、直接领导并管理学校,能及时反映当时居民的愿望和需要。这就保证了社区学院与社区之间的血肉联系,从而使得社区学院得到当地人民的广泛支持,因而具有强大的生命力。

2. 努力为当地社区服务

社区学院主要是以提供教育和培训服务的方式,为当地社区服务,为全体社区成员服务,从而达到传统高等教育所不能达到的目的。社区学院学生大体分为四类:第一类以接受高等教育、获取学位、毕业后转入大学为目的;第二类以接受终结性教育和职业培训、获取相应的证书、学成就业为目的;第三类以更新知识、充实提高自身为目的;第四类以休闲娱乐、丰富精神生活为目的。不论求学者抱着何种目的参加学习或培训,只要是符合社区发展需要,都可以在社区教育中找到自己需要的课程计划。社区学院提供的教育、服务主要有以下几个方面:

首先,为当地青年提供两年制高等教育,让被排斥在传统高等学校门外的中学生有更多接受高等教育的机会,充分体现广大人民接受高等教育的民主权利。

其次,为当地居民提供成人教育和继续教育,帮助他们不断更新知识和技能,提高科学文化的综合素质。社区学院为当地居民提供的成人教育和继续教育能满足各类在职人员继续学习的需要,使他们能更新知识、提高业务和技术水平。

第三,提供合约服务,培训和提高员工素质。许多社区学院主动加强与当地企业的交流合作,及时了解当地社会经济发展中亟待解决的问题和各类实用专业人才的需求数量及其素质要求,通过协商签订合同,为当地企业和政府机构培养和培训人员。社区学院加强与企业合作开展合同服务,甚至请企业参与教学计划、教学内容的修改和确定,共同培训结业后马上就能上岗的员工;与政府合作,培训大量的失业人员,大大缓解政府所承受的压力。如旧金山城市学院的办学特色之一就是与美联航空公司的合作,为航空机队机械师提供专门的技能培训,开设他们急需的课程,深受欢迎。通过提供合约服务,企业在社区学院的协助下,可以有效地提高员工素质和效率,扩展企业的业绩,提高企业的形象和市场竞争实力,而社区学院在与企业的合作中,可以获得可观的经济效益和实践教学经验,拓宽办学领域,增强学院的活力。

第四,充分利用社区学院的人才资源和教育设施为当地居民服务,把社区学院建设成社区的教育文化中心。

第五,为当地居民提供终身教育。社区学院对终身学习的承诺包括提供广泛的学分和非学分课程、活动以及计划,只要人们有学习的渴望便可以获得学习的机会。社区学院成为当地居民终身学习的重要枢纽。

3.利用社区资源促进学院发展

社区学院在积极为当地社会经济发展服务的同时,也充分利用当地社区得天独厚的资源优势,促进学院自身发展。

首先,社区学院为了使教学内容和教学方法更为充实,往往充分利用当地社区资源和特有的场地,加强教学的针对性与实用性。其次,利用当地工商业及相关公共机构为学生提供实习生名额,加强实践环节的锻炼,帮助学生熟悉和适应未来工作的环境,以提高他们从事所选择工作的技能。第三,根据合同协议,利用当地企业的各种先进机器设备和科研设施,改善学院的办学条件,提高教学质量和办学能力,促进社区学院发展。

社区学院独树一帜,以其鲜明的办学特色有别于传统高等学校。它以低重心的办学定位、多元化的办学功能、开放灵活的办学机制和低廉的收费,满足了更多的美国人,特别是因种种原因无法接受传统高等教育却渴望接受高等教育的学生的要求,从而有力地促进了美国高等教育大众化和民主化的进程。

(三)美国社区学院在美国高等教育中的地位与作用

美国著名高等教育专家克拉克·克尔(C. Kerr)说:"两年制社区学院的发明是20世纪美国高等教育的伟大革新。"美国社区学院在100多年的发展过程中,从无到有、由小到大,出现了奇迹般的快速发展,显示了强大的生命力,成为美国高等教育体系的重要组成部分,对美国高等教育民主化、大众化与社会经济生活产生了巨大影响,得到美国社会各界和广大民众的普遍赞同,被誉为"人民的学院"、"民主的学院"。

1. 社区学院是美国高等教育民主化、大众化的重要载体

美国社区学院在扩大公民受教育机会、满足更多的美国人接受高等教育的要求方面,发挥了不可替代的重要作用,为美国普及高等教育作出了巨大贡献。

从诞生之日起,社区学院最主要的办学目的就是给所有愿意接受高等教育的人提供平等的机会,普及高等教育。社区学院按人口密度设立,分布广泛,布局合理,几乎遍及全美各社区,每个小镇方圆30英里之内就有一所社区学院,极大地方便了当地居民就学;社区学院实行开放招生办学,入学无需考试,将高等教育的大门向社会各方面开放,凡是想接受教育的人只要有中学文凭都可入学,在校学习的学生包括高中毕业生、在职人员、失业人员、残疾人员、家庭妇女、退休人员、移民、少数民族学生等,真正做到了"有教无类",服务于全体人民,体现广大公民接受高等教育的民主权利;社区学院采取灵活多样的办学方式,学院基本上是全天向学生开放,包括白天、晚上、周末、假日等,学生可以根据自己的实际情况,选择全日制或部分时间制的学习方式,修满学分即可毕业,十分便利;社区学院收费低廉,年度学费仅为公立大学的 $1/2 \sim 1/10$,私立大学的 $1/10 \sim 1/20$,这为低收入家庭的子女创造了接受高等教育的条件,从而消除了社会经济地位方面的障碍;社区学院以服务于社区为宗旨,具有显著的地方性,根据当地社区经济和社会发展的现实需要,确定自己的办学方针,需要什么人才就设置什么专业,围绕"建设社区"这一主题开设的广泛的课程,既有学术课程,也有职业教育课程,还为众多的服务对象提供林林总总的社区教育,为当地居民提供了实用且多样的教育机会。据有关资料表明,目前全美社区学院毕业生已占高校毕业生的 35%,美国 1/4 的工程师、1/3 的经济师都是社区学院培养出来的。自 1901 年以来,至少有 1 亿人上过社区学院。

社区学院的发展,为许多在其他高校无法继续学业的学生提供了受教育机会,极大地增加了接受高等教育的人口比例,从而有力地

促进了美国高等教育民主化、大众化的进程。在美国,如果没有社区学院,恐怕很多人就永远没有进大学的机会,就不可能实现公开入学和公平就学,美国高等教育民主化和大众化的迅速实现,就是无法想像的。美国能够成为世界上高等教育普及率最高的国家,社区学院功不可没。

2. 社区学院充实和完善了美国高等教育的功能系统

社区学院具有独特的教育功能和办学机制,它形成了自身独特的使命和优势,充实和完善了美国高等教育的功能系统,为美国高等教育改革和发展作出了特殊贡献。

19 世纪中期以来,美国高等教育改革面临两大主题:优秀和平等。高水平的研究型大学强调"学术优秀",迫切希望确保生源质量、教育质量和科研水平的优秀,促进精英教育,让优秀大学和优秀人才出类拔萃;普及型的高等院校主张"机会平等",积极推进教育民主化和大众化,让更多的美国人享有接受高等教育的平等权利和机会。平等的理想与优秀的诉求之间出现了巨大的鸿沟,正是社区学院承担起了协调解决"优秀"和"公平"这一两难抉择的重任,发挥了"缓冲器"与"冷却塔"的作用。

一方面,社区学院减轻了大学招生的压力,为选择性的高等教育发挥了缓冲器的作用,它承担了原来大学一、二年级的教学任务,使许多学术水平高的知名大学,能够把教师从繁重的低年级的教学工作中解脱出来,集中时间和精力搞好大学三、四年级的专业教育和研究生教育,深入开展科学研究,从而确保这些高校的学术"优秀"和培养高层次人才的质量。

另一方面,社区学院特有的教育功能和机制满足了美国社会对精英教育和大众化教育的双重需要,不仅为广大民众接受高等教育提供了更多的选择机会,从而大大冷却了美国青年反社会的激昂情绪,缓解了潜在的社会矛盾。

在美国,完成两年制社区学院教育的学生,只要成绩达到规定的标准,就可以凭借所获得的学分,直接转进承认其学分的四年制学院或大学继续深造,取得学士学位或更高的学位;已经获得学士学位或更高学位的学生,可以到两年制社区学院学习某项职业技能,取得职业证书。这样,为每个受教育者根据自己的意愿接受各种层次、类别的教育,提供了更多的机会,而不是"一次选择定终身",这样社区学院就成为了所有高中毕业生有机会探索未来职业、发现与自我能力相适应的教育类型的场所,成为了"一个人人可以进来,而且人人可以成功的地方"。这种自然分流机制让那些不愿意或不适合学习学术课程的学生在学习了两年高等教育课程或职业技术课程后,不失体面地自动停止学习,而那些天赋好,在知识、智力和体力等方面有充分准备的学生继续进入大学高年级深造,最大限度地发展个人潜能、发掘人才资源,避免埋没优秀人才。从而有利于高等教育普及,保证教育资源的公平合理使用,降低办学成本和辍学率,提高办学效益。

这种冷却功能能够把大量学业准备不足的学生带离大学从而确保大学学术优秀的同时,避免学生遭受公开的失败,使他们在面对失望时,保持进取心,转移他们的怨恨,为他们提供另一种成功途径。它所发挥的作用是其他高等教育机构难以代替的,社区学院本身也由此拓展了发展空间,增强了吸引学生的能力,并以其独特的优势和特色参与高等教育竞争,在美国高等教育中确立了自己的地位。

3. 社区学院是推进美国职业技术教育和终身教育的重要机构

社区学院在为美国经济建设和社会发展培养中级实用专业人才、构建终身教育体系方面发挥了其他高等教育机构所无法发挥的作用。

20世纪20年代以来,在美国初级学院协会的倡导和推动下,各州初级学院针对社区经济发展需要开设了大量的职业技术课程,为社会培养了大批中级实用专业人才,对美国经济建设和社会发展起到了重要作用,发挥了其他教育机构所无法发挥的作用。二战后,兴起的美国社区学院职业化运动逐渐加强了职业技术教育的主体地位，更加突出了职业教育，社区学院从此摆脱了对四年制院校的依附，在美国高教系统中确立了不可动摇的独立地位。

1976年，美国政府颁布了《终身学习法案》。终身教育的核心内容是，整个社会就是一所大学校，每个人的一生要不断在其中反复工作学习，学习工作，因而需要构建一个终身教育体系，保障和满足全体社会成员学习的基本权利和终身学习需求，有效地促进全体社会成员综合素质和生活质量的提高，以实现社会可持续发展。

提供终身学习是社区学院办学宗旨的一个重要方面。社区学院扎根于社区，把社区的一切教育需要视为己任，为社区居民提供各种各样的教育服务，不仅为青年学生提供转学教育课程、职业教育课程和补偿教育课程，而且根据社区需要开展成人教育、继续教育和社区教育，为社区居民更新知识、提高修养、满足个人兴趣爱好提供各种各样的课程。社区学院的图书馆、体育场地定期向当地居民开放，社区内的各类文化体育活动、演讲会、报告会、讨论会往往在社区学院内举行，因而社区学院实际成为了当地社区的文化教育中心，当地居民可以在这里享有终身学习的乐趣，许多居民都为有一所社区学院而自豪。终身教育已经不只是为了变换职业和谋生的需要，而是成为人们生活的一部分，成为提高生活质量的重要手段。社区学院在构建美国终身教育体系中所发挥的重要作用是其他高等院校所无法比拟的。

4. 社区学院健全和完善了美国多元化的现代高等教育制度

两年制社区学院的创立和副学士学位的授予，加速了美国高等教育制度创新的过程，健全和完善了美国多元化的现代高等教育制度。

两年制社区学院的产生是完善美国高等教育体系的一大创举，它彻底改变了那种传统大学本科教育一统天下的格局，填补了美国高等教育体系的一个空白，使美国高等教育制度发生了深刻的变化，逐步形成了以两年制社区学院为主的专科教育、以综合大学及文理学院为主的本科生教育和以少数研究型大学为主的研究生教育所组成的三级高等教育结构。各层次高等院校根据自身的定位,确定办学方针和发展目标,组织开展教学、科研、社会服务活动,更好地为美国经济建设和社会发展培养各级人才,有效地提高了美国高等学校的教育质量和整体办学效益。

1899年在芝加哥大学董事会哈拍校长的倡议下,开始设置副学士学位。副学士学位的设置是美国高等教育史上的创举,它确立了美国高等教育由副学士学位、学士学位、硕士学位和博士学位构成的四级学位制度,完善了美国高等教育的学位制度。授予副学士学位的两年制社区学院是美国高等院校的基础层次,成为承上启下、稳定高等教育结构的院校类型,支撑着整个美国高等教育的大厦,展现了美国高等教育多样性的特色。

(四)美国社区学院给中国高职院校的启示

1. 基于学分制的中职教育与高职教育体系衔接

美国社区学院实行灵活且务实的学分制度,在相互协议框架下,灵活便捷地与中等教育和四年制大学进行衔接,给予相关学生学分奖励和转换,极大地拓展了学生个人发展的选择空间。美国国会于2006年7月通过了《生涯和技术教育法》,它除了将原先局限于学校教育阶段的职业和技术教育延伸到工作阶段外,还开始将"技术准备教育计划"作为一项单独的联邦资助计划。"技术准备教育计划"要求教育机构之间、教育机构与工商企业间进行合作,并签订协议。在相互协议框架下,允许高中生在中学修课,取得大学阶段学分,进而不仅灵活便捷地实现了中等职业教育和高等职业教育的衔接,也极大地拓展了学生个人发展的选择空间。它不仅可减少中等职业教育与高等职业教育之间的课程重复,提高教育效率,避免教育资源浪费,而且,这也是为了满足技术水平提高导致的职业教育高移化的需要。

　　以皮尔庞特社区技术学院为例，它与费尔蒙特市综合高中、职业技术和成人教育培训中心以及联合技术中心都签有学分衔接协议（社区学院预科联盟），不仅给予完成"技术准备教育计划"课程任务的学生以大学学分奖励，而且其获得认可资格的学生可以向皮尔庞特社区技术学院申请两年制的副学士学位。

　　由于目前中国高职院校的入学对象主要是普高毕业生，再加上近十年来，高等教育连年扩招，许多高职院校根本无暇顾及这些居于少数派的中职毕业生。在教学过程中往往中职毕业生与普高生使用同样的人才培养方案、专业规范、课程标准。因此，这批学生在高职阶段几乎都要重复学习他们在中职阶段已学过的知识和技能，且没有机会去补习他们在中职阶段比较忽视的人文知识和理论课程。这不仅不利于学生的全面发展，也造成了教育资源的浪费。为解决此弊端，中国高职院校可借鉴美国推行的"技术准备教育计划"及"双学分运动"，结合中国现有教育体制特点，灵活落实学分制措施，将中职教育与高职教育有机衔接起来。

　　2.基于综合职业能力培养的实践教学体系

　　随着社会与经济的迅速发展，一方面，一个人终身从事一种职业的概率越来越小，另一方面，职业岗位对从业人员的能力要求也越来越高。为此，美国"技术准备教育计划"的首要目的是培养学生能力，用开放的观念、通过开放的管理制度，将职业实践能力的培养均衡分解在中、高等职业院校不同阶段安排，形成实践教学体系，通过实验与实训等形式在学校内整合学术课程和职业课程，通过实习形式在学校与工作现场之间整合学校本位课程与工作本位课程，这既可使学生有足够的理论基础应对日新月异的技术变化，也可使学生具备一定的岗位迁移能力及解决实际问题的能力，并为随时可能发生的岗位变化做好准备。"技术准备教育计划"的宗旨是实现学生理论知识与实践能力培养目标的双管齐下，这既是美国社区学院的教学理念,也是世界高职教育发展的趋势。

中国高职教育的实践教学要改变过分依附理论教学的状况,必须要探索建立相对独立的实践教学体系。构建一个与知识体系相互平行并相对独立的实践教学体系是保证高职教学质量、实现技术应用型人才培养目标的关键。中国高职院校应向美国社区学院学习,积极主动联系企业,在校企合作过程中利用学院优势为企业切实解决问题,进而使企业自愿与学院合作,促进校企合作、工学结合的人才培养模式的形成。

3. 基于过程管理的兼职教师队伍建设

美国社区学院教职员分专职和兼职两类,一般兼职人员占2/3左右。以皮尔庞特社区技术学院为例,学院仅有 60 名专职教师,兼职教师则达 200 余名,兼职教师无论是数量还是承担工作的重要性,已经成为影响和制约教学质量的提高及学院发展的重要力量。目前我国的兼职教师管理大多只重视结果性评价,这不仅易造成兼职教师对评价产生反感和抵触,也不利于兼职教师教学质量的提升。美国社区学院兼职教师的过程管理理念可为中国高职院校教师队伍建设提供一些有益的启示:

(1)做好兼职教师队伍建设规划。师资队伍建设是一项长期性的工作,高职院校应根据地方经济和学院发展需要,在做好学院专职教师建设规划的同时,也要统筹考虑兼职教师队伍的规划。兼职教师队伍规划应具有前瞻性,并形成合理的年龄结构、学历结构、专业结构,使兼职教师师资队伍向整体优化并相对稳定的方向发展。

(2)规范兼职教师队伍管理。一是成立兼职教师管理部门。兼职教师的管理应如同专任教师,不仅有系部的直接管理,还应在系部之上有统一的管理部门,由该部门负责督促系部对兼职教师的管理、兼职教师手册的及时修订、兼职教师的培训以及统一建档等。二是编写兼职教师手册。为使兼职教师能对学院有认同感与归属感,并能清晰知晓自己工作职责之所在,高职院校可借鉴美国社区学院经验,做好兼职教师手册编写工作,并在受聘时,及时发放给兼职教师。手册内容应涉及学校地图、发展历史、办学理念、相关部门电话及联系人、学院管理规章制度、教师的权利及义务等,通过此手册,可使兼职教师对受聘学院有整体了解并尽快融入工作。

(3)优化兼职教师的教育教学能力。一是开展多种形式的培训。兼职教师一般来源广泛,很多都不具备师范教育专业背景,也有许多缺乏教育教学经验,因此,为提高教育质量,应着力加强兼职教师的教育学、心理学、PPT制作等"师范素质"和教学技能提升培训,进而促进他们专业化发展。二是提供各种专业发展机会。一方面,学院应尽可能地增加兼职教师与专职教师的交流,兼职教师和专职教师经常性、富有意义的交流是帮助兼职教师增强归属感、提升教学质量的基本因素。为此,系部的专业研讨会不仅要求专任教师参加,也应邀请兼职教师出席。另一方面,每学期让教学效果较好的教师(专兼职均可),通过公开课形式,传授教学经验,并邀请兼职教师观摩。对于上述两种形式,为提高兼职教师参与的积极性,可通过计算课时的形式吸引兼职教师参加。

(4)完善兼职教师激励机制。在教学效果上,学院对所聘请的兼职教师与专任教师的要求应该相同。但许多学院对兼职教师与专任教师的待遇以及对教学过程的管理上,却有天壤之别,对兼职教师甚至还有歧视。为此,欲使兼职教师能如专职教师般为学院提供优质的教育教学质量,学院首先要完善兼职教师激励机制,置兼职教师于专职教师同等地位。具体措施可以是:每学期(年)结束,对教学表现出色的兼职教师颁发"优秀兼职教师"荣誉称号,同时给予一定物质奖励;组织兼职教师参与学院针对专任教师组织的各类活动,如工会组织的文体活动、教务处组织的教学评比等。

4.基于市场需求的专业和课程开发

运用市场经济原理,可以比较好地认识社区学院的办学体系和运行机制。美国是一个市场经济体制相对完善的国家,善于利用市场规律调节社会需求、配置社会资源,职业教育也不例外。值得一提的是,社区学院课程开发与职业能力培训项目开发所运用的 CBE/DACUM 方法,将行业、企业的实际需求作为学校教育目标,体现了社区学院紧紧围绕市场办学的特色。所谓 DACUM(Develop A Curriculum,课程开发)是指以职业分析为基础来开发职业教育课程的方法,其核心是职业分析,程序是先由职业分析确定职业技能,然后根据职业技能开发相应的学习模块。其具体步骤为:

第一步是"职业分析",以确定从事此职业必需的技能。它通过召开由雇主、有经验的教师、专业技术人员和技师参加的讨论会,把该职业所需完成的任务一一列出,然后逐一分析完成某任务所必须具备的技能,从而规定从事该职业必备的技能,以确定该项职业的培养目标。讨论会的最终结果是制订出一张"技能结构图",作为制订全部课程和教学计划的依据。

第二步是"确立目标"。由于技能结构图表明的是某个职业领域内的全部技能,它只是决定教学要求和指导项目的工具,这些技能并不都能在教学过程中学到,有些还需要在工作实践中习得。此步骤是通过分析技能结构图,以确立具体的学习目标。

第三步是"教学计划"。把技能结构图的目标转化成教学计划(项目),其过程包括:编写教学目标、设计教学标准、选择或制订学习评价(考核)方法。

DACUM 课程开发方法打破了传统教育按学科体系设计课程的老方法,采取的是一种逆向式教学设计方法,从确立专门目标和工作任务开始,再倒过去决定要达到教学目标所需的全部资料。目标明确,针对性、实用性强,其最终目的是为个人就业做准备、打基础。DACUM 方法从强调对传统知识的注重转变到对培训结果的注重。这种切实的面向目标的方法通常被描述为以绩效为基础的或以能力为基础的教育方法。通过 DACUM 课程开发方法,美国社区学院的专业和课程设置都是在充分的社会调查基础上确定的,并善于根据经济发展和人才需求情况进行预测，及时调整办学方针、专业设置，及时增设社区需要的专业、课程。

比如皮尔庞特社区技术学院受西弗吉尼亚 ALLEGHEAY 电力公司的委托，帮助该公司下属 20 家发电厂培养一线技术维护人员。该项目时间跨度为 10～15 年，电力公司希望每年招一个班（20 人左右），通过一年的培训达到上岗要求。因此公司提供项目启动费 20 万美元，每年再提供项目维持费 6 万美元。双方约定各指定一名项目协调员，企业派出三位技术和管理专家参与该项目课程开发（按照 DACUM 课程开发方法进行），项目实施过程中企业将派出技术人员指导学生实习，学院也可聘请企业技术人员上一些技术课程。经过前期的项目课程开发，确定该项目整个教学过程分四个阶段共 40 个教学周完成，前三个阶段在学校完成知识和实训课程，第四个阶段的 10 个教学周学生下企业定岗实习。这是开展校企合作共同开发教学项目的成功范例。目前中国高职院校的课程制订，大多数由教育界的专家、学者负责，企业参与程度不足，美国在这方面的经验值得我们借鉴。

历经百年历史的社区学院，是美国独创的一种高等教育机构，它以社区为中心，把高等教育与社区人民的教育需求紧密结合在一起，把高等教育与当地社会经济发展紧密结合在一起，在学制、机制、教学功能上大胆改革创新，将学院的大门向社会全方位开放，实现了千千万万民众接受高等教育的梦想，也促进了整个社会的经济发展。它牢固确立了在美国高等教育中的地位，对美国乃至世界各国高等教育的改革产生了深远的影响。美国社区学院的创建和发展为中国高职院校如何在"两型社会"的建设中抓住机遇，实现与地方经济互动发展提供了有益的启示。以下各章将就湖南高职院校应如何抓住长株潭城市群被定为"两型社会"建设综合配套改革试验区这一契机，实现自身的腾飞做具体的阐述。

第三章 "两型社会"的建设与湖南高职教育的发展

2005 年 10 月 11 日,中共十六届五中全会通过了《中共中央关于制定国民经济和社会发展第十一个五年规划的建议》(以下简称《建议》),《建议》首次把建设资源节约型社会和环境友好型社会确定为我国国民经济和社会发展中长期规划的一项战略任务。《建议》明确提出,要把节约资源作为我国的基本国策,加快建设资源节约型、环境友好型社会。"两型社会"是在党的第十六届五中全会上明确提出来的,是从我国国情出发而做出的一项重大决策。2007 年 12 月 14 日国家发展和改革委员会正式发文,批准长株潭城市群与武汉城市圈成为"全国资源节约型和环境友好型社会(简称"两型社会")建设综合配套改革试验区"。这是继 2005 年上海浦东新区、2006 年 4 月天津滨海新区和 2007 年 6 月成(成都)渝(重庆)综合配套改革试验区后,国务院批准的第四个位于中部的国家级综合配套改革试验区。长株潭城市群试验区的获批,将成为实现湖南高职院校腾飞的一个重要突破口。

一、"两型社会"的提出及其内涵

(一)"两型社会"提出的意义

1. 建设"两型社会"是我国基本国情的客观要求

人口众多、资源相对不足、环境承载能力较弱,是中国的基本国情。我国耕地、淡水、能源、铁矿等重要战略资源的人均占有量均不足世界平均水平的 1/2 ~ 1/3。与发达国家相比,中国的资源利用效率比较低。2006 年中国国内生产总值占世界的 5.5%,却消耗了世界 54% 的水泥、30% 的钢铁、15% 的能源。水、大气、土壤等污染严重,化学需氧量、二氧化硫等主要污染指数已居世界前列;生态系统整体功能下降,抵御各种自然灾害的能力减弱等。我国经济的高速发展给环境与资源带来很大压力,资源环境约束日益突出,已严重制约经济发展。为了保证经济"又好又快"的发展,我们国家经济结构要面临转型,即从过去那种"高投入、高能耗、高污染、低产出"的模式向"低投入、低能耗、低污染、高产出"转变。加快建设资源节约型、环境友好型社会,将有助于解决经济发展和环境保护之间的矛盾,推动我国经济社会又快又好地发展。

2. 建设"两型社会"是贯彻落实科学发展观的内在要求

科学发展观的核心是以人为本。以人为本最基本的要求就是关爱人的生命、珍视人的健康。贯彻落实科学发展观的一个重要方面,就是要处理好经济建设、人口增长、资源利用、环境保护的关系。在节约资源、保护环境的前提下实现经济较快发展,有利于促进人与自然和谐相处,提高人民生活水平和生活质量。如果片面追求经济发展,导致经济发展与能源资源供应矛盾尖锐,导致生态环境严重破坏,人们的生活环境恶化和生活质量下降,就背离了科学发展观的要求。

3. 建设两型社会是保障经济和国家安全的必然要求

解决我国现代化建设需要的资源问题,着眼点和立足点必须放在国内。近年来,我国石油、矿产等重要资源进口越来越多,对国外市场依赖程度越来越大。进口石油占国内消费总量的 40% 以上,铁矿石进口量超过国内需求的 50%。过多地依赖国外资源,不仅耗费大量资金,而且会加剧国际市场供求矛盾,将影响到我国经济安全和国家安全。加快建设两型社会,控制和降低对国外资源的依赖程度,对于确保经济安全和国家安全有着重要意义。

（二）"两型社会"的科学内涵

建设资源节约型、环境友好型社会，不是一般意义上的保护资源、节约资源，而是应坚持生产发展、生活富裕、生态良好的文明发展道路，实现速度、结构、质量、效益相统一，经济发展与人口资源环境相协调，使人民在良好生态环境中生产与生活。

1. 资源节约是"两型社会"建设的基础

资源节约型社会是整个社会经济建立在节约资源的基础上，其核心内涵是节约资源。资源节约型社会就是指在社会生产、流通、消费的各个领域，通过采取综合性措施，提高资源利用效率，以最少的资源消耗获得最大的经济和社会收益，保障经济社会可持续发展的社会模式。资源节约型社会是一个复杂的系统，它包括资源节约观念、资源节约型主体、资源节约型制度、资源节约型体制、资源节约型机制、资源节约型体系等。建设资源节约型社会，必须以科学发展观为指导，走新型的工业化道路，在企业层次，通过技术创新和提高管理水平，减少单位产出的资源消耗；在区域层次，通过调整产业结构，提高生产系统的资源利用效率和降低国民经济发展对资源的依赖程度；在国家社会层次，通过强化资源节约意识，改变消费模式，在全社会范围内，建立资源节约型的生产和生活方式。

2. 环境友好是"两型社会"建设的关键

环境友好型社会是一种人与自然和谐共生的社会形态，其核心内涵是人类的生产和消费活动与自然生态系统协调可持续发展。环境友好型社会与资源节约型社会相比，更强调生产和消费活动对于自然生态环境的影响，是指社会的生产与生活以对生态环境无害的方式进行，由环境友好型技术、环境友好型产品、环境友好型企业、环境友好型产业、环境友好型学校、环境友好型社区等组成。由于我国经济正处于高速工业化和城市化时期，就业压力大，经济增长具有强大的内在冲动。但是，我国的生态破坏和环境污染已经达到自然生态环境所能承受的极限,为了使经济增长可持续,必须解决巨大的环境压力,必须寻找在以不破坏生态平衡、不污染环境的条件下,实现经济增长的路径,也就是必须以环境友好的方式推进经济增长,这主要包括有利于环境的生产和消费方式,无污染或低污染的技术、工艺和产品,对环境和人体健康无不利影响的各种开发建设活动,符合生态条件的生产力布局,少污染与低损耗的产业结构,持续发展的绿色产业,人人关爱环境的社会风尚和文化氛围等。环境友好,排除了先污染后治理的环境保护观,要求必须从源头预防污染产生。因此,环境友好型社会的核心,就是保护生态,从源头预防污染产生。

3. 资源与环境的协调统一是"两型社会"建设的实质

"两型社会"建设的实质,就是要实现一种社会经济发展一体化、城乡发展一体化、资源最大限度节约利用和环境最大限度保护的社会运行体系。一方面,对自然资源的开采要合理适度,要以低能耗的投入、低污染的排放,再辅以高科技的无害化处理,来保障环境的纯净和经济的增长。另一方面,要通过对环境高标准的要求和高密度的监控来规范各类产业的行业标准,从而达到资源与环境相辅相成、相互制约、相互促进的协调统一。

(三)"两型社会"的特点

1. 和谐性。"两型社会",是一个人与自然和谐共生、人与人之间全面和谐的社会形态,是一种全新的社会发展模式。建设"两型社会",是构建和谐社会的重要内容,是贯彻落实科学发展观的内在要求。从本质上讲,资源环境问题,虽然是人与自然的和谐问题,而其实质上还是人与人之间的社会关系和谐问题。

2. 系统复合性。"两型社会"的突出特征是其涉及社会、经济、文化全方位变革的系统复合性。资源环境问题是自然问题,也是经济问题、社会问题、政治问题和技术问题,更是文化观念问题,这些问题相互交叉、相互影响。"两型社会"也是一个"复合体",是由节约友好型技术、节约友好型产品、节约友好型产业、节约友好型企业、节约友好型社会等各方面组成。

3.广泛参与性。"两型社会"是一个由政府、企业、社会组织以及公众广泛参与的社会。"两型社会"的形成和发展,不仅需要政府的推动和引导,企业积极的参与和支持,更重要的是需要在全社会培养自然资源和生态环境的忧患意识和真正达成建设"两型社会"的广泛共识。并把这种意识与共识付诸到日常的行为中去。

4.开放性。"两型社会"建设的内在要求是谋求旨在建立资源节约和环境友好的科学发展体制,在体制机制创新、产业发展、各类组织及公众参与等方面,要求开放合作、改革创新,而不是那种关起门来搞建设,拒绝一切消耗资源能源、污染生态环境的生产和生活方式的"生态保护区"。

5.创新性。推进"两型社会"建设,必须高举改革创新的大旗,突出抓好发展模式创新、技术创新和制度创新,扫除前进道路上的体制机制性障碍,以提高自主创新能力为中心环节。

二、"两型社会"建设背景下的湖南经济

自长株潭城市群被确定为改革试验区后,湖南省委随即专题部署建设"两型社会",提出长株潭改革试验区要根据资源节约型和环境友好型社会建设的要求,全面推进各个领域的改革,以新型工业化、农业现代化、新型城镇化、信息化为基本途径,在重点领域和关键环节率先突破,大胆创新,尽快形成有利于能源资源节约和生态环境保护的体制机制,加快转变经济发展方式,推进经济又好又快发展,促进经济社会发展与人口、资源、环境相协调。

(一)湖南经济发展将发生根本性的转变

当前湖南全省上下尽心尽力、尽职尽责地推进综合配套改革,并

大力发扬湖湘文化敢为人先的精神,探索低投入、高效益、低消耗、少排放、能循环、可持续发展的道路,长株潭城市群经济发展将发生根本性的变化。

一是经济增长方式发生变化。长株潭改革试验区把节约能源资源作为转变经济增长方式的主攻方向,大力推进产业结构优化升级,大力发展集约化农业和生态农业,大力发展服务业,积极发展高技术产业,加快用高新技术和先进适用技术改造传统产业。例如为推进新型工业化,长株潭改革试验区努力推动技术创新,推动工程机械、汽车及零部件、轨道交通、有色冶金、建材等产业集群发展,努力节能减排。长沙市、株洲市已经开始大力发展服务业,特别是生产性服务业。面对"两型社会"建设的机遇与挑战,长株潭改革试验区的一些企业也在调整发展思路。比如中国南车集团株洲电力机车有限公司、三一重工、中联重科等制造企业积极推进技术创新,提升制造能力和水平。

二是大力发展循环经济。发展循环经济,是长株潭改革试验区建设资源节约型、环境友好型社会和实现可持续发展的重要途径。目前,长沙市正在按照减量化、再利用、资源化的原则,大力推进节能、节水、节地、节材,加强资源综合利用,完善再生资源回收利用体系,全面推行清洁生产,形成低投入、低消耗、低排放和高效率的节约型增长方式。株洲市此前是全国有名的污染城市,为此特别鼓励和引导企业开展循环经济相关技术研究,积极开发和推广资源节约、替代和循环利用技术。加快节能降耗的技术改造,对消耗高、污染重、技术落后的工艺和产品实施强制性淘汰制度,比如株洲冶炼集团已经竣工的渣山窑渣处理与资源化利用。湘潭市计划在装备制造、冶金、建材、化工等重点行业探索发展循环经济的有效模式。其中湘潭钢铁集团回收中温中压蒸汽余热发电,已经产生了很好的效果。

三是加大环境保护力度。长株潭改革试验区将坚持预防为主、综合治理,强化从源头防治污染和保护生态,坚决改变先污染后治理、边治理边污染的状况。降低污染物排放总量,切实解决影响经济社会发展,特别是严重危害人民健康的突出问题。三市都在着力改善湘江流域的环境质量,加大水污染防治力度。株洲市综合治理城市环境,加强工业污染防治,重视控制温室气体排放,妥善处理生活垃圾和危险废物,并在城区清水塘这个污染严重的片区试点。湘潭市进一步健全环境监管体制,提高环境监管能力,加大环保执法力度,实施排放总量控制、排放许可和环境影响评价制度。长沙市设立环保产业园区,大力发展环保产业,建立社会化、多元化环保投、融资机制,运用经济手段推进污染治理市场化进程。

四是切实保护好自然生态和集约利用资源。长株潭改革试验区坚持保护优先、开发有序,以控制不合理的资源开发活动为重点,强化对区域内水源、土地等自然资源的生态保护和集约开发,保护城市绿化,构建生态宜居城市。比如针对土地资源与城市化、工业化的矛盾,在长株潭城市化过程中,三市都在探索集约利用的有效方式。长沙市已经按照同地同价、合理补偿原则积极推进征地制度改革,最大程度利用城市土地,科学划分现代都市农业控制线、基本农田保护区,探索农村集体建设用地流转交易许可制度,最大限度地保障粮食安全。株洲市深化城乡户籍、社保制度改革,有序转移农村劳动力。

五是形成全社会节约资源的消费模式。转变经济增长方式,建设节约型、友好型社会,涉及各行各业和千家万户,需要全社会的共同努力。除了在生产环节、流通环节要形成节约型的生产方式以外,也必须在消费环节上,形成节约型文明健康的消费模式,包括端正消费观念。目前,长株潭改革试验区各地都在强化节约意识,鼓励相关企业生产和使用节能、节水产品,鼓励居民使用节能环保型汽车,开发节能、省地型建筑,以便形成健康文明、节约资源的消费模式。

(二)湖南经济发展的转变对湖南高职教育的期盼

1.产业结构调整,需要大力发展高职教育

据2004年湖南人才分布情况统计资料显示,湖南的三类产业中,专业技术人才比例大约为 6.25%:13.5%:80.25%,由此导致其产业结构总体失调,比例失衡。一方面,湖南作为农业大省,第一产业作为基础产业,技术开发和应用人才过少,影响了农业产业化发展的速度,削弱了整体经济发展水平。另一方面,第三产业作为优质产业,因缺少技术应用型人才和开发型人才,导致产业技术含量不高,发展速度迟缓。而且,随着新兴行业的不断涌现,如电子、微电子技术、新材料和新能源部门以及生物工程等,各行各业也将逐步由劳动密集型向技术密集型转化,由对熟练劳动者和中、初级人才的需求转化为对中、高级人才的需求。因而,目前,湖南省主要缺乏以下类型的专业人才:第一,是工业方面的复合型高级专业人才和高新技术企业的技术人员、管理人员和操作人员;第二,是第三产业的高级管理人员;第三,是农业方面的高级专业人才。这些高层次的技术和管理人才都需要由高职教育来提供,尤其是技术应用型人才缺乏,这势必将导致湖南经济发展质量偏低。

2. 区域经济的协调发展,需要高职院校提供不同层次的教育模式

根据湖南经济发展的区域特点,湖南区域内经济发展水平大致分为三个层次:长株潭为第一层次,湘西、怀化、永州为第三层次,其余为中间层次。这种地区经济发展的差异,就要求我们的职教模式与当地经济的实际需求结合起来,真正做到为地方经济发展服务。具体来讲,长株潭应该发挥职业教育体系较为完备的优势,大力发展中、高等职教,培养高新产业所需的高级技术人才,主动促进区域产业结构的升级和技术水平的提高,从而提高职业教育的层次,走产学研一体化的发展道路;中间层次地区的职业教育应采用"以特色求发展"、走"内涵式发展"道路,以培养具有把研究成果转化为现实产品的实用型技术人才和技能操作人才为重点,促进地方资源的开发和科技进步,力求职业教育与区域经济发展形成良性互动;第三层次区域应采取扶持发展政策,加大投入,与"治穷、脱贫"的发展战略相结

合,开展各种短期技术培训项目,帮助地区经济实现脱贫,以此构建适应农村贫困地区人才培养需要的职教模式。

3.经济的跨越式发展,需要大力发展高职教育

由于湖南省属于内陆省份,没有获得经济优先发展的优势,经济整体水平与广东、上海等发达地区相比要落后许多。要在近期内赶上东部发达地区,实现经济跨越式发展,就必须改变技术应用型人才缺乏、经济发展质量偏低、人才结构不合理、工业基础薄弱、装备水平低、企业竞争力不强、科技成果转化率低、企业缺乏创新能力等问题。而且湖南作为农业大省,农业人口占全省人口的80%以上,"三农"问题是湖南实现跨越式发展的重中之重。但农业结构不合理、劳动生产率较低、农村专业技术人才缺乏的现象比较严重。要进一步优化和调整农村的经济结构,提高农村第二、三产业的比重,加快农业劳动力向第二、三产业转移,就必须大力发展高等职业技术教育,加大高等职业教育及其培训力度,使农村富余劳动者适应就业、转岗的需要,促进科技人才的合理分布,尤其是满足乡镇企业对高素质人才的需求,这对于湖南省实现跨越发展战略目标,发展本地区的乡镇企业,调整产业结构,促进社会经济的全面发展,建设"两型社会"具有重大意义。

三、"两型社会"建设背景下的湖南高职教育

(一)湖南高职院校发展概况

湖南省高等职业教育起步于20世纪80年代中期。首先一批培养应用型人才的学院迅速兴起,如长沙大学、岳阳大学、湖南女子职业大学等,紧接着湖南师范大学和湖南农业大学设立职业技术学院,并在部分普通高校或中专对口招收职高学生。

1994年国家教委为推进高等职业教育的发展,在全国选择十所

国家级重点中专试办五年制高职教育班,这十所学校覆盖了我国大多数行业,当年湖南入选的有株洲冶金工业学校。1995 年,我省开始试办五年制高职班。1996 年,又有湖南长沙航空工业学校被国家教委选取批准办了高职教育班。至此,在全国十八所五年制高职教育学校中,湖南省占九分之一。1996 年 6 月,国家召开了全国第三次职业教育工作会议,会议提出要大力推进和发展高等职业教育,并明确指出:举办高等职业教育,主要是通过现有的职业大学,部分专科学校,独立设置的成人高校改革、改组、改制来实现,在仍不能满足需要时,经批准可利用少数具备条件的国家级重点中专改制为高等职业技术学院。这就是著名的"三改一补"方针,此次会议后,全国掀起了兴办高等职业教育的热潮。1997 年,省政府召开常务会议,作出加快发展高等职业教育的决策。1998 年,省委、省政府发出《关于进一步改革和发展职业教育的意见》,明确要求充分利用现有资源发展高等职业教育,通过改革、改制、改组等途径,使高等职业教育迅速形成规模。经全国高校设置评议委员会评审通过,国家教育部批准,第一批职业技术学院诞生。在湖南,株洲冶金工业学校和湖南冶金职工大学合并改组株洲职业技术学院(现更名为湖南冶金职业技术学院)。长沙航空工业学校和空军第二职工大学合并改组为长沙航空职业技术学院。1999 年,经全国高校设置评议委员会评审通过,教育部批准,湖南省机械工业学校与湖南省机械工业厅职业大学合并改组为湖南工业职业技术学院,长沙民政学校升格为长沙民政职业技术学院,湖南信息工程学校和湖南省电子职工大学合并改组为湖南信息职业技术学院。

为继续大力推进高等职业教育的发展,国家决定从 2000 年起,将高等职业教育的审批权下放到各省、直辖市、自治区人民政府。在这股强劲的东风下,一批批职业院校先后在各省市自治区诞生。湖南省也不例外,2001 年省委、省政府召开全省职成教工作会议,提出每个市、州和主要行业都要办好一所高等职业技术学院,要求高等专

"两型社会"背景下高职教育研究

科学校和成人高校的人才培养模式向高职教育转变。2004 年随着湘西民族职业技术学院(原湘西自治州农业学校与吉首经济贸易学校实质性合并的基础上筹建)的正式成立,这种格局已基本形成,高等职业院校数量也不断上升。"十五"以来,湖南省职业教育表现出强盛的发展势头,高等职业教育实现了跨越式发展,各类职业培训增长迅速,初步形成了以市(州)政府和部门行业办学为主,中、高职衔接,与普通教育相互沟通的职业教育体系,从根本上改变了高等教育办学主体单一、教育形式单一的格局,承担了高校扩招接纳增量的主力,高等职业教育的布局也基本完成。截止 2005 年,湖南省高等职业院校达到 59 所,招生人数达到 12.86 万人,在校生 36.7 万人,占全省高等教育的 48.6%。"十五"期间为社会输送了 10.2 万毕业生,高职毕业生占全省新增劳动力的 4.8%。同时,各职业院校的基础能力建设得到进一步加强,培养能力和培养质量明显提高。

"十五"以来,在省委、省政府的正确领导下,在各部门和社会各界的大力支持下,我省职业教育工作取得了可喜的成绩,尤其是高等职业教育实现了跨越式发展,高职招生数、在校生数分别占全省普通高等教育招生数、在校生数的 55.8% 和 49.1%,成为名副其实的"半壁江山",并且已初步形成了以市(州)政府和部门行业办学为主,中、高职衔接,与普通教育相互沟通的职业教育体系。2006 年,湖南省职业教育工作会议在长沙召开。会议全面部署了"十一五"期间的职业教育工作。我省继续完善"政府主导、依靠企业、充分发挥行业作用,社会力量积极参与,公办、民办共同发展"的多元办学格局和"分级负责、以县为主、政府统筹、社会参与"的管理体制。"十一五"期间,为社会输送 90 多万名高职院校毕业生。各种形式的职业培训进一步发展,年培训城乡劳动者 500 万人次。截止 2008 年,湖南省共有高职院校 62 所(含民办)。具体分布如下:长沙 31 所、株洲 4 所、湘潭 6 所、衡阳 4 所、岳阳 3 所、常德 3 所、娄底 2 所、怀化 1 所、邵阳 1 所、永州 2 所、益阳 2 所、郴州 1 所、湘西自治州 1 所、张家界 1

所。湖南省高职院校分布集中以省会长沙为代表的长株潭城市群,共有49所高职学院,占湖南全部高职院校的79%。

(二)湖南高职院校面临的发展瓶颈

随着湖南省高等职业教育的迅速发展,职业教育存在的问题和隐患日趋明显。其中,与"两型社会"建设不相适宜、最为突出的矛盾主要体现在以下几个方面:

1. 社会认同度不高

观念问题是制约中国高职教育发展的一大"顽症"。对高职教育的定位,在中央、地方政府已通过法律确立了其地位,但是企、事业单位的用人理念依然没有转变,尤其是社会大众、学生、家长产生了一系列不正确的认识和做法。相对于普通高等教育来说,高职教育的社会认可度依然较低。"次等教育"、"非主流教育"的思想似乎已根深蒂固,以致一时很难纠正,甚至彻底根除。

(1)中国鄙视职业教育的传统文化观

中国的文化类型是以伦理为中心、政治为本位的伦理政治型文化。在中国文化变迁的历史长河中,构筑了以理性主义和人文精神为基本特征的中国传统文化。这种传统文化鄙视体力劳动和体力劳动者,中国传统文化的价值取向是读书、做官、治民,崇尚"万般皆下品,唯有读书高","学而优则仕"而非"学而优则事","劳心者治人,劳力者治于人",讲究"文质彬彬","君子动口不动手"。"动手"的体力劳动者"治于人",且非君子。虽说历代统治者也"劝课农桑",在民间,艺徒也十分流行,但注重人文道德教育,依然是中国古代高等教育发展的主流。从春秋战国起,中国就有职业的高低、贵贱之分,百业中"士"为四民之首,学而优则仕,重义轻利,视术为雕虫小技,轻视专业教育,鄙视劳动。南北朝时期的颜之推在他撰写的我国第一部家庭教育著作《颜氏家训》中,虽列有"杂艺"一章,强调"德艺周厚",认为琴、棋、书、画、数、医、射等技艺在生活中都有实用意义,但他却说这些技艺"只可兼习,而不可专业",因为此艺过精常为人所役使,更觉为累。由此可见,士大夫之流掌握技艺的目的是专供自我享受,而不是为了服务他人、服务社会。至理学产生后,极端蔑视实用科学研究与教育的风气达到了顶点,一味地强调封建伦常,理学家们斥责研究科技为"玩物丧志",把科技发明诬为"奇技淫巧"。对技艺的鄙视可谓痼疾恶病,非一日之功可以根除。正所谓"德成而上,艺成而下;行成而先,事成而后"。如此对待技艺的态度,已经严重阻碍了中国古代科学技术的进步和职业教育的发展。直至今天,这种传统的观念对高职教育的发展,仍然有着比较深的影响,影响着高职院校的生源,影响着高职教育的发展。

(2)传统文化观对高职教育的消极影响

职业教育几乎从诞生的时候起,就是带着动手能力(或说实际操作能力)的特色而面世的。几十年前,黄炎培先生倡导的"劳工神圣,双手万能,手脑并用,敬业乐群",一直被职业教育理论界视为职业教育的专利。高职教育的实践技能同样与"动手"的操作紧密相连,自然与体力劳动关系密切。但中国鄙视职业教育的传统思想渗透在人们的文化中,而且这种渗透力具有其深远性和普遍性。首先,造成狭隘的人才观。人才观,是高等职业教育思想的基础。传统观念总认为,人才就是那些具有较高的学术造诣和研究能力的人。因此,人们总是以个体所接受的普通高等教育层次(其核心是学术能力)的高低作为衡量和评价人才的主要标准,这是一种狭隘的人才观。我们认为,人才具有一定的层次性。个体由于受不同的环境和教育影响,具有不同的个性特质和潜能,任何具备正常的智力水平,在接受教育和环境的影响过程中,其个性特质和潜能得到发展,并能适应社会生活的都是人才。高职教育培养的是非学术性的技术应用型人才。其次,重学历轻素质观念依然存在。传统的高等教育以经义和抽象的理论为内容,教育水平的评价尺度必然是试卷的得分,无论是入学考试,还是入学后的学业课程考试,都是以得分的高低来衡量学生学业成绩的优劣。这就和当今所倡导的高职教育的培养目标以及高职教育所应具有的人才评价标准形成了反差。由于职业素养和技能水平是无法通过传统的考试得分加以评价的,高职教育在相当长的发展时间内,不得不向传统的评价观念靠拢,没有显示出它的"职"性,而是被视为普通教育的压缩、二等教育。

有些高职教育办学者的认识也没完全到位,目标与层次定位模糊,认为发展职业教育的目的就是要使普通教育的"落榜生"有学可上,以便延缓就业、支持社会稳定,同时也为社会培养高素质的劳动者。按照这样的逻辑得出的结论,职业教育自然只能是次等教育。在中国高等教育领域中,"学科型"教育长期以来一直是人才培养的唯一模式,许多人在思想观念上一直视其为正宗,而对其他教育模式持怀疑态度。就培养目标而言,高职教育区别于普通高等教育,培养高技能人才,即生产、建设、管理、服务第一线需要的应用型人才,而人们的传统观念中,更推崇理论型、研究型人才。加上高职教育又是近几年的新生事物,起步晚,相当一部分院校是在中专基础上升格而成,人们普遍怀疑其办学实力。因而,社会各阶层不同程度地鄙薄职业教育,认为职教不正规、层次低。这些观念的错位又不同程度地影响着地方政府对高职教育政策的制定与落实,政府的视角大部分时间仍聚焦在普通高等教育上。

由于受这种狭隘的人才观、传统的重学历轻能力的思想的影响,一方面,许多家长和学生不能正确认识和对待高职教育,很多人把职业技术教育看做是"末等教育","低人一等",认为那是高考落选者的无奈选择。时至今日,家长和学生仍然认为职业教育低人一等,不愿报考高职,宁愿复读也不上高职院校的心理十分严重,这种观念可谓"深入人心",成为现在公众的"共识",甚至我们自己也不得不认可。另一方面,各行各业都十分看重学历,劳动就业、评定职称、提拔晋级等一切需要资格认证的项目,都与学历紧密挂钩。中华英才网的一项薪资调查表明:"学历高一档,年薪多一万。"如此悬殊的薪资差距,很难使人们对高职教育拥有信心。这样,学生及其家长就不愿选择这类学校,生源质量得不到保障,用人单位也低看这类学校的学生,他们宁愿花大钱聘用哪怕在实际生产中难以用得上的本科生、研究生,也不愿招收能马上顶岗生产的高职学生。人才"高消费"等非理性的行为造成了资源的极大浪费。

随着经济和社会的发展,不可否认在某些经济发达的地区,这种传统观念的消极影响或许会小些,但是在湖南这种观念的转变还需要一个较长的过程。明明企业迫切需要的是应用型高等人才,不少单位在用人规格上尽量拔高,都标明要"本科以上",而把高职毕业生排斥在外。家长期望子女能接受更多的教育,毕业后有充分的就业机会,却又期望子女考进学术性而不是应用性的大学,这就是由于传统经济模式、传统思想的影响。这种观念的转变是困难的、缓慢的,这决定了高等职业教育发展与实践过程的复杂与艰辛。

2. 政策尚不完善

高职教育政策既是高职教育事业发展的重要保障,也是提高社会对高职教育认识的重要措施。我国高职教育发展在党的正确领导下,得到了跨越式的发展,也取得了很大的成就。国家和各级政府包括湖南省政府均出台了比较系统的高职教育方针、政策,大大促进了高职教育的发展,但也因为其发展的阶段性和长期性,还存在某些方面的不足,具体分析看来,主要存在以下几个方面:

(1)"三改一补"政策的不足

中国第三次全国职业教育工作会议上提出发展高职教育要充分利用现有的教育资源,主要对现有职业大学、部分专科学校、独立设置的成人高校通过改革、改组、改制来实施。在仍不能满足需要时,经批准可利用少数具备条件的国家级重点中专举办高职班或转制等方式作为补充。这就是发展高职的"三改一补"。作为国家的宏观调控,"三改一补"政策无可厚非,但存在以下问题:

第一,20 世纪 80 年代初及以后兴办起来的相当一部分职业大学及成人高校,特别是行业所办的一些学校,基本办学条件差,教学设施严重不足,师资力量薄弱,主管部门管理不力,社会信誉不高和生源困难,使这些学校难以为继,要担当高等职业教育的任务勉为其难。

第二,相当多的专科学校对举办高职教育并无热情,不愿"低就"为职业技术学院,而是想方设法升格为本科。即使为了扩大生源而办高职,大多与职业教育观念、培养目标、教学模式、实践条件等有较大差别。

第三,重点中专长期搞职业教育,办学条件好,师资力量强,实践基地多,比多数"三改"学校更适合办高等职业教育,但在政策中,仅作为"补充",因而没有发挥重点中专学校应有的作用。厦门大学高教所教授、博士生导师潘懋元指出:"全国3000所中专和800多所职业高中,其中不少师资力量雄厚,设备与实习场所充足,办学成绩卓著,培养职业技术人才经验丰富的重点学校。将这些学校提升为高等职业技术学院或开办高职班,从高等教育大众化的质量观看,更能培养适应经济与社会多方面需要的'适销对路'的职业技术人才。"

第四,事实上,在1999年教育部公布批准的职业技术学院名单中,以及国务院授权以后各省批准建立的职业技术学院中,相当大部分是由一批国家级或省部级重点中专改制而成,其中不乏"职业大学"、"部分独立设置的成人高校"的户口,但不是这些重点中专合过去,而是以这些重点中专学校为基础合过来。1985年到1996年,由原国家教委批准试办五年制高职的22所原重点中专,至今除个别学校没有改制为高职院校外,都已先后改制,由此也可见一斑。毋庸置疑,随着国务院审批权限的下放,有更多的重点中专改制为高等职业技术学院,湖南也不例外。由于实施"三改一补"政策的学校在中国教育系统中,一直属于较为薄弱的环节,而且在近年规模高速扩展过程中,有多年形成的许多老问题,如占地少、规模小、科类结构不合理、专科特色不突出、办学条件差等问题,仍然没有得到很好解决。

不仅如此,由于扩招,这些学校中,有的学校仓促上马;有的学校迫于上级指令,被动接受任务;不少学校准备不足,严重影响高职学生的教育质量,把这些学校作为发展高职的主渠道似乎勉为其难。目前,我国有相当数量的高等职业学校,基础薄弱,资金投入不足,实验实习设备陈旧、数量不足,专业教师奇缺,师资队伍薄弱,管理水平低,办学水平差,专业重复设置,培养规格形式单一等一系列问题。这些问题严重影响了高职毕业生的质量,而且这些问题却很难仅仅通过高职学校自身调整来改善。

(2)"三不一高"政策的不足

教育部于 1999 年 1 月发出了《关于试行按新的管理模式和运行机制举办高等职业技术教育的实施意见》(以下简称《实施意见》)。在此以前,1998 年 12 月,在大连召开了全国高职试点工作会议,《中国教育报》于 1999 年 1 月 14 日发表了该报记者唐景莉采访时任教育部发展规划司司长的纪宝成的报道。《实施意见》和报道都是要对我国刚刚起步的高等职业教育实行所谓的"新模式新机制",其核心内容是对高职毕业生不包分配、不发教育部印制的毕业证内芯、不发"普通高等学校毕业生就业派遣报到证",教育事业费以学生缴费为主,省级财政补贴为主(实质就是已不断见诸报端的按教育成本高收费),此即"三不一高"。"三不一高"的出台,以及出自某些领导人的"高职是招收高考落榜考生"之说,加之部分新闻媒介的误导,社会上家长、学生对高职教育的不了解(与"职业"混为一谈的大有人在),使高职教育发生了扭曲,教育界一片哗然,无疑是掐了刚刚破土而出的高职这棵幼苗的嫩芽。对高职实施"三不一高"政策应该是市场经济条件下所有高等学校改革的方向,而刚刚出土需要扶植的高职,却要首先单独承担冲破中国千百年来传统习惯势力的重任,岂非有失公允,于理不合,于情不容?且不去多议"三不",仅以高收费而言,高职生每年竟要缴比专科生、本科生高 1.5 到 2 倍以上的学费,还背上"高考落榜生"的丑名,投入与回报又难以成比例,谁甘愿背此重负?

因此,"发展高等职业教育,还可以为上不了大学的高中毕业生提供接受高等职业教育的机会"之说,并美其名曰市场经济、教育经济,而事实上,几年来的实践结果却并不理想。高中毕业生进入高职院校后的失落感、学习和纪律的松懈是普遍现象。

(3)"六路大军"齐办学政策的不足

1999年教育部、国家计委印发的关于《试行按新的管理模式和运行机制举办高等职业技术教育的实施意见》中明确提出,高等职业教育由以下机构承担:独立设置的职业技术学校、民办高校、普通高等专科学校、本科院校内设定的高等职业教育机构、经教育部批准的极少数国家级重点中等专业学校、办学条件达到国家规定合格标准的成人高校等。至此,形成了"六路大军"共同办高职的局面。"六路大军"并进,多渠道、多途径办学,以及赋予地方过多的自主权,使办学标准、课程设置、办学模式及运行机制灵活多样,在客观上影响了教学质量的提高,使学科结构与人才需求出现了不平衡的现象。

此外,长期以来中国高等教育管理在强调以政府行为为基础的制度环境中,形成了集中管理与强制服从的模式和倾向。由于中国高职教育起步较晚,对高职教育的管理部分被纳入普通高等教育的框架,高职教育是具有明显地方性特征的教育类型。基于中国地区经济发展不平衡且各地区经济发展重点、资源分布情况不同这一基本国情,不同的高职院校应该有不同的办学层次、专业设置,满足不同的社会需求。但是中国还存在现行高等教育管理统得太多、太细,整齐划一,没有真正做到因地制宜、分类指导。

(4)招生制度的不足

湖南省高职院校招生途径主要有两种。一种是普高生参加高考,依据其高考成绩进行录取;另一种是"三校生"(中专、职高和技校),通过省考试部门及招生学校组织的高职入学单独考试,具体的操作是:和高考同时进行(现在是每年6月6日、7日两天),文化科考试难度稍小一些,加一门职业专业课考试,依据其总成绩进行录取。总体来说,湖南省的高职院校的招生还是以第一种招考制度为主。

这种以高考代替高职院校招生考试方式操作步骤相对比较简单,统一出题、统一考试、统一改卷、统一招生,不会导致因学生数量庞大而形成的混乱局面。与此同时,这样的招生制度有着不可回避的负面效应,如考试内容结构不太合理,一直强调文化科的考试,这不利于高职院校各校特色的发挥,高职院校不同于普通院校之处主要就是其专业特色和办学特色。这种传统的以高考统一考试代替高职院校的考试方式对高职院校生源的不良影响更是显而易见的。其一,招生对象。招生对象主要是以高中毕业生为主,成了高中缓解升学压力的一种手段,职业学校毕业生入学的比例不高。虽然设了对口招生这种招生形式,但只是有这种招生途径的存在,招的人数只是一种点缀而已。录取的结果是普高生源占高职生源的绝大部分,而接受了正规职业教育的"三校生"入学机会却少得可怜,每个学校的对口招生的比例一般不会超过总人数的7%,只有少数的中职毕业生有接受高等职业教育的机会,致使出现了录取渠道的"瓶颈"现象。抽样调查显示,主要是以下原因导致中职毕业生未能参加各类大学入学考试:可报考的院校太少;普通高考的类型及难度不合适;可选择的专业太少;因考上的可能性太低而失去兴趣。显然,正是因为这些因素的存在,将更为适合的中职毕业生拒之门外,制约人们进一步接受高职教育的积极性,同时也阻碍了高职教育与中职教育的有效衔接。其二,录取环节。在每年的高考录取工作中,高职院校的招生工作排在最后,无论是分数还是时间,这样的招生制度无疑对高职院校的入口,造成不良的影响,更加剧了高分生源的流失,即离本科线不远的生源,这类高分学生往往选择复读。

(5)经费投入政策不足

虽然高等职业教育在中国越来越受到重视,但还远未达到应有的程度。目前,中国的高等职业教育的经费投入,主要还是依靠地方政府,以及学费和学校自筹资金来维持运转和发展。由于地方政府财力所限,经费投入相对较少,就是这有限的教育投入,也往往偏向基础教育和普通高等教育,对职教则缺乏足够的重视,学生的学费成为大部分高职院校的主要经费来源。曾经有人对中国 21 所高职院校(其中包括深圳市)进行实地调查中发现,学费占学校经费来源90%的有 12%,占 60%~90%的有 49%,占 50%的有 29%,占 30%~50%的有 10%。政府在经费投入上十分有限,办学经费总体投入不能适应需较高投入的高职教育的发展。企业、社会其他力量参与高职教育的办学活动,既是高职教育本质特征的具体体现,也是社会主义市场经济体制的新要求。这是一个双赢的活动。但由于缺乏政策的支持和约束,所以我国企业在此方面的热情并不高,校、企合作雷声大、雨点小,企业不愿承担应尽的义务和责任。全国职教工作会议后,国家开始对部分职业技术学院有所投入,但这仍是杯水车薪。湖南省高职院校的发展同样存在经费严重不足的问题,甚至在高等教育经费安排上,基本上把职业技术学院排除在外。

①政府投入沿袭旧的拨款模式,严重制约了高职院校的发展。在现有高职院校中,主要是由原来的中等专业学校单独改制或中专学校与专科学校或职工大学合并改制形成的。少数为集团公司及民办企业资金投资创办。前两种类型形成的高职院校的政府投入体制,仍然沿袭了过去的体制不变,即学校通过主管行业由省财政厅按在校学生人数拨款。1997 年并轨后,由省财政厅按当年拨款标准乘以当年在校公费人数作为基数不变,每年视职工工资情况追加拨款,原属地方各级政府主管的学校由政府财政直接拨付办学经费,原国营集团公司和民办企业创办的学校由所属国营集团公司和民办企业根据自身的经济效益情况拨付办学经费。从实验仪器和基本建设政府投入体制来看,也基本沿袭了中专学校的投入体制。即由主管部门投入实验仪器及经费,基本建设经费则由学校上报主管部门,经省计划部门审批纳入全省基本建设计划后,由省财政部门安排资金。一般来讲,经济实力较强的主管部门,对其所主管的学校的实验仪器

设备拨款额度较大,实力较弱的主管部门,对其所主管的学校的实验仪器设备的投入较小。在基本建设资金的投入上,由各级政府主办的高职院校由于有当地政府财政和政策支持,其基本建设所需土地和基本建设资金基本能够得到保证,而行业所主办的高职院校所需基本建设资金则难以得到保障,甚至于某些经济实力较差的行业,根本不能向所主管部门的高职院校注入基本建设资金,致使其所主管的高职院校主要寻求银行贷款来解决这一矛盾。最后,导致这些高职院校背上沉重的债务负担,既留不住教师又影响教学质量的提高,造成学院软件实力的严重下降。

②政府投入增长力度不大,无法满足高职院校规模的扩大和质量的提高。虽然,各高职院校教育经费拨款也呈逐年上升趋势,但这种经费的上升,主要是由于高职院校数量增加所致。而且高职教育经费拨款总额的增长,主要用于国家政策内职工工资的提高。有些学院,政府投入这一块根本就没有增加,学校职工工资的2/3都要靠学校自己的创收来解决,从高职院校生均教育经费拨款情况来看,基本都是显示负增长趋势,本科的生均投入标准是3000元/人,而高职院校的生均投入就没有标准。

③高职教育经费投入结构不合理,无法满足社会急需人才培养目标的要求。一方面由于政府投入的力度不大,高职院校以学费收入作为主要的办学收入,湖南省的高职院校学费的收入占整个教育经费投入的近60%,大大超过其他各项收入。而且,有些学校还要高于这个比例。很显然,如果高职院校要得到良好的运转,岂不是只能增加学生的学费,所以,就造成很多高等职业学院的学费跟一般本科院校的学费齐平,对于高职院校生源主要来自农村和城市低收入家庭的子弟来说,不得不因高昂的学费而却步。学院层次受限制,学历文凭没有优势的高职教育,附加着昂贵的学费,学生和家长不得不对选择高职教育有所考虑,对高职教育的低投入、高收费,让大家感觉很不公平,使得高职院校在志愿生源不足的情况下,又存在注册生源

进一步减少的情况；另一方面，高职院校担负着培养社会急需的高技能型人才的任务，本应在实验仪器设备上，有较快的增长，但从近年的统计数据来看，除个别在实验仪器设备本身有特殊要求的院校外，其他高职院校的生均实验仪器设备一直处于下降状态，特别是作为我省支柱产业和急需发展的行业所管辖的学校，由于行业经费不足，无法向所管辖学院拨付足额的设备经费，致使这些高职院校难以承受因学生人数大幅度增长而需增长的教学仪器设备的更新改造经费，从而使高职院校生实验仪器设备使用额长期处于低水平状态。

（6）就业准入制度的不足

就业准入制度，是指根据《劳动法》和《职业教育法》的有关规定，对从事技术复杂，通用性广，涉及国家财产、人民生命安全、消费者利益的职业（工种）的劳动者，必须经过培训，并取得职业资格证书后，方可就业上岗的制度。高等教育的证书制度是从一种认证和资格的角度，综合性地反映了社会经济发展对高等教育人才培养的结构性要求。这种证书制度在学生就业方面的功能主要有以下几方面：第一，它客观上成了毕业生与劳动力市场和用人单位交往和联系的基本媒介；第二，教育证书具有一种身份功能。这种身份反映了国家和社会的基本认可程度，体现了一种社会地位，而且也包含了非常丰富的社会资源或社会资本；第三，在现代社会的用人制度和劳动力市场中，证书已经成了某种资格的象征。

虽然早在1993年，国家劳动和社会保障部基于目前国际化形势和中国的就业形势，适时提出了职业资格准入制度。1999年《中共中央国务院关于深化教育改革全面推进素质教育的决定》又指出，"在全社会实行学业证书和职业资格证书并重的制度"。这为高职教育注入了新的生机和活力。但中国现行的高等教育证书制度是学历文凭制度。各高等院校的毕业生是社会就业的大军，几乎所有的高校毕业生（包括高职院校的毕业生）都是手持学历证书找工作，高等教育发展过程中，人们普遍认同高学历教育，就业市场也一直是以文凭为重,盲目追求高学历毕业生,整个社会还是一种所谓的"学历社会"。高职教育的学历层次是专科教育,是高等教育学历中的最低层次,高职院校的毕业生手持学历证书就业显然没有优势。我省的情况和全国基本一致,同样是学历文凭制度和学历社会。

实行就业准入控制,推行职业资格证书制度,可以规范劳动力市场建设,为劳动者就业创造平等竞争的就业环境;可以实现劳动力资源的合理开发和配置,并使其纳入良性发展的轨道;可以促进劳动者主动提高自身的技术业务素质,达到使劳动者尽快就业和稳定就业的目的。2004年,湖南省劳动厅、教育厅和人事厅联合出台"进一步推动职业院校实施职业资格证书制度",规定湖南省的各级各类职业院校均应推行职业资格证书制度。尽管高职院校在实施职业资格证书制度,但国家学历证书和职业资格证书管理分属教育部和劳动部,不能真正实现双证书的有效统一,严重制约了高职特色的发展。目前劳动和社会保障部依据《中华人民共和国职业分类大典》确定了实行就业准入的66个职业目录,如车工、铣工、磨工、焊工、防水工、手工木工、推销员、美发师、摄影师、眼镜验光员、秘书、话务员、物业管理员等。遗憾的是现实的就业市场并没有严格的实行就业准入制度,在湖南的就业市场,属于这66个职业目录中的一些行业根本就没有实行就业准入制度,招聘人员仍然是凭感觉,非常主观。

3. 生源不旺

高职院校招生工作开展这么多年以来,生源的数量和质量一直不是很理想。从目前的生源状况来看,湖南高职院校的生源主要有三类:一是通过普通高考招收普通高中生,二是中专或职高毕业的对口生,三是五年制大专的初中毕业生。其中占绝大多数的生源还是来自应届高中毕业生,并且主要是通过高等学校统一招生考试这一途径招生。虽然,近些年的情况有所转机(主要是指绝对数量有所上升),但高职院校不能完成招生计划仍然是个较为普遍的现象。

2002—2006年湖南部分高职院校计划招生与注册人数情况(长

沙市),如表1。

	2002		2003		2004		2005		2006	
	计划招生	注册人数	计划招生	注册人数	计划招生	注册人数	计划招生	注册人数	计划招生	注册人数
科技职院	2800	1962	4000	3658	4500	4006	4600	4410	3600	3600
民政职院	4050	3281	5200	4848	6000	5841	5800	5667	5580	5579
长沙环保	1380	748	2200	1449	2315	1576	2800	2406	2400	2241
长沙商贸旅游	0	0	218	19	726	370	1180	843	1850	1316

表1:2002—2006年湖南部分高职院校计划招生与注册人数情况

说明:①计划人数:意向想要招的人数;注册人数:开学时来报到注册的人数;②注册人数包括高职生、"1+2"形式培养生、五年制高职生;③长沙民政职业技术学院:1999年,由湖南民政学校升格而成,现是国家示范性高职院校,在湖南来说,该校生源名列前茅;湖南科技职业学院:2001年,由湖南省轻工业学校和长沙煤炭安全技术培训中心合并而成,2006年,独立设置为湖南安全职业技术学院;该校招生情况在湖南省是比较好的;长沙环境保护职业技术学院:2002年,由长沙环境保护学校升格而成,是典型的行业办学,招生情况处于中流;长沙商贸旅游职业技术学院:2003年,由长沙市商业学校和长沙市商业职业中专学校合并而成,招生情况不理想。

从上面的调查统计表可看出湖南省高职院校存在着以下的情况:

招生的绝对数增加。招生的绝对数近几年呈上升趋势,从招生计划数和注册人数,都可以显示出来(2006年的计划招生人数例外,因为国家的大政策在2006年压缩高校扩招,特别是要压缩专科层次的扩招)。一方面,湖南省的高职院校经过这么多年的办学,各方面进一步完善,社会对高职教育有了进一步了解与认识;另一方面,湖南省的大学适龄人口逐年增加,这是高职院校招生绝对人数增加的一个强大基石(因为高职院校的生源绝大部分是本省生源)。

招生计划不能完成。尽管招生的绝对数是增加的,但绝大部分高职院校还是不能完成招生计划,学生注册人数往往比招生人数要少,报到率与本科学院是没法比的。2004年时很多高职院校的报到率还不到70%,地级市有的高职院校更低,如邵阳职院只有50%,很多学校采取一次招生,二次补录,三次电话请人等方式争取生源。招生的形式也五花八门。

招生秩序混乱。目前在高职招生办学方面存有"滥上马、乱招生"的现象。如中专盲目升格,中等职教办高职班,普通本科院校办高职班或高职二级学院,一时间,高职教育遍地开花,这本身就使得高职失去特色,成为"普通本科减一点,职业中专加一点"的大拼盘、大杂拌。高职院校在招生上,不但要和同一类属的竞争,同时,还要和本科院校抢高职生源。这种激烈的竞争形势,带来了混乱的竞争局面,即不实际的广告宣传(广告大战、故意夸大、超范围许诺、乱发通知书等),使得家长和学生如坠云里雾里,无从相信。这严重败坏了高职教育的声誉,扰乱了高职招生的正常秩序,影响了高职教育的健康发展。高职院校招生成本一直居高不下,几乎所有的学校都要花大量的人力、物力、财力。

招生对象单一。高职院校招生的对象主要是普通高中毕业生,一直是在与本科院校抢生源。而来自职业教育系统内部的生源却少得可怜,湖南虽然设有对口招生,但只是一种点缀而已。从表2所统计的几所学校中可以看出,占比例最高的是湖南交通职业技术学院,也只有7.02%,最低的不到5%,没有很好实现中、高职教育的衔接。

学校	计划招生	占总招生计划比率(%)
湖南科技职业学院	216	5.13
长沙民政职业技术学院	246	4.26
长沙环境保护职业技术学院	135	5.62
湖南交通职业技术学院	200	7.02

表2:2006年部分高职院校对口招生计划情况

在校学生流失。注册后的生源还存在流失的现象,流失的比例在有些学校甚至达到了10%左右,这个现象一般是发生在学生入学的第一年内,特别是那些重复设置的专业中,这种现象尤其突出。

　　通过对湖南省部分高职院校了解的情况可以知道,表面上看各高职院校的招生绝对人数都在增加,无论是招生计划人数还是注册生人数。国家政策是从 2006 年大学限制扩招,尤其是限制专科层次扩招,计划招生数增加不大,而湖南省近几年大学的适龄人口呈比较大的幅度上升,特别是 2005 年、2006 年这两年,这样一来,很多高职院校以为生源情况就这样好转了。但是我们更应该清楚地看到,绝对人数增加的同时,湖南省只有极少数高职院校能够基本完成招生计划,显示出比较好的生源情况,如湖南科技职院和湖南民政职业技术学院。绝大部分还是不能完成招生计划,而且高职院校的招生成本也很大。在第一次录取的人数中,流失的却是分数段高分的学生,很多高分的学生宁愿复读也不会选择来读高职院校,所以补录是高职院校争取生源的最常见、最普通的方法。而普通本科院校是不会有补录这一环节的;高职院校还存在着计划数、录取数和注册数的不一致,一般是录取数 > 计划数 > 注册数,而在普通本科院校这三数基本一致。入校后,在校生存在相当比例的流失,这种情况也只有在专科层次的职业院校普遍存在。而且,根据图 2 可看出,我省 2010—2017 年高等教育适龄人口将不断减少,摆在高职院校面前的生源问题将愈加严重。

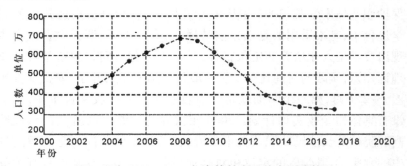

图 2:湖南 2002—2017 年高等教育适龄人口趋势图

　　资料来源:《湖南教育发展年度报告 2003》中的《湖南省 2006—2020 年高等教育发展规模的趋势预测》

4.定位不明确

高职教育的特点在"高"与"职","高"决定了它必须以一定的现代科学技术、文化和管理知识及其学科为基础,着重进行高智力含量的职业技术教育,要求毕业生能够掌握熟练的、高智力含量的应用技术和职业技能并具有一定的对未来职业技术变化的适应性,这是它区别于中等职业教育的重要特征;"职"则决定了它主要强调应用技术和职业技能的实用性和针对性、知识及其学科基础,注重综合性并紧紧围绕生产、建设、管理和服务第一线职业岗位或者岗位群的实际需要,这是它区别于普通高等学校教育的重要特征。教育的本质是由其培养人才的性质决定的,社会需要的人才类型,有学术型人才、工程型人才、技术型人才和技能型人才,高等职业院校的人才培养目标的定位是技术应用型人才和高技能型人才。

但现实中,高职院校定位没有完成从理论向实践的转变。高职院校为社会培养高技能型人才的定位理论为每一个办学单位所接受,但是理论向实践的转变有一个很长的过程。湖南高职院校虽然发展比较快,但是起步比较晚,对技术型人才理论在教育中的运用比较生疏,大部分学校还处在理论层面,学校的专业设置、课程设置、管理模式、办学模式没有落实技术型人才培养的理论。比如:长沙环境保护职业技术学院,2002年从中专升格为高职院校,在这几年的办学过程中,基本采用的是六年前的模式,专业设置、课程设置没有体现出技术型人才培养的定位目标,学生大部分时间在教室学习专业理论知识,实践的时间比较少。一般是在第三年的开学,安排学生实习1~2个月,第二个学期就是学生自主实习和寻找岗位工作,几乎没有具体的专业实训计划。2006年被评选为湖南两所全国示范性高职院校的长沙民政职业技术学院,在长沙市区范围内是高职院校中的领头羊,其学院的定位相对其他后起的兄弟院校来说具有示范性作用,主动适应市场的能力比较强,其在全国很有特色的殡仪服务专业有很好的市场前景。但是,其电子信息工程系的应用电子技术专业,要求学生参与的考试是全国计算机软件水平考试、全国计算机等级考试,据毕业学生的反映,他们不能适应 IT 行业的强烈竞争,在同行业中继续学习的基础比较差。

而且高职院校定位往往只强调"高"而忽视了"职"。高职教育是高等教育的一个层次是毫无疑问的,现有的高职院校基本上是专科层次。在教育部的倡导下,在全国范围内,几所办学比较成功的高职院校定位都比较明确,如深圳职业技术学院定位于"瞄准世界一流,保持国内先进"的宏伟发展目标,力争成为教育效率和教育质量较高的全国示范性职业教育学院。宁波职业技术学院则定位于"立足港城、面向全省、产学结合、争创一流,培养具有必要理论知识和较强实践能力的生产、建设、管理、服务第一线的技术应用型人才"。

目前湖南高职院校在目标定位与理论层面上,完成了以"中"向"高"的转变,但是在更高的层面定位上却偏离了职业教育的特点,很多都是照抄本科的办学目标。以长沙市的高职院校为例,除民政职业技术学院基本上达到了高职院校的要求外,其他的学校实质上是在没有本科院校水平的基础上却按照本科的要求在办学,无法达到职业技术能力培养上的要求。虽然,实验实训课时在安排上按照了教育部的要求,但是,真正能按照实验实训的要求进行的很少。一是没有实验实训基地,有的是挂牌的教学基地;二是师资队伍还不适应高等职业教育的需要,"双师型"教师奇缺。高职教育的特点,要求教师不仅要精通专业理论知识,更重要的是要具有十分熟练的动手操作能力和技术应用能力,即成为"双师型"教师。目前高职院校具有"双师型"素质教师的比例逐步提高,但与湖南省 2010 年高等教育发展规划提出的高职院校"双师型"教师比例为 50% 的标准,仍存在一定差距。许多高职院校的现任教师,绝大多数是从学校到学校,这又不可避免地造成了大部分高职院校教师的实践动手能力较差、"双师型"队伍建设进展缓慢的局面。当然,高职教师队伍还存在其他方面的困难和问题,如高职教师整体学历水平偏低,职务结构、年龄结构的不合理,兼职队伍的建设没有得到足够的重视,队伍不够稳定,师资再教育与培训力度不够大,对教师的评价不尽合理与完善等。

5. 教学体系不科学

虽然中国高职教育的毕业生已达到高校毕业生人数的一半,但面对高职院校发展并没有形成非常完善或比较成熟的人才培养模式和经验,很多地方高职院校均是在"干中学"、"用中学"中探索经验。湖南省高职院校往往特色不鲜明,培养人才的模式要么是延续以前的中专模式,要么就是和一般本科一样的模式,"小而全",独立而封闭,这种封闭的办学体制使产教、校企间的联合无法取得实质性进展,人才培养和人才使用,供与求严重脱节。在招生规模、专业设置、培养目标等诸多方面没有经过严格、科学的市场调查和行业分析,陷于主观、盲目,由此而来,在专业设置、课程设置、教材建设、教学实训等方面缺乏科学的论证和系统的研究。总的来讲,人才培养模式比较落后,没有形成开放型的办学格局,没有形成和社会、市场密切结合的科学系统的高等职业教育教学体系,没有一个行之有效的职业教育调节机制。主要表现在以下几个方面:

(1)专业设置缺乏适应性

高职教育具有教育与经济的双重属性,其人才培养工作既要遵循教育规律,又要适应社会发展需要。但是由于长期以来中国没有系统全面的高职高专专业目录,造成高职院校专业设置混乱,且不具备职业教育的特色。许多高职院校简单地套用本科甚至研究生的学科专业目录,或略加改动。这种专业设置的最大弊端是远离职业或行业发展要求,不符合职业教育重实践、重技能训练的原则,并且缺乏适应性和自我调节机制。由于专业更新与退出机制不完善,使落后专业的各种教育资源得不到合理利用,影响了新专业的成长;由于缺乏专业细分机制,使培养出的人才缺少针对性和职业性,不能满足产业结构调整升级和专业化分工对高技能人才规格与类型、数量与质量的需要;由于专业设置缺乏对市场需求的监测反馈机制,造成了专业设置的盲目性和"跟风"的现象,也带来了专业结构与地方经济社会发展需求脱节的问题。

在湖南省高职专业结构设置与地方经济结构的适应性问题上,存在着比较大的脱节。产生问题的原因主要在于:一是专业设置不合理,趋同现象比较严重。不同类型、不同层次的高职院校有着不同的背景,存在着各式各样的问题,例如一些普通高校也办高职,有的是由普通本科院校的二级学院演变而来,有的是从普通中专升格而来。这类学院往往对高职教育重视不够,所开设的专业没能按照市场性的机理和线索设置和运行,专业特色不突出,缺少市场和行业背景依据。另外一些院校的专业开发、设置与计划实施过程,有沿袭普通本科教育模式的倾向,按照学科式要求来套用专业的现象较为严重。还有一些高职院校所开设的专业,对社会的需求缺乏应有的实证调查研究,缺乏科学的人才预测与规划,要么凭主观臆断,闭门造车,要么就是依据社会上一般流行的专业类别与专业名称来开发与设置,以至专业雷同或大同小异。这是造成高职专业设置与区域产业结构脱节的一个重要原因。

二是高职教育对培养目标的把握不够准确。随着经济和科技的发展,产业愈来愈由劳动密集型向技术密集型、知识信息密集型转化。新产业中岗位群急需大量的在生产第一线工作的技术型、管理型和技能型劳动者。高职教育就是要培养高等技术应用型人才,以满足现代生产部门对这类人才的需求。而目前很多高职院校,未能很好地把握高职教育与普通高等教育、中职教育的区别,没有把培养目标真正定位在"高等技术应用型专门人才"上。加之办学主体多头、学校管理多头,造成了高职院校条块分割、各自为战的状态,使得学校布局不合理,专业设置重复,学校的规模效益无法提高。一些学校对专业发展的整体规划不够,缺乏战略层面的策划与思考,缺乏前瞻性,专业建设中价值取向的功利主义色彩严重,更没有充分准确的定性、定量分析,缺乏原初性市场需求的真实数据,专业建设的特色不鲜明。结果使一些急功近利的行为滋生了：便于招生、生源充足的专业，就突击扩招；生源不足、人气不旺的专业，反而没有给予足够的关注和政策倾斜。所有这些，都直接导致所培养的高等职业技术人才与社会需求明显脱节。

三是专业设置与产业结构调整不相适应。专业设置与产业结构调整不相适应，尤其是对更新专业内容，设置新型专业的科学依据研究不够。虽然部分院校尝试着改造提升老专业，争相开办新专业，但由于专业调整滞后于经济发展，因此，对哪些专业需要调整更新，哪些新专业需要设置，存在着方向不够明确的问题。由于缺乏深入的市场调查、严格的科学认证、长期的统筹规划以及正确处理目前与长远的关系，学校的专业设置表现出了极不稳定的倾向，专业结构也不尽合理。有些学院没有足够考虑本校的实际情况，专业设置的跨度较大，且相关性较弱，无形之中构筑了专业之间的森严壁垒，不利于学校教学资源的整合和合理调配使用，不利于形成"拳头产品"。

四是专业设置对职业岗位群的需求定位不准确。由于对社会需求缺乏实证调查，一个岗位群包括哪些具体岗位，以及哪些岗位是社会急需的情况都没有准确的信息，导致了专业设置没有准确的定位，出现过宽或过窄的现象。有的专业为了学生就业的方便，培养目标定得过于宽泛，这种过宽的人才培养目标，使教学内容过于宽泛庞杂，不利于人才的培养。也有的专业培养目标定得过窄，为了眼前的就业需要，仅针对目前市场需要的某一个具体职业岗位需要而定，但随着科学技术的发展，职业岗位的变动和岗位技术含量的不断提高，缺乏开发学生可持续发展的潜力，这是一种急功近利的表现。像这样有些专业目标定位的过宽或过窄现象，在湖南省高职院校中是不难发现的，专业设置在面向岗位群时，没有针对性，必然影响人才培养目标的实现。

正是由于这些主要的问题，导致了湖南高职教育的专业结构设置与地方经济产业结构存在着明显的脱节，亟须更新观念，加大改革力度,调整专业设置,优化专业结构,努力使高职教育进一步适应湖南产业结构的变化和社会经济发展的需要。

(2)课程体系缺乏职业性

课程是实现教育目的的载体和环节,是使学生达到教育目的的手段。课程的设置合理与否,课程质量的高低,其实施是否有效,都直接关系到高级专门人才培养的质量。高职人才培养目标,主要是通过课程教学得以实现的。由于中国高职教育发展还不成熟,故长期以来,其课程多以沿袭高等专科教育为主,或是本科课程的"压缩型",即课程体系仍是传统的公共课、专业基础课和专业课"三段式"模式,强调知识的系统性、完整性和理论深度,忽视实践性和职业性,缺乏创新机制和对市场需求变化的适应能力。由于高职院校的课程设置,没有更多地建立在对现有职业进行深入分析论证的基础之上,课程内容相对陈旧,知识的适应性、针对性不强,理论课与实践课的比例失衡,理论知识与实践技能不能有机地融合与衔接,课程设置僵化,学生的动手能力和职业技能得不到有效培养,导致培养目标脱离高职教育的实用性、技能性、职业性特点。

(3)实践基地缺乏先进性

职业技术教育顾名思义就是理论与实践结合的教育。加强实践教学,特别是加强教学实践基地建设,是高职院校教学改革的一个重点。实践基地的先进程度是衡量高职院校办学水平和人才培养质量的一个重要指标。多年来政府对高职院校的经费投入严重不足,加之在高职院校申报的准入制度上,没有对其教育资源和教学设施条件进行严格把关,加之评估监督机制不健全,导致高职院校的办学条件良莠不齐,绝大多数院校特别是民办高职院校没有能力配置高水平的教学设备和建设高档次的校内实习、实训基地。特别是高职教育还具有区域性的特点,地处欠发达地区的高职院校因受该地区经济发展水平的制约,实训基地建设更加滞后,尤其缺乏先进仪器设备。此外,目前高职院校市场化运作水平较低,在校际教学实践资源共享、与企业共建实训基地、从资本市场筹措建设经费等方面,均无大的作为。

6.师资队伍底子薄

虽然改革开放以来,我国高职院校师资队伍建设取得了很大成就,教育部在政策层面上也对高职高专师资队伍建设提出了要求,明确了师资队伍建设的内涵,并采取相应措施加快高职院校师资队伍建设。目前我国已基本形成了一支结构趋于合理、素质良好的高职教育师资队伍,但是我国高职教育起步比较晚,高职教育师资队伍底子薄,整体素质还无法很好地适应高等职业教育的发展需要。主要存在以下几个方面的问题。

(1)教育理念和知识结构有待更新

在传统的社会观念中,职业教师(包括高等职业教师)都被认为是"低层次"教师,这种观念影响了教师的积极性。他们仅仅把教学作为一种谋生手段,并没有经常地去学习,对高职教育缺乏真正的理解,对学生也缺乏足够的耐心,往往只"教"不"育"。好多高职院校是在中等职业教育的基础上发展起来的,一些高职教师还受中等职业教育管理思路和教学观念的定势影响;另外,由普通本科院校组成的二级学院,它也是高等职业教育的一部分,其教师大部分是普通本科学校的老师,一般不具有高职教师的特性,在教学中普遍重视理论,实践环节相对薄弱。目前我国高等职业教育教师的改革正处于摸索阶段,理论和制度还不够健全,全民的观念还不能根本上转变过来,一些教师的现代教育意识、创新意识不强,思想落后,教学方法陈旧,相当一部分教师还停留在原有的知识传授和教学水平上,再加上繁重的教学任务,使高职教师没有足够多的实践去学习,及时更新自己的教育知识和提高理论水平,缺乏对职业教育培养目标和教学方法的研究,没有做到真正的思想转变。目前社会的快速发展,对高职院校专业的设置也提出了新的要求,相应地高职教师的知识理论水平和整体知识结构没能及时更新,从而也制约了我国高等职业教育人才的培养。

(2)师资队伍结构不合理

许多高职院校为立足学校的长远发展,除了重视硬件上的投资,改善办学条件,还把加强师资队伍建设放在了更加重要的位置,职业教育快速发展以来,高职院校师资队伍在学历层次、素质水平上有明显的提高,高级职称所占比例逐渐加大,具有本科学历的年轻教师已成为职业教育教师队伍的主要力量,同时注重引进高学历教师,师资队伍的结构有了较大地改善。但高职院校师资队伍的发展并没有与学生总量的增长及教学质量的要求完全相适应,目前尚有相当大的缺口,主要表现在教师数量、职称结构、年龄结构、学历结构、梯队结构几个方面。

数量不足。由于办学规模的迅速扩大,专任教师数量不足,截止2007年,我国高职院校的师生比为1∶22.7,还远远低于教育部的1∶16的要求。

职称结构不合理。截止2007年底,我国高职院校专任教师中,高级职称的比例为2.9%和25.3%,这与国家要求的5%和35%还有一定的差距。

年龄结构不合理。目前许多高职院校40岁以下的年轻教师占主体,据调查的这些院校40岁以下的教师占整体教师的70.9%,教师队伍年龄"断层"现象比较严重。

学历结构偏低,具有博士学位和硕士学位的教师严重缺乏,教师学历层次整体水平偏低。目前,全国高职院校中有研究生学历的教师所占比例平均不足15%,据年鉴统计数据显示,研究生学历才占专任教师的8.52%,与教育部要求的到2005年职业技术学院有研究生学历的教师比例要达到30%的目标相去甚远,与某些项目组预测的到2010年应达到40%更是相差很远。学位水平标志着教师的学术水平、知识面和视野,直接影响着高职院校人才培养、社会服务、创新科研等功能的发挥,也直接影响着学生学会学习、学会做事、学会做人以及养成良好的职业道德。

科研水平不高,梯队建设不合理,缺乏专业带头人,根据前面现状的分析,中国高职院校的论文发表情况不是很乐观,整体数量少、水平低。即使是国家批准的那些示范性高职院校的科研水平也没有特别的突出,只有个别的职业院校还可以,但个别不能代表整体水平,所以中国高职院校科研水平还有待于提高。

(3)"双师型"教师和兼职教师数量较少、素质偏低

由于教师来源渠道单一,无论是本科生还是硕士生大部分都是从高校应届生中直接补充,据统计,大学毕业直接任专业基础课和专业课的教师占 86.5%,还不具有企业实践经验,而从企业调入的所占比例为 7.4%,高职院校具有"双师"素质的教师占教师总数的 14.5%,与国家要求规定的 80% 的比例还有较大的差距。一方面高职院校目前普遍重视从企业引进人才,但现有的人事管理制度在政策上设限过多,学校缺少用人自主权,制约了"双师型"师资的引进。另一方面,职业教育主管部门提倡产学合作、产学研相结合的措施还处于初始阶段,产教结合的教育模式没有形成一定的规模,高职教师的科研能力还比较薄弱,企业接受教师下厂实践的积极性不高,致使教师参加实践的场所难以保证。最后,近几年的不断扩招,办学规模的不断扩大,造成教师编制紧缺,大多数专任教师要应付繁重的教学任务,很难有机会或有足够的时间到生产一线锻炼和提高。这种种的原因也影响了高职院校提高其教师的"双师"素质。

兼职教师的数量和质量也存在不足,但问题相对不是特别明显,兼职教师和专任教师的比例是 1∶14;另外,兼职教师队伍也缺乏相对稳定性,有些专业需要的教学时间较长,这就很难保证教学的连续性,并且对学生学习的基本情况缺乏深入的了解,适应时间短,不能完全做到因材施教。兼职教师的管理还没有形成机制,管理方面有些欠缺,有些院校就只是为了完成教学任务而招兼职教师,根本没有从学生受益和院校长远发展的方面来考虑,也有些院校从自身利益

的角度出发,不愿意花费大量的讲课费聘请有知名度、教学效果好、责任心强的兼职教师任教。这些都导致了兼职教师整体质量不高的问题,也阻碍了院校本身的良性发展。

(4)教师队伍不稳定

高职院校的办学费用大部分是由院校自己筹备,国家相关主管部门对它们的经费投入普遍不足。在这种状况下,很多高职院校都存在资金费用不足的问题,这个问题制约了高职院校办学条件的改善,同时,也影响了教师待遇的改善和高职院校师资队伍的稳定性。近些年各高职院校虽加大了人才引进的力度,但由于社会上对高等职业教育认识不足,加之高等职业教育本身体制不顺等原因,高职院校人才流失的现象还是存在。并且加大人才引进力度是治标不治本的办法,只能短暂缓解教师短缺的问题,解决不了人才流失的问题。同时,由于人才引进也有困难,再加上高职院校原有的底子就相对薄弱,教师进修渠道不畅等原因,影响了中国高职院校师资队伍的建设,从而出现了师资队伍不稳定的局面。具体情况是:从地域方面观察,边远地区和经济欠发达地区的教师流失比较严重;从专业角度看,一些与经济和社会发展密切相关的热门专业,其教师流失比较严重;从结构上看,流失的教师中以中青年骨干教师和高学历教师居多;从流向看,大部分教师是流向沿海经济发达地区和经济效益好的企事业单位。这些都是表面上能看到的显性流失,除此之外,还存在隐性流失的现象,比如有些教师虽然在学校任职,但大部分精力却放在校外的兼职上,尤其是那些水平高的老师,这就是隐性的流失。

(5)教师培训机构尚未形成

面对我国师资水平整体不是很高这种现实,中国政府和地方部门及行业部门也做出了很大的努力,制定了一些相关措施,也在逐步建立师资培养培训基地,师资培养培训工作不断加强。但从整体上看,还存在投入不足力度不够的问题,高职教师的素质和整体结构没有发生根本性的变化,师资队伍建设与高职教育和社会经济的发展还不相适应。目前高职院校师资培训主要有三种办法：

第一是到高等院校进行脱产教育。许多高职院校为了提高本校教师的知识水平和业务能力，在条件允许的情况下送本校的教师去国外、高等院校等进行脱产教育。但是，前文已提到教师数量不足的问题，因此高职院校无法同时送很多教师去进行脱产教育。

第二是到培训基地进行在职进修。教育主管部门以及各级政府和行业部门在全国一些省市设立了一批高职高专师资培训基地，目前大部分高职院校是利用假期时间，把本校的教师派到我国高职高专师资培训基地进修，使教师及时更新自己的知识和实践能力，应用到教学当中，以便教学任务更好地完成。但由于这些师资培训基地主要采用班级制组织形式，以课堂讲授方法为主，教学方法机械，教师接受被动，并且目前的培训基地很少联系高职院校和教师自身的需要，导致教师在培训中学到的知识和技能难以运用到课堂教学中去，也就达不到促进教学的目的了。

第三是进企业生产一线进行业余锻炼。高职院校将教师派到专业对口的企业参与生产过程的管理和设计，希望利用业余锻炼的机会来提高他们的动手操作技能和实践教学能力。但是由于客观条件限制，加上部分企业也没有积极配合，导致不能达到预期的效果。种种问题表明中国高职院校师资培训方面还有很多的工作要做，培训机制还没有形成。

（6）师资管理机制不完善

在以上种种问题的情况下，我们要最大限度地开发教师的潜能，但目前，高职教育现行的聘任制度并未真正地形成竞争机制，没有形成劳动力进入市场的机制，并且还存在评审权与聘任权分离的矛盾。另外在高职教师的素质考核中也还存在注重学历素质，忽视能力素质；注重表面素质，忽视潜在素质；注重教学素质，忽视科研素质等问题。因此，各高职院校应该进一步研究如何使教师评价真正实现定量与定性相结合，从而充分调动教师的积极性；进而制定一套适应发展的师资队伍管理机制,从而保证高职院校师资队伍的健康与稳定。

7. 产学研结合不紧密

高职教育的人才培养模式特色是产学研结合,这是由高职教育的特点所决定的。高等职业技术人才,必须坚持以能力为本位,而在高技能型人才的能力培养上,仅靠学校课堂教育是难以实现的,还需要大量依靠社会实践。学校根据企、事业单位的人才培养规格要求,开设课程,使高等职业技术院校与行业、产业发展融合在一起;在教学过程中,理论与实践紧密结合,学校与企、事业单位密切联系,企、事业单位为培养"双师型"教师提供实践锻炼,并推荐技术型人员到学校担任兼职教师,以及为学生岗位实践提供场地,学生在企、事业单位进行经常性的实习和技能训练,并将所学知识运用到生产、服务或工程实践中去,校企(事)还可以共同建设实训基地,双向参与。高职院校同企业共同进行技术开发,为企业发展提供技术支持,也就为高等职业教育调动了一切可以调动的行业、企业力量和资源,形成强大合力,为解决职业教育在经费、师资、基地、设备、毕业生就业等方面的问题开辟了道路。

但是目前在湖南高职院校中,这三者能紧密结合的院校非常少,导致产业与院校关系疏远、科研不为教学服务、科研不为产业服务、教学脱离科研与产业等现象比较严重,其主要表现在:一方面是高职院校缺乏广泛的企、事业辐射资源。行业性强的高职院校必须争取相关企、事业单位的资源联合办学,才能取得社会与学院的双赢。但是,据所调研的院校反映:本行业的企、事业单位与院校的关系都比较疏远,院校必须给予他们一定的优惠才能把学生推荐去进行实习,对于提供师资培训基地也就更困难了。另外,学院积极拓展资源的能力也有限,几乎没有任何院校成立了专门的办学资源拓展中心,这一任务大部分是院校领导的职责,有限的人力资源,带来的必然是有限的办学辐射资源。所以,目前出现的情况是哪个院校领导争取企、事业单位支持的能力强,学院的辐射资源就多。比如长沙环境保护职业技术学院,作为全国唯一一所环境类职业技术学院,相关的企、事业资源遍布全国,但是,真正成为学院办学资源的很少,在迎接教育部的高校评估检查过程中,在学院领导的努力下,大约10个环保单位和学院签订了资源共享协议,但是真正为学院培养人才所用的不到4个。这样的规模,很难达到人才培养的目标。

另一方面是高职院校缺乏研究成果的转化活动。职业院校在上一轮升格的过程中进入了高等教育的行列,随之高等教育的科研功能也成了高职院校的功能之一。但调查研究的结果表明,高职院校缺少能促进学院发展的应用性研究成果。如"十五"期间,湖南省教育科学规划办就高职高专的立项课题有63项,但真正能在研究者学院推广的科研成果还没有,都处在研究成果的阶段,没有投入实践教学改革中去。

长株潭城市群获批全国"两型社会"建设综合配套改革试验区,为进一步发展壮大湖南高职院校提供了前所未有的创新舞台。湖南高职院校应以建设"两型社会"为突破口,结合湖南经济的特色,大胆创新,克服发展瓶颈,建立有特色的湖南高职院校。

第四章 建立高职教育与"两型社会"建设的对接机制

"机制"的原意是指机械或工具的内部结构方式及其功能作用。现代组织学把它引申为系统整体运作所依赖的组织结构、调控方式及其制导保障体系。机制的合理有效运行是系统存在和发展的必要条件。促进高职教育对接"两型社会"建设,推进二者协调发展,是项系统工程。政府、企业、高职院校都承担着相应的责任和义务,三方要协作联动,建立高职教育与"两型社会"建设协调发展的对接机制,这是建设有特色的高职院校的政治保障。

一、明确政府、行(企)业的角色定位及其与学校之间的关系

政府、行(企)业在高职培养人才的活动中有着不可替代的作用,也有着不可推卸的责任和义务。《国家中长期教育改革和发展规划纲要(2010—2020年)》提出要"建立健全政府主导、行业指导、企业参与的办学机制"。为此,明确政府、行(企)业在学校人才培养中各自所扮演的角色,明晰各自的责任和权利以及与学校的相互关系,是建立高职教育与"两型社会"建设的对接机制的先导和关键。

(一)政府的角色定位

在高度计划经济时代,政府与高校之间是典型的命令关系,即服

从式的内部行政关系,政府是一种"全能型"政府,高校是一种完全"服从型"的高校,只有相对的独立意识和独立行为能力。随着社会主义市场经济体制的确立和逐步走向成熟,高校与社会发展及与人们对教育需求的不适之感愈来愈凸现,高校对市场信号做出反应的灵敏度不强。尤其是与中国经济发展联系最为密切的高职教育,这种"密切"关系似乎每况愈下。职业教育的人才供给和社会、市场需求间存在着供需错位的现象,高职毕业生就业率不高、适应性不强、高职教育经费短缺等,这是当前许多高职院校所面临的困境。因此在建设"两型社会"的背景下,如何调动各办学主体积极性,如何兼顾各方利益,政府则在其中起决定性的作用,政府是办好职业教育的第一责任人。换而言之,政府应切实转变角色,从直接管理者转变为间接的宏观调控者、服务者和中介者。

1. 宏观调控者。市场经济的显著特征是市场在社会资源配置中起基础性的作用。然而我国社会主义市场经济发育并不完善,在运作中,还存在较大的自发性、盲目性。这就是说,我国高职教育不能完全按照市场来运作,必须加大政府的调控力度,建立政府调控与市场作用相结合的机制。政府宏观调控者的角色主要从三方面来体现:行政手段、经济手段和法律手段。我国是社会主义国家,高职教育是我国社会主义事业的重要组成部分,政府通过制定一系列的优惠政策引导、扶持、规范高职教育的发展。行政手段既可以是宏观的,如制定拨款政策、职教与普教衔接与沟通等;也可以是微观的,如构建高职、高专的专业目录,制定高职特色的教师职称评定机制和标准等。政策既可面向行业、企业,又可面向学校或地方政府及有关部门,但其目的都在于引导和规范高职教育的办学行为。经济手段,主要是政府通过财政和税收杠杆、制定社会发展规划、调整社会经济结构和发展规模来进行调控,通过经济财政政策和手段促使行(企)业,甚至政府部门履行职责并得到应得的利益,惩处违法乱纪的行为。建立健全的法律法规体系,是政府的主要调控手段与管理依据,它是高职教育健康发展的保障。因此,应以《高等教育法》和《职业教育法》为依据,各级政府应加快相关配套法律的建设步伐,如制定教育投资法,加强就业准入制度,同时抓好法律法规的监督与落实工作。

2. 服务者、中介者。面向市场办学,是职业教育发展的方向。但市场信息、中介服务、研究机构尚未跟上职业教育发展的需要。第二届世界技术与职业教育大会的《建议书》指出:"技术与职业教育政策的制定与实施,需要通过政府、企业、社会间的新的合作伙伴关系来实现。"目前我国企业界、人民大众对高职教育的认识与认可程度不够,企业参与高职办学的自觉行为还未形成。因此,政府的介入就显得非常有必要,政府既要为高职教育发展提供咨询和营造良好氛围,为学校的人才培养提供方向,又要为企、校之间的合作牵线搭桥。青岛、宁波等地的做法是,当地政府将企业作为职业教育的合作伙伴,为企业与学校合作牵线搭桥,提供服务,对积极参与职业教育的企业给予相应的支持,同等对待企业办学与教育部门办学,企业参与职业教育基金管理,对自办职业教育的,给予经费偿还。

(二)行业的角色定位

行业、企业是高职教育存在的社会基础。教育部、国家经贸委、劳动和社会保障部在《关于进一步发挥行业、企业在职业教育和培训中作用的意见》中提出,要充分依靠行业、企业来发展职业教育和培训。行业在高职教育发展中,有着举足轻重的地位和作用。

1. 办学主体。高职教育具有很强的职业性和实践性特点,无论从专业设置、课程计划、课程内容的选择,还是专业结构的确定,都应与社会职业岗位数量、结构、要求相符或接近。根据"消费者利益至上"的市场理论,对产品最有发言权的是消费者。行业与企业是高职院校"产品"的消费者,他们对生产技术变化的情况最为了解,知道工作岗位和环境对毕业生知识、能力、素质的实际要求。他们在培养目标的制定、职业分析、专业设置和专业方向的调整、课程内容的确定、教学计划的安排以及教学质量评价等方面,最有发言权,最具权威性。在制定人才培养方案的过程中,如果没有企业、行业的有关人员参与,人才培养的目标就可能没有针对性而发生偏移,专业设置就难以灵活地适应行业、企业等用人单位的多样性、多变性的需求,课程的内容就难以把专业知识与行业、企业的产业结构和技术要求紧密联系起来,难以把与专业有直接和间接关系的最新技术知识及时充实进课程中,教学方法就可能依旧是从理论到理论的"空洞说教"。另外,对学生职业素养和职业能力的培养,企业有着学校无法比拟的条件和优势。只有行业、企业参与高职办学,参与学校专业、大纲、课程的设置与编写,参与学生的实践教学、毕业设计等工作,高职院校培养的学生才能贴近市场,满足经济发展的需要。

2. 主要投资者。高职教育是非义务教育,学校收费是必然做法。根据市场经济的受益原则,即谁受益谁就应当负担。毫无疑问,企业、行业是高职的最直接、最大的受益者。就世界范围来看,在高职教育的投资者中,企业占据主导地位。在美国、日本和德国,全国每年技术教育开支,80%以上是由企业提供的,而且国家规定这部分开支可以"免予征税"。国家财政性教育经费支出能划拨到每一所高职院校的是少得可怜,部分高职院校甚至根本没有政府的拨款。资金短缺是高职院校发展的"瓶颈",丝毫没有夸张。因此,政府应转变思想,建立与市场经济体制相适应的融资体制,把企业、社会团体的资金吸引到高职教育中来,鼓励他们成为高职教育的主要投资者之一。

3. 服务者。随着时代的发展,人们对职教"产品"的质量和服务的要求越来越高,也越来越多。由于职教"产品"在供给人们享用时,会出现一个"拥挤点",即由于消费者数量的增加会导致拥挤,使每个消费者所获得的效益下降。如随着职业学校就学人数的增加,班额数会提高,每班的学员会膨胀,师生比会下降,从而降低职教的质量和办学效益。在目前我国政府不能完全担负起这一职责的情况下,这就要求企业根据自身的情况,给高职教育提供各种各样的服务,如提供学生实训基地、培训高职教育的实践教师、参与高职课程的开发与教材的编写等。另外,行业、企业可大力配合政府和学校,做好高职教育的就业指导工作,积极充当学校的兼职教师,协助各级政府做好职教立法及法律的落实工作,如职业资格准入制度。

4. 职业技能标准的制定者。行业的资深技术、管理专家有着相当丰富的生产、管理等方面的经验,他们对从事职业岗位工作所需的知识、能力、素质的要求有很透彻的了解,对行业、企业未来技术的发展、变革以及世界技术的发展趋势有更加灵敏的嗅觉。行业组织业内的专家制定职业技能标准,有着得天独厚的优势和能力,这不仅能保证职业技能标准的先进性和针对性,引导高职学生的职业技能培养与实际要求"无缝"对接,还能促进高职院校的非学历教育乃至学历教育与世界接轨,同时,行(企)业又是高职教育"产品"的主要买入方,为了使"产品"效能达到最大化,制定相应的职业技能标准是他们应有的责任和权利。

(三)政府、行业、学校三者之间的关系

政府、行业、学校在高职教育的办学活动中,有了各自的法律定位,实际上是明确了各自的责任与权利。但是,这并不等于学校的人才培养活动就能顺利高效地运行,学校就能培养出可满足各方要求的人才。如果三者不能相互协调,相互支持,凝聚成一股力量,而仅仅是各司其职,则很难达到预期的效果,甚至可能会事倍功半。因此,还必须理顺并明晰三者之间的关系。

1. 政府与行业

在计划经济时代,我国政府包揽了一切事务,它是一个全能式的政府,是个"大管家"。这是在当时的历史时期做出的必然选择,也发挥出了积极的作用。如今,我国经济体制发生了重大转型,社会主义市场经济正走向成熟,这必然促使高职教育的办学主体朝多元化方向发展,政府也将由"全能"政府向"有限"政府过渡。教育毕竟是一

件关系着国家前途和命运的重大事情,政府不可能采取"甩包袱"的做法。政府必须寻找新的合作伙伴来承担办学任务,那就是行业。因为,国家打破了对毕业生"统分包分"的政策,这成为了政府和行业的结合点,也正符合我国现行的市场经济制度。

从理论上讲,行业为了自身利益,理应成为高职的办学主体之一。但就目前而言,行业是"犹抱琵琶半遮面",对此持有疑虑。一方面,绝大多数的行业、企业已进行或正在进行改革,耗费了大量的精力;另一方面,他们又要面对竞争日益激烈的国内外环境。要他们分出一部分精力参与高职办学,似乎有点难为他们。因此,政府的引导、帮助和激励就非常有必要。政府要放下姿态,与行业、企业同舟共济,悉心听取他们的建议和意见,帮助解决存在的问题;对行业、企业参与办学的行为,政府要做好保护、鼓励、表彰工作;在企业的税收、基建等方面政府要给予一定的减免或优惠,或把它返回学校,作为学校的发展基金;行业、企业要做出战略性调整,要扩大规模,开拓国际市场等,政府都可将其列为优先考虑对象。对于不履行相应责任的,政府要采取一定的经济制约。行业有关部门在政府的统筹下,应积极开展行业人力资源的预测,及时向政府、学校反馈市场信息;制定、督导、落实本行业的职业教育和职工培训计划,增强企业、行业、国家的经济竞争力;协助政府并组织专家对高职院校的办学活动进行评估,给学校人才培养活动的全过程以实际的指导;依据《职业教育法》的有关规定,按照职工工资总额的 1.5% 足额提取职工教育培训经费,切实担负起实施教育与培训等费用的责任。

2. 政府和学校

在世界银行 1997 年世界发展报告《变革世界中的政府》中指出:"良好的政府不是一个奢侈品,而是非常必需的。没有一个有效的政府,经济和社会的可持续发展都是不可能的。"政府要成为有效的政府,就应转变其对高职院校的管理职能,彻底改变对学校"包揽式"的管理行为。政府对学校的管理应坚持"简政放权"的原则,要把办学自主权从容地交给学校,以此激活学校主动适应经济和社会发展需要的动力和活力。但"放权"不等于"丧权",政府对学校的管理应由直接管理向更多地运用立法、财政拨款、政策导向、决策咨询、评估等宏观调控转变,政府要帮助学校走上法制化、规范化、科学化的办学轨道。学校也要有意识地逐步摆脱对政府的过分依附,培养面向市场自主办学、自负盈亏的意识和能力。

3. 行业与学校

行业与学校的关系,不应是管理与被管理、服务与被服务的关系;培养技术应用型人才,应该成为行业、企业与学校的共同责任和义务,也就是要实行校、企合作。校、企合作最基本的途径是产学研结合。这不仅是由高职教育性质、培养目标所决定的,更是由双方"双赢"目的所驱使的。传统大学教育要满足企业对日新月异的知识和技能的需要,必须改变大学那种"我们以前都是这样做的"不愿变革的惯性,建立以顾客需要为目标的教育思想,使传授的知识、技能与工业发展和时代发展相一致。行业、企业与学校的合作不应停留在"口号"上、形式上,而应尽快转入实质性的操作层面上。从浅层合作、中层合作到深层合作的全方位发展,层层递进并形成校、企一体化。学校根据企业需求确定专业方向,组建由行业、企业的专家、高级技师、教授、政府人员组成的专家指导委员会和实习指导委员会,与企业签订专业实习协议,在企业建立实习基地等;学校要加强与行业、企业以及各方的横向联系,确定专业培养目标、课程计划,制订切实可行的专业教学计划等;学校要主动为企业提供咨询、培训等服务,与企业一道确立科研计划、攻关项目,帮助企业技术改造、升级以及成果转化等。企业要乐意接纳学生的实训实习和教师的挂职锻炼,愿意为学校无偿或优惠提供先进的仪器设备和资金。另外,学校和行业、企业在合作培养人才的过程中,除了满足自身的发展需求外,还应主动迎合国家经济发展战略的调整,使社会的人才结构与产业结构、岗位结构大体趋于一致。

二、建立科学的教学运行机制

(一)调整和优化专业设置

高职教育是独具特色的高等教育,专业是体现高等职业院校联系社会的纽带。专业改革与建设,关系到高等职业院校服务于"两型社会"建设的方向性和有效性。湖南高职教育的专业结构设置与区域经济产业结构存在着明显的脱节,亟须更新观念,加大改革力度,调整专业设置,优化专业结构,努力使高职教育进一步适应湖南产业结构的变化和社会经济发展的需要。

1. 以职业岗位(群)为依据来设置专业

高职教育是为学生直接就业做准备的教育,学生毕业后要立即进入社会生产、管理、服务工作岗位,具有明显的职业性特征。因而不能像普通高校的学科那样强调专业知识的完整性、系统性和逻辑性,它更强调的是职业岗位工作的针对性、适应性和应用性,属于"技术专业",而不是"学科专业"。在目前新形势下,社会职业岗位处于高度的动态变化之中,这就要求高职教育在设置专业时,要紧跟市场需要,以职业岗位(群)为依据来设置专业,与社会发展保持相同的步调,又要考虑到学生对转岗或岗位内涵变化的适应性,为可持续发展做好准备。也就是说,在设置专业时,应以行业定位为主导,或针对一个行业岗位(如汽车维修),或针对一个社会公有岗位(如电算会计),或针对一组相关的岗位(如道路与交通管理)等情况来设置专业。

2. 以区域经济发展要求调整专业

在当前专业设置比较凌乱的情况下,应优先建立与区域经济发展相适应的动态高等职业教育专业结构调整体系,以保证高职院校的角色定位、市场定位都能与区域经济发展格局相适应。因此,高职教育在设置专业时,要坚持立足湖南,面向区域经济,服务"两型社会"的原则,做好职业岗位调查和人才市场需求预测,设置以满足"两型社会"经济发展需要为主的专业。值得注意的是,高职教育的专业调整也是动态变化的,这是由区域经济发展变化所决定的。高职院校在设置或调整专业时,应密切联系行业、企业,结合社会劳动力市场需求和学校现有办学资源,聘请有关企事业单位、高等院校以及政府部门的专家学者进行广泛的市场调研和严格的科学认证,准确把握地方产业结构、经济结构现状的变化,掌握由其变化而引起的人才结构的变化,根据劳务、人才市场的需求情况,对现有专业进行重新规划和结构调整。高职院校增设当地急需的新专业,改造或停招就业率低的老专业,是为了实现专业设置与地方经济社会发展要求的"无缝对接",从而体现了专业设置的自我调节机制和人才培养规格的多样化特色,满足了区域经济和社会发展的需要。

根据湖南经济发展的区域特点,湖南区域内经济发展水平大致可分为三类地区:第一类地区指位于京广线上的东部较发达地区,包括岳阳、长沙、湘潭、株洲、衡阳和郴州;第二类地区指地处中部地带的常德、益阳、娄底、邵阳和永州;第三类地区指被纳入国家西部大开发战略的湘西地区,包括湘西自治州、怀化和张家界。各个地区都有其独特的自然、社会和经济条件,因而导致各地区经济发展水平、结构和布局的差异。长沙侧重于高新技术和先进制造,株洲侧重于有色冶金、铁路机械和新材料,湘潭侧重于黑色冶金、汽车和电工机械,岳阳侧重于石油、化工、林纸一体化和农产品深加工,益阳侧重于机械、电子和农副产品加工,常德侧重于卷烟、食品和纺织,衡阳则是湘中主要的综合工业基地。不同区域经济的发展对高职人才有不同的需求,具体体现在以下几方面:

第一类地区对高职人才的需求。长株潭地区拥有食品、化工、冶金、机械、电子等支柱产业,支柱产业产值占三市全部工业总产值的比重超过70%。从工业布局来看,长沙主要以电子信息、机械、食品为支柱,株洲以交通运输设备制造、有色冶金、化学原料及化学制品制造、非金属矿物制品业为支柱,湘潭则以黑色冶金、化学原料及化学制品制造业为主体。三市在全国同行业市场占有率超过1%的工业行业主要有:烟草加工业、有色冶金业、交通运输设备制造业、化学原料及化学品制造业、电气机械及器材制造业、印刷业等,涌现了一批如 LG、飞利浦、曙光、远大空调、海利化工、创智集团、中联重科、金瑞科技、三一重工、湘邮科技等 53 家过亿元的企业和集团,形成了计算机软件、先进电池材料及应用、高新工程机械、超硬材料及其制品、电子材料、生物工程与医药、精细化工、复合材料、能源环保、农产品加工等 10 个高新技术产业群。由此可见,随着高新技术产业的发展,这一类地区对于电子信息、机电、计算机、化学、冶金等专业的人才需求将进一步扩大。

第二类地区对高职人才的需求。这类地区的经济发展居全省中等水平。郴州、衡阳、娄底的矿产资源丰富,煤、钨等储量都居全省之首。冷水江是全国最大的锑都,而郴州则是有色金属之乡和有名的旅游区,且与广东接界。这类地区,经济发展潜力大,目前的发展势头也较好。永州和邵阳除历史比较悠久外,森林资源丰富,林业加工为主要产业。这一类地区经济的发展对于采矿、选矿和矿产加工方面的人才以及林业加工和旅游专业的人才需求比较大。

第三类地区对高职人才的需求。张家界市、湘西土家族苗族自治州和怀化市等地有丰富的矿产资源,锰、汞、铝、紫砂陶土矿在全国占有重要位置,但是落后的技术制约着开发的程度。同时,在矿产资源开发利用中,初级产品多,深加工产品少。该类地区生态资源充足,柑、猕猴桃、板栗、核桃、茶叶、药材、烟叶等经济作物的开发具有了一定的基础,但加工度不高;该类地区旅游资源富足,湘西凤凰边城的古朴人文和历史资源、张家界的奇峰异林、里耶的秦简、永顺的老城、芷江的抗日战争受降坊、通道的侗族钟楼群以及多元一体的土家族文化、苗族文化、侗族文化都是极具开发价值的旅游资源。因此,该类地区的经济发展趋势对于矿产加工、农产品加工和旅游业等方面的人才有很大的需求。

在考虑专业设置时,高职院校要处理好社会需求的多样性、多变性与学校教学工作相对稳定性的关系,开设的专业应有尽可能稳定的生源和就业需求。同时,高职院校还要处理好需要与可能的关系,满足设置专业的一些最基本条件,如师资、教材、图书、实验、实习等。

3. 结合产业结构优化专业结构

要实现高职院校专业建设与区域产业结构的良好适应,需要教育行政管理部门建立与市场经济相适应的高等职业教育管理体系,作好布局分析和战略性调整。今后一个时期,湖南省将培育壮大装备制造、钢铁制造、卷烟制造三大支柱产业;扶持电子信息、新材料、生物医药等三大新兴产业;提升食品加工、石油化工、建筑材料、造纸工业四大传统产业。为此,高职院校应围绕这10大优势产业展开,建立起与产业结构相符的专业结构。高职院校应根据各地区经济社会发展的实际,拓宽专业口径,淡化专业界限,强调课程的综合化,增强所培养人才的适应性和就业弹性。只有实行产学结合、校企合作、院所合作等全方位多渠道开放式办学模式,才能实现高职教育与区域产业结构相适应。

高职院校在改革专业建设时,一定要打破传统的以学科为中心设置专业的框框,按职业岗位、区域经济、产业结构三个坐标轴来优化专业设置,积极开办"两型社会"建设急需的专业,壮大与"四化"(新型工业化、农业现代化、新型城镇化、信息化)有关的专业,从而解决高职院校专业设置与社会需求脱节的问题,促进高职教育质量的稳步提升。

(二)建立新的课程体系和教材体系

课程最一般的含义就是有组织的教育内容。它是教和学相互作用的中介。高职教育的课程是其课堂教学、实践训练和学生自学活动的内容纲要,同时,也是教和学的总体规划。高职教育人才培养的特色最终要落实到课程上。对此,在做好专业设置的同时,还应高度重视课程体系的调整,应在打破以学科为中心的课程体系的同时,按照突出应用性、实践性的原则,重组课程结构,更新教学内容,建立以职业综合能力为中心的课程体系。

1.课程体系的建设

(1)由重基础转变为宽基础

我国高职教育长期以来,受普通高等教育的影响,在人才培养的过程中,比较注重学生基础理论知识的培养。课程体系采用了基础课—专业基础课—专业课的"三段式"模式。重基础固然重要,基础厚实,学生今后的发展空间就较大。但对于高职教育来说,却未必适应。高职教育培养的是技术型、应用型人才,而不是学术型、工程型人才,他们毕业后,不仅要与职业岗位"无缝"对接,而且,还要适应变化无常的职业环境。显然,只注重基础是不够的,要把重基础转变为宽基础。基础宽,则重心稳,惯性大,学生就更有发展潜力。所谓宽基础,是指课程内容不是针对某一职业,而是针对相关职业岗位和职业群所必需的知识和技能,着眼于学生的可持续发展,着眼于为继续学习打基础,着眼于专业技术训练,着眼于转岗能力和关键能力。"宽基础"由四大类组成:文化课程类、工具课程类、能力培养课程类、职业群所需专业课程类。"宽基础"并不否认重基础,也不是无限制的"宽",要正确处理好宽与窄、博与精的关系。

(2)由重系统转变为活模块

重知识的系统化、体系化也是高职课程建设的普遍倾向,一方面它导致了理论知识过多过深,理论课占有的比重较大,实践课有所弱化;另一方面,科技发展所带来的一些新知识、新技术、新工艺、新方法难以及时地引入课程,课程内容显得相对陈旧落后,不利于增强高职人才的适应性和针对性。"活模块"则能较好地解决这一问题。"活模块"课程结构,是根据社会职业群所需的知识和技能而设计出知识单元和技能单元,是以专业技术训练为主,以职业资格为导向来设置课程结构和组织教学内容。其最大特点就是删繁就简,加大实践知识与技能以及实践教学的比重,注重学生实践能力的培养和横向就业空间的拓展。在这种模块方式下,积极的学习、明确的目标和即时的成就感可以增强学生学习的乐趣、兴趣、信心和个人的价值感。

(3)由知识本位转变为能力本位

知识本位课程观主张专业与课程设置注重知识的传承与创新、学术的探索与研究、学科的推进与发展。课程体系是以学科知识的内在逻辑顺序为唯一价值取向来组织教学内容的,这在无形之中造成了学科与学科、课程与课程之间的壁垒,不利于当今时代科学日趋综合交叉发展对人才的要求,也不利于学生个性张扬和全面发展。学生知识、能力、素质全面协调发展是指在建设课程时,不仅要把学生职业能力的培养贯穿于课程建设的始终,还要把学生个性特长的发展、人格的完善、素质的提升作为重要的参照系。这就要求高职教育的课程建设,一方面要准确地梳理并归类出各专业所需的职业能力,并以此为主线构建高职课程;另一方面又要注重学科知识的交叉,并增加学校选修课程的比例和种类,从而实现科学知识与人文知识的交融,以促进学生的全面发展。综观国内外高职教育课程模式,我们会感到其办学思想的相似之处在于以能力本位为基础、以提高职业能力为核心,这正是高职教育的特色。联合国教科文组织也曾提出教育的"四大支柱":学会学习、学会做事、学会共处、学会发展。这已成为国际社会的基本共识,对我国高职教育的课程建设是有非常大的启迪作用的。

(4)由"单向"转变为"多向"

在相当长的一段时期,我国高职教育人才培养的做法与普通高等教育极为相似,即进校便定专业。至今还有不少院校仍受其影响。这种做法虽能让学生较早地接触专业知识和专业技能,但由于他们身心并未发育成熟,进校之前对职业和专业不是很了解,或许有许多学生所选的专业并非是他们自己的意愿,而是家长的意愿,所以可能不利于学生学习积极性的提高和主观能动性的发挥。这就造成了学生的"单向"发展。同时,学生过早的"单向"发展也会使他们难以适应今后发展变化的要求。"多向"发展则是以基础发展平台组织教学内容,1~2年打基础,在专业大类范围内进行文化基础课、专业理论课的教学,同时,还进行专业技术和技能的训练,打好较扎实的职业素质基础。后1年学校根据市场的需求和受教育者的个性、特长及兴趣确定专业方向,有针对性地进行模块整合和模块教学,进行技能达标模块的整合并进行强化训练,以"多向"应对人才市场的变化与竞争。这种"多向"发展,实质是根据专业特点,对学生所学的基础理论知识、专业技术知识、非专业技术知识及实践能力的有机整合,优化它们之间的比例,开设多元化的操作性课程,淡化定向性单一实践目标,实施灵活、多样、开放式的实践教学模式,对学生进行综合教育,使学生实现由单一的技术人员向"多面手"转变。

(5)重视校本课程开发

校本课程是根据国家的教育目标和地方的教育要求,由学校教师针对本校的环境因素和学生学习的实际需求进行编制、实施、评价的课程。可见校本课程是以学校为基地,以学生的发展需求为内容,以区域经济发展要求为导向的课程。高等职业教育注重学生综合能力和职业技能的提升,因此,校本课程更应该具有针对性和实效性,从而为本校学生的发展创设最有利的信息环境,促进个性潜能向现实职业素质转化。因为这种课程是"校本化"的,是学院和教师依据高等职业教育目标的要求和学生发展的需要,结合本院实际,整合优化各种课程资源来形成的,所以是最适合于高职院校学生成长的信息载体。

2.教材体系的建设

教材是体现教学内容和教学方式的载体,是教学活动的重要依据,不断更新教学内容(包括实践内容)是保证教学质量的基础。高职教材分为理论教材和实训教材。理论教材是针对培训职业的技能、素质要求编写的,实训教材是按照不同职业领域的技能要求分类编写的。实训教材回答的是"如何做"的问题,而理论教材回答的是"为什么要这么做"的问题。高职教材必须体现职教的特点,突出实用性、实践性、职业性和时代性。

(1)教材建设的基本原则

"必需"、"够用"、"管用"的原则是针对高职教材内容中的理论知识和理论教材建设而言的。高职教育在进行教材的编写和内容的选择时,要把握好"必需"与"够用"这两个尺度。"必需"也就是只要求理论知识能够满足支撑学生运用知识从事实践即岗位工作的需要,能把隐性生产力转化为现实生产力即可,而不应一味地追求理论知识的系统性、科学性和完整性;"够用"是说在教材编写和内容的选择上,所选理论内容的广度和深度能够满足实践教学和未来从事岗位工作的需要就可以了,这既充分体现理论知识的针对性和适用性,又能避免理论分析过多和过深;"管用"是指通过所选择的理论内容的教学或学习,学生完全可以满足在校获得实践能力和未来从事实际生产的需要,即职业活动所需的最基本、最常用的理论知识,从某种意义上看,它也包括了未来可持续发展所必须深化和拓展的知识。

企业需求导向的原则。社会经济的发展、科学技术的进步、产业结构的调整等都会引起企业发展战略、岗位结构的相应变化,职业岗位的内涵和外延也相应处于动态变化上升的发展状态中,这对劳动者的素质、能力等都提出了新的要求。因而高职教材的开发应源于对企(事、行)业现状、岗位(群)的人才需求的分析基础之上。无论是理论还是实践教学内容的选择,只有以企业需求为导向,才能保证教材的针对性、先进性、职业性的特点,才能保证能使学生受益的目的。所以,在开发教材时,就必须要有企业界、工商界人士的合作与参与,把他们(企业界、工商界等用人单位)的要求适度地体现在教材上,把新工艺、新方法、新规范、新标准乃至未来发展可能提出的新要求及时纳入教材内容。在这里也应该注意处理好针对性与适应性之间的关系,因为第一线的需要本身是一个发展变化的动态。

职业能力培养为主线的原则。英国在 20 世纪 80 年代初实施的"技能掌握培训计划"中明确提出了"职业能力"概念,职业能力不仅仅是指简单的操作技能,而更多的是指职业岗位能力(专业能力、应变能力和创新能力)、职业道德修养和其他相关能力(协调、合作、心理素质等)的综合,是高职学生的"标签"和核心竞争力所在。把所学理论与实践知识创造性地运用于实际,即应用性是高职教育培养的人才性质的概括,高职教材尤其是专业教材的开发,应特别突出这一点,把学生职业应用能力的培养,灵活地融汇于教材建设之中。理论教材的建设也应服务于学生职业能力的培养。专业教材由于需求决定原则的影响而删掉或简化了许多理论教学的内容,这也是正常和必要的。但是,专业教材在内容选择上,必须主动与理论内容衔接和沟通,让学习者能自然地做到由基础理论到专业基础理论、专业课到实践课的从容转换。理论课教材由于"必需"、"够用"的原则而舍弃或淡化了部分内容,所以必须注意自身与专业教材、专业基础课教材、实践的衔接,明确告知学生这些理论内容将支撑什么,使学习者能自觉地完成两者的沟通。另一方面,技术应用型人才并不等同于技术执行型人才。应用型是能把所学知识灵活地应用于实际,能创造性地解决实际问题;执行型是机械化的操作,程序化的执行。因而,在教材的建设中,又要有意识地融入创新精神和创新能力的内容,又要有意识地适当加强理论内容的比重,不使学生仅成为一个"操作者",以进一步提升学生的生存和可持续发展的能力。

全面发展的原则。马克思主义关于人的全面发展学说为社会主义教育目的提供了科学的理论依据和方法论指导。联合国教科文组织召开的"面向 21 世纪教育国际研讨会"也提出:"21 世纪最成功的劳动者是全面发展的人,将是对新思想和新机遇最开放的人。"高职教育培养的不是"纯"技术劳动者,"技"只是能力的一部分——从业能力,是劳动者从事一种职业所必备的能力,不是能力的全部。这种能力通过培训很容易掌握。随着劳动分工由单一工种向复合工种的转变,以及交叉职业与综合职业的出现,社会对从业人员的要求也发生了明显的变化。因此,学校在培养学生技能的同时,还要关注学生基本素质的培养,这种素质包括任务的组织和执行、交流与合作、学习及科学工作方法的应用、独立性和责任心、心理承受能力等。这不仅要求学生要学会生存、学会关心、学会创造、学会合作,要具有较高的人文社会科学素养和对全人类负责的责任心,并能够把技术问题置于整个社会政治、经济、法律、生态、伦理等框架中加以综合考虑和运用,而且要求学生要有较强的自我发展能力,即学会学习,以适应不断变化着的社会,增强转岗能力。教材的建设既要考虑学生技能的培养,更要考虑学生关键能力的培养,促进学生的全面发展。

与时俱进的原则。坚持与时俱进的原则,就要求在编写教材时,要果断删减过时、落后的内容,及时增加最先进的生产技术、科学的生产方法等方面的内容,从而为培养"最先进"的人才提供新的理论与实践平台。坚持与时俱进的原则,还要使教材建设具有一定的前瞻性,为学生今后的发展提供可能和空间。事实上,教材建设总是落后于科技和社会经济的发展,这种情况是正常的,也符合教育教学规律。但从培养人才的角度看,又必须把科技发展的最新信息、知识,以最快的速度教给学生,这是教育的使命。高等职业教育更应如此,这是它本身的使命和特点所决定的,哪所学校能迅速做到这一点,那所学校培养的学生就更有竞争力,就会更受到社会的欢迎。反映与时俱进原则的另一方面的内涵就是要通过各种方法,如充分利用当代先进的信息技术设备、手段等,加快教材更新的步伐,开发出多类型、多形式的高职教材。领导要有这种意识,教师也要有这种意识。如某学校能把企业先进产品的手册、维修说明书等作为教学内容之一,这也是一种与时俱进的具体表现。

（2）教材建设的途径

建立教材建设协调委员会，做好教材建设的全局规划。高等职业教育的培养目标，决定了其教材必须与生产第一线的实际操作、与社会的岗位（群）的需求紧密相联。21世纪是信息化的世纪，是知识经济的时代。一方面，社会发展的节奏不断加快、知识更新的周期日益缩短，导致企业发展战略的规划期缩短，岗位的流动性也随之加快。据资料统计，美国在过去几年中，淘汰了8000种职业，同时也诞生了6000种新职业。另一方面，社会岗位（群）种类繁多，结构复杂，单靠部分学校和企业是很难编写出能满足整个高等职业教育需要的教材，也不易体现针对性强这一高职教材建设的特色。加之教材建设需要较大的人力、物力，特别是财力的投入，这些都会增加教材建设的难度。但是，如果每个学校都仅仅各司其职，只根据自己学校的需要来编写教材，势必又会造成资源的极大浪费，不符合我国"穷国办大教育"的国情。为了保证教材建设的合理性、相对稳定性和前瞻性，可设立由政府人员、教育界、企业界、工商界等部门人士组成的教材建设协调委员会，及时通报国家的有关政策、法律变更、制度等有关信息，集中资源做好高职教材建设的统筹安排、科学规划、力量组织等工作，从而，从整体上推动教材建设的健康、迅速、高质量的发展。此外，在原有教材的基础上，加强教材的修订工作，也是一种较经济有效的做法。

成立校、企教材建设委员会。高职院校与普通高等院校在人才培养类型上的最大区别在于：前者是培养应用型人才，后者培养的是学术型人才。应用型人才不是指"大众型人才"，而是"专用型人才"，是为特定企业、行业培养的"专用型人才"。因此，教材的建设就应突出这种针对性和职业性的特点。为了达到这一培养目标，仅靠学校专业教师的闭门造书是远远不够的。学校和企业要携手并进，成立校、企教材建设委员会，共同负责教材的开发、建设。委员会的成员主要由企业、学校的高级技术专家和教授等人员构成。一方面,企业紧贴社会、紧贴市场,是市场经济状况的晴雨表,企业专家更了解和熟悉经济发展的最新技术信息和市场需求,对经济、技术的未来走向有较深刻的预见,因此也就能把最新的技术信息和科研成果引入教材,避免书本知识与实际应用之间相脱节,保证教材的先进性和针对性;另一方面,学校教师具有较强的理论研究和科研开发能力,懂得教育教学规律,能把社会最新发展的实际和人才的规格要求,灵活地固化为教学内容,这就保证了教材的科学性和可接受性。校、企教材建设委员会是学校与企业联系的桥梁,也是实施产学研合作、培养适应市场和企业需要的人才的重要途径。

校际合作与教师自编相结合。综观高职教育发展史可知,高职教育主要是为地方经济建设培养第一线人才服务的。所以高职教材的建设应突出地方化、本土化的特点,教材的内容编写或选用更应以满足学校所在地区的经济发展需要为主。美国社区学院最大的特色就是它的专业、课程设置能很好地反映本社区的需要,教学内容也与学生的就业需要直接相联系。湖南的高职院校有各自不同的办学历史,有各自相应的资源优势和特色,通过学校与学校之间真诚合作,相互沟通,集中并发挥各自的优势力量,合力编写有地方特色、通用的教材,不仅能满足各自教学的需要,而且能保证教材有较高的权威性,经费的开支也能相对地节省。另外,教师可自编教材。从某种意义上来说,教师的讲义是教材编写的基础和前提,教材是教师讲义的提炼与深化。鼓励教师自编讲义,也是教材建设的一条重要途径,尤其是对服务于一些新兴产业、新兴岗位的新兴专业,其可选择的教材会相对较少,这就有必要采取各种措施给予激励。

解放思想、审时度势,积极稳步地引进国外先进教材。西方国家,特别是美国、德国、英国等国家的高等职业教育发展历史较长,经验相对丰富,并已建立了相对先进和完善的高职教材体系,出版了大量高质量、高水平的教材。"他山之石,可以攻玉",针对当前湖南高职教材建设相对薄弱,还未建立起规范化、系列化、科学化的教材的现状,有选择地引进和选用国外优质高职教材,也不失为一条捷径。另外,经济全球化的发展,不仅加深了世界各国方方面面的交流与合作,而且,还引发了各国教育理念上的新变化,培养"国际人",越来越成为各国教育关注的重点,高职教育也不例外。这从某种程度上,就要求高职教育教材必定要有一定量的先进的"国际化"内容,甚至有一定量先进的国外原版教材。积极稳定地引进国外先进教材,不仅在一定程度上,能弥补当前高职教材建设的不足,而且也是高职教育走出国门、参与世界竞争的需要。

(三)构建"双师型"教师队伍

高等职业院校优化专业设置、构建课程体系和教学内容这些工作的落脚点都在师资队伍的建设上,没有一个与其相适应的师资队伍,就无法达到目的。高职教育是以技能培养为中心的教育,高职教师既要具有扎实的基础理论和业务知识,又要具备过硬的实践技能和较强的实践指导能力,即具备"双师型"素质。因此,以提高教师实践能力为重点,努力建设一支素质优良、结构合理、一专多能、专兼结合的"双师型"教师队伍,既是高职教育发展的需要,也是高职发展的关键所在。

1. "双师型"教师素质及能力分析

所谓"双师型"教师,其本质特点就是指能集理论水平和实践能力于一身的教师(群体),换句话来说,就是指他们不仅掌握了本专业较深的理论知识,具备大学教师的任职资格,同时,还具有较丰富的实践工作经验和扎实的实践工作能力。所以"双师型"教师首先必须具备教师的基本能力和素质,包括良好的政治思想素质和与时俱进的品质;良好的职业道德;良好的教育教学能力,即教育教学的分析能力、设计能力、实施能力、评价能力和研究能力;良好的身心素质,即健康的身体、健全的人格等;良好的创新素质、先进的教育理念;丰厚的文化底蕴等。其次"双师型"教师属于专业教师,主要从事专业基础课和专业技能教学,是高职教师中的特殊群体,必须具有良好职业素质,即职业岗位所要求的行业眼光、知觉能力、思维方式和行为方式,具有较好的专业智能和创新潜能,能适应高技术含量的工作,了解相关专业高新技术的发展趋势,具备一定的社会交往能力、组织协调能力和管理能力。

2."双师型"教师的工作任务特征

高职教师的主要任务是把求学者培养成为高级技术应用型人才,这一任务具有以下特征:

培养对象的高层次性。高职教育属于高等教育范畴,以高中毕业生和中等职业技术学校的毕业生为主要招生对象,毕业生可取得大专以上的学历文凭。与中等职业技术教育相比,它属于职业技术教育的高层次,所培养的人才是能把理论转化为实际应用的专门技术人才,如生产第一线的工艺师、技师、技术员和经济师等。这类人才综合职业能力比较强,不仅善于将工程设计转化为工艺流程,懂得技术操作,而且能够进行技术开发。

教学内容的专业性。高职院校多属于地方性高校,其办学方向必须主动适应地方经济和社会建设的需要,立足地方,服务地方。而高职教育实现上述服务目标的主要手段,就是通过专业设置,培养专业人才。人才培养的职业性是高职的特色。为此,高职教师必须具备扎实的专业知识、系统的专业理论和熟练的专业技能,能根据地方的职业岗位对专门人才的要求来制订教学大纲和教学计划,确定课程设置、教学内容及教学方法,以满足职业岗位对专门人才的需要。高职教育所培养的目标应是"手脑并用"的智能型人才和"通权达变"的外向型人才,即应用型人才。与学术型人才相比,他们的理论水平和科研能力虽然偏低,但技术应用能力却很强。与中等技术人才和技能型人才相比,其基础理论知识较扎实,眼界较开阔,创意较强。

3."双师型"教师队伍的构建

树立"双师型"教师队伍的观念。观念是行为的先导。上至教育主管部门,下至学校领导都应着力建设"双师型"教师队伍。上级主管部门在政策与制度上,要采取有力措施吸引和稳定"双师型"教师,如在考核学校以及在制定教师职称评定标准时,可把"双师"列为一项重要指标,并提高"双师型"教师的工资标准等待遇。学校应根据目前与长远的发展规划,确定好本校"双师型"教师队伍的合理比例,严格把好教师入口关。对具备"双师型"资格的教师,学校可通过提高工资待遇、住房补贴、课时津贴等方式给予重视,并做好宣传,树立榜样,引导全校教师自觉地朝这方面发展。学校要制定相关优惠政策,鼓励教师参加职业资格鉴定,或委托职业技能鉴定机构对他们进行技术等级鉴定,使专业课教师基本都具有相应职业资格;鼓励基础课教师在职攻读学位或获取继续教育证书;改革教师专业技术职务评聘制度,将技能素质作为职务评聘的重要依据,并允许教师申报双职称。同时,学校要建立有助于"双师型"教师潜能发挥的管理和创业机制,使他们有用武之地,并能安心、踏实地在校工作。

加强教师队伍的师资培训。高职教育的教师绝大部分来自于普通高校,不仅学历结构达不到国家的有关规定,距"双师"的标准也相差甚远。因此,加强教师的在职培训是建设"双师型"队伍的重要举措。培训可分为提高学历和实践技能两种培训形式,即一方面,定期把理论教师和新引进的青年教师派遣到校外学习、到实训基地及在职教师资格培训基地等地进行实践能力的锻炼,也可以利用校、企的产学研活动,加大教师与企业专家双向交流。学校还可以派教师下企业调研、搞科研、科技服务与项目开发等,让他们更多地贴近现场、接触生产实践,使教师了解企业最新的生产和发展情况,掌握最新的生产技术、技艺、企业运作模式、生产工作流程和方法,创造机会,增强他们的实践能力,提高自身的技能水平,并给学生更高质量的实践指导。另一方面,对未达到《教师法》规定的学历标准的教师,要创造条件让其脱产或半脱产进修,并鼓励教师进一步攻读硕士、博士学位。同时,有关部门要建立和完善高职教师在职教育与培训的法规与政策,促使其法制化、系统化、规范化。美国的教师在职教育与培训受到了各州的极大重视,它的"新教师入门指导计划",在1984年以前,仅8个州有为新教师提供支持和帮助的计划,而到1992年,以各种立法形式要求实施此项计划的州数已达34个。

注重兼职教师队伍的建设。建设一支"双师型"教师群体,是一项艰巨而长期的系统工程,仅在学校内的专职教师身上做文章是远远不够的。为此,学校可采用"请进来"的策略,从社会聘请企、事业单位实践经验丰富的工程技术人员、管理人员和有特殊技能的高技能人才到校任教,或聘请他们担任兼职任课教师或实训指导教师,以满足教学需要,弥补专职教师的不足和实践教学的缺失。从校外大量引进兼职教师也是世界普遍性的做法。美国联邦教育部2000年1月公布的调查报告中,统计出了1997年美国两年制社区学院的教学人员为307163人,专职教师和兼职教师的比例分别为35.4%和64.4%。我国高职院校也要做好长期规划,加大兼职教师的建设力度,构筑合理、稳固的兼职教师"蓄水池"。同时,加强对兼职教师的管理工作,这对于稳定教学秩序,促进专业建设,激励专职教师,提高教学质量,有着极其重要的意义。学校可成立专门的管理机构,健全规章制度,建立兼职教师个人信息档案,注重聘后的考核与评价等方面,使管理工作科学化、规范化和制度化。

加强校际师资合作。高职教育的投资大与经费相对短缺是目前一对众所周知的矛盾,可用于教师培训和外聘教师的资金明显不足,这也是个普遍现象。加强校际合作,提高资源的利用率。在教学中利用相互的师资资源,借用他人的力量,满足各自的需要,是一种既省钱又稳妥的办法。因为,对于高职来说,除上述原因外,它最大的变数就是要适应社会经济发展的需要,并根据社会对应用型技术人才的要求,有随时增设或调整专业设置和已有专业方向的可能。而学校不可能随着这些变化不断地引进师资，于是，借用他人之力就变成了一条有效的途径。

（四）加强校内外实训基地建设

实训基地是高职院校实现人才培养目标的必备条件，是实践教学过程中必不可少的组成部分。学生进入实训基地实习不同于从事一般的实践活动，它是走向社会、进入企业从事相关职业岗位的实战演习，是学生实践能力获取的最有效场所。实训基地建设，是高职生存和发展的重要的物质基础和保证，聪明的高职院校在此所耗费的精力最大，所获得的培养效果也将最佳。实训基地可以分为校内实训基地和校外实训基地两大类。

1. 校内实训基地的建设

校内实训基地主要是以模仿实际工作环节和真实情境而建立起来的仿真职业场所，是学生把专业课程所学的基本技能知识，在校内得以巩固和锤炼的主要场所。为此校内实训基地的建设应坚持高起点、高标准的原则，使实训基地的建设尽可能地贴近生产、建设、管理、服务第一线的实际情况，同时必须瞄准应用技术发展的新动态，以多种途径获得最新的机器或设备，防止建成层次低且又仅限于感性认识和动作技能训练的场所，或滥竽充数，形同虚设。校内实训基地的建设需要大量的资金投入，这就要求高职院校要有明确的定位，应根据社会经济发展的实际情况和专业的实际需要，做好全面规划，统筹安排，重点投入，并确保投入具有一定的前瞻性、持久性。这样，校内实训基地，不仅可以为本校的师生实践服务，还可以把它建成为学校对外宣传和交流的窗口，承接社会的科研项目，成为学校或社会科学研究成果的"孵化器"，也可成为科学技术推广和科技人员再培训的中心，进而提高学校的知名度。

高职毕业生的特点在于其具有较强的职业意识、动手能力和职业技能，而能力、技能的培养是通过实践性教学环节实现的。校内实训基地的建设,则是保证实践教学质量的基础,也是高职教学建设的重点。为此,首先要按照教育部评估标准要求,努力建立高水准的校内实践实训基地。校内实训基地(或工厂、中心)要按照现代企业的生产实际情况进行设计和运作,配备符合高技能人才培养目标需要的通用设备和先进设备以及高水平的实训指导教师,以尽量实现实训教学与生产实际的接轨,使学生置身于真实或仿真的职业氛围之中,从而得到基本的实践技能训练。有条件的学校或重点专业要为基地配备先进的实训软件和硬件,包括购置最新实训设备和工业型设备,这样,既可以教给学生前沿技术与实用技能,教师又可在基地搞成果转化、技术开发和新产品生产,从而增强基地的自我发展能力。

2. 校外实训基地的建设

查尔斯·赫梅尔曾指出,教育的前途更多取决于外部条件而不是教育系统的内部因素。校内实训基地毕竟是仿真的,它不利于学生对企业文化、规章制度的真实了解,难以感受企业的真实工作氛围。同时,学校不可能也没必要建立所有专业的实验室、实训基地。建立校外实训基地,不仅可以改变这一尴尬局面,还能使学生"零距离"地接受实践锻炼。校外实训基地要以行业、企业为依托,实行产学结合、校企共建。特别是要以协议的形式,在技术、装备、管理水平高的大、中型企业中,建立较为稳定的校外实训基地,从而提高学生实训的质量与效果。这样,不仅可以弥补校内实训设备和场所的不足,还可以创设一种能够有效地促进教与学双向互动的社会交往情景和职业情景,使学生能在浓厚的职业氛围中锻炼和提升从事并胜任某一职业岗位的能力。教师也可通过参与企业实训不断丰富和更新自己的教学内容,吸收先进的科学成果,提高教学质量,促成"双师"能力的形成;学校则能根据学生和教师的反馈信息,及时地更新教学内容和调整课程结构、内容,加快人才培养与市场、企业的接轨。法国著名的巴黎高等商学院,它规定在学制为三年的学业中,必须在一年级暑假、二年级暑假和三年级下学期到企业进行三次实习,每次至少三个月,其中一次必须在国外进行。因此高职院校要积极主动地与企业进行联系,获取企业的支持,使其挂牌成为学校的实训基地。政府、行业在高职院校建设校外实训基地时,应充分发挥统筹、协调等职能,促进学校和企业在各自明确责任、权利、义务的前提下,按照市场经济规律进行合作,共同为学生实践能力的培养和提高发挥作用。

3.校际实训基地建设

高职教育在我国发展的历史并不长,大部分院校还处于规模扩张的初级发展阶段。在这一阶段,各项建设还有待于进一步完善和改善,因而,对资金的需求量会很大。然而,实训基地建设又是一项投资大、实际耗费高的工程,因此,很多高职院校都感到心有余而力不足。面对这一实情,高职院校除了积极努力拓宽资金渠道外,还可以与相邻的同类专业的学校共建实训基地,基地可以建在某一学校内,也可以另外开辟出一块土地来建设。基地的建设要选择经济发达、交通方便、职业学校数量较多的地区,同时要通盘考虑,要体现出设备先进、功能齐全、特色鲜明、管理现代化、使用效率高等特点。基地的建设可本着共享、共建、共管的原则,充分发挥政府、企业、院校和社会力量参与建设和管理的积极性,把它建设成为高效率、示范性、开放型的实训基地。这不仅有助于解决资金不足的难题,还可以减少因重复建设而造成的资源浪费,从而大大提高资源的利用率。

三、建立社会评价体系

高等职业教育是推动社会经济发展的一种动力,它的规模与质量,决定着国家的经济发展速度和水平。而高等职业教育质量水平的不断提高又依赖于客观、公正、完善的社会评价制度。随着知识经济的到来,高等职业教育已走向社会中心,政府、高校和市场的力量已逐步交织在一起,它们相互制约,相互依赖和相互促进。因此高职教育的质量保障主体逐步从一元向多元转变,也就是从单一的政府、社会或高校评估主体逐步转变为多元的评估主体。为了保障高职教育质量,就必须建立一套完整的质量评价体系,它不仅包括政府评价制度、高校自我评价制度,还应该包括社会评价制度。而且,对高等职业教育来说,其评价体系应该以社会评价为主导,这是由我国高等职业教育的根本任务和本质属性所决定的,但由于我国高等职业教育起步较晚,制度建设与理论研究方面仍在一定程度上滞后于高等职业教育的发展,该评估体系还存在一定的不足,如评估主体太单一、评估内容不够丰富等。因此,我们必须借鉴国外先进的、成功的经验以改进和完善我国高等职业教育质量保障体系,使其更好地发挥其作用和功能,以确保我国高等职业教育的质量水平。

(一)社会评价在高职质量保障中的不可或缺性

1. 社会评价是高职教育社会化的有效途径

高职教育社会化过程是指通过内部健全的运行机制主动适应社会需求,获得自我发展,赢得社会承认和支持的过程。

高职院校办的是社会化的大教育,其实质就是社会化办学。社会化是高职院校生存和发展的根本途径。这种社会化表现在:一方面,高职院校面向社会自主办学,内部运行机制以社会需求为导向,积极主动适应社会发展需求,满足教育投资者个人以及社会用人单位的要求,从而获得更好的发展机遇;另一方面,高职院校能为社会所接受,在整个高教市场中,正常竞争、自主发展。

从目前发展状况来看,高职院校内部有效的运营机制尚待激活和完善,社会声誉、品牌形象尚未建立,社会认可度较低。因此,高职院校在面向社会办学过程中,迫切需要了解社会需求,也迫切需要社会的了解。而社会评价正好提供了这样一个途径:一方面,社会可以通过对高职教育质量和办学水平的评价为市场选择高职教育提供依据,扩大高职教育的社会影响;另一方面,高职院校也可以通过社会评价为自身发展获取信息和资源,以利于在竞争中形成自律机制,规范办学行为,促进自身发展。

在我国,政府评价带有浓厚行政色彩,对市场需求的变化与发展把握不够及时和准确,因而不能充分发挥对高职教育的引导作用。而高职院校本身发展历程短,经验积累少,其自我规范、自我发展能力也较弱,因而其自评行为往往也不能真实反映其自身发展特点和社会发展需要。因此,高职院校要真正做到面向社会办学,培养出受社会欢迎的技术应用型人才,其质量评价就不能局限于自我评价和政府评价,还应该建立有效的社会评价制度,使高职院校能及时了解社会需求,调整发展方向,适应社会,服务社会,走社会化发展之路。

2. 社会评价在高职质量保障中的独特作用

首先,社会评价有利于高职院校加强与社会的联系,贴近社会需求。长期以来,我国职业教育处于政府的直接管理和控制之下,以政府为中心,体现政府意志,反映政府需求,为政府服务,社会作为职业教育成果最终使用者、消费者的地位长期被忽略,一定程度上造成了职业教育培养的人才不适应社会需求的状况。而建立高职社会评价制度,可以有效沟通培养单位与社会的联系,促使培养单位主动适应国民经济和社会发展的需要,充分发挥办学的自主权,按照社会需求来发展高等职业教育,减少工作的盲目性。

其次,社会评价可以加强高职院校的社会服务职能,与社会共生。服务区域社会是高职院校的基本职能,也是其生存与发展的条件和依据。高职院校的价值目标不应是"象牙塔",而应把服务区域社会作为自己的使命,着眼于高等职业教育社会评价制度研究,成为本区域的知识经济中心、科学文化辐射中心和人力资源开发中心,为推进本区域的经济社会文化发展作出应有的贡献。高职院校既可以为本区域社会经济发展培训各类高级人才,也可以结合本区域社会经济的理论和实践问题,结合生产领域的技术难题,开展科学研究,还可以通过各种形式为区域社会提供各种直接服务,在促进本区域社会经济发展的同时实现自身的发展。这就需要发展社会评价,提高社会参与的积极性。

其三,社会评价能减轻政府负担,促进政府职能的转变。在我国高职质量评价中,政府作为单一的评价主体,既要开展高职教育综合评价,又要开展单项评价,既要开展合格鉴定评价,又要开展水平评价、选优评价等。政府需要投入大量的人力、物力、财力,给其工作带来很大负担,评价的效率和效益十分低下。而建立社会评价制度,能促进政府职能的转变,使政府把一部分不该管也管不好的职能通过委托或让渡等多种方式转交给社会中介组织,有效减轻政府负担。总之,社会评价是我国高职质量保障体系不可或缺的组成部分,有着政府评价与高职院校自评所无法替代的作用。

(二)美国高职教育质量保障的经验

美国社区学院的质量保障体系,隶属于美国高等教育质量保障体系,具有鲜明的民间色彩,由覆盖全美六个地区、分布在全国的 59个专业性认证机构具体执行。

这六个地区的大学和学院按照地区归属组成了六个联合会(分别简称为 NEASC、MSA、SACS、NCA、NWA、WASC)。这六个院校联合会均设立了专门的委员会负责开展本地区范围内大学和学院的认证工作。其中 NEASC 设置两个委员会,分别负责普通高等学校(Institutions of Higher Education)和技术与职业学院(Technical and Career Institutions)的认证;NCA 设置两个委员会,分别负责对颁授学位的高等学校和社区及初级学院(Community and Junior Colleges)进行认证;WASC 设置 3 个委员会,分别负责对社区和初级学院、高级学院和大学(Senior Colleges and Universities)以及对不颁授学位的成人教育和中学后教育学校(Adult and Postsecondary Schools)进行认证。它们所开展的单位认证活动并不先行限定层次,只要是本区域范围内的高等学校,不论其办学层次如何,均在其认证业务范围之内。

除按六个地区设置的单位认证机构外,其他单位认证机构和专业认证机构所开展的认证活动,绝大多数都是学士学位以下层次和非学位项目。在美国教育部所认可并公布的 50 家认证机构中,仅有 5~6 家认证机构的认证项目层次涉及博士或硕士层次,而且,其学位类型主要为职业型学位,如医学、按摩疗法、正骨、商业管理等。同时以《美国新闻与世界报导》、《商业周刊》、Yahoo 网站等为主的媒体机构也对大学进行排行,以促使高等学校教育质量的提高。

其特点主要有:第一,家长、社区、实业界广泛参与,是高等职业技术教育的质量保障。家长可以通过具有审议性质的家长委员会、学校董事会将自己对学校的意见和建议传达给校方。学校为了取得家长的支持,采取多种措施积极主动与家长保持联系,为家长参与学校管理提供条件,对家长的意见予以认真考虑,并给予满意的答复。社区成员代表、实业界以及其他社会利益团体代表不仅可以选举学校董事会成员,还可在公众集会发表对教育的意见,向学校提出要求以维护自己集团的利益。

第二,许多学术团体、私人机构积极开展高等职业技术教育的评价活动。如美国的教育评价标准联合委员会、斯坦福评价协会、西密执安大学评价中心等,这些学术团体、研究机构的评价有两个基本特点:一是专业规范,不仅对教育评价的模式、方法、内容、效用进行了系统的研究,而且在联系实践的基础上,提出了很多著名的评价观点,还发表了许多研究报告和专题论文;二是具体深入,不仅涉及学生的成绩评价、学校的效能评价,而且,还深入到每门课程的阅读、写作、科学素养、动手能力等各个方面。

第三,高等教育鉴定机构是高等职业技术教育质量保障的中坚力量。高等教育鉴定机构的特点是:机构独立、权威性强;服务宗旨明确;有章可循、有法可依;以行业自律为主。它的主要职责是:服务、指导和监督。它的人员组成具有很强的社会性,一般由成员学校的校长、教授,各方面专家,研究机构的学者,社区、企事业单位的代表等组成。它的鉴定标准、方式和结果一般不受政府的干预,以保持客观公正。高等教育鉴定机构以"促进学校的不断改进"为目的,以为各成员学校提供真诚的服务为宗旨,并以其在评价活动中的自愿、合作、公正等基本信条而获得极高的声誉,其鉴定结果被政府各部门、奖学金委员会、基金会、咨询顾问委员会、雇主、学生或家长等广泛认可和运用。一所学校能否成功地筹集经费和获得生源,通过严格的鉴定认可程序是必不可少的一环。只有通过鉴定,才能得到同行或社会的认可,才能得到政府或团体的经费资助。

(三)社会评价制度的体系构成

高职社会评价制度是一个复杂的系统工程,由一系列的具体制度共同组成。如图3。

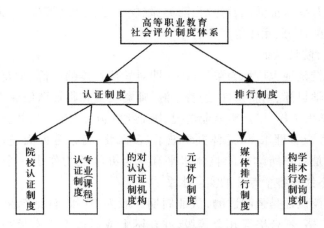

图3:高等职业教育社会评价制度体系

1.认证制度

在美国,认证(Accreditation)是高等教育领域最为制度化和规范化的质量保证形式。其制度化表现在:一是在有关高等教育的法律、规章中将获得符合某种要求的认证作为参与某些法定或官方项目、获得法定和官方资助的必要条件之一;二是认证活动具有严格的周期性;三是经过几十年的发展,已经形成了较为公认的认证模式,不同机构的认证活动在指导思想和基本模式上已相当接近或相似。其规范化,并不意味着整齐划一,而是因其有如下特征:一是对认证机构进行认可的机构或组织,都形成了一套规范性的认可标准,并且这些认可机构都具有相当的影响力和辐射面;二是这些认可标准大都经过了长期的考验并得到不断完善,相当成熟并为多方认同;三是对认证机构的认可活动和认证机构对学校的认证活动都建立了严格、缜密、可操作性强的程序,对报告、文本、数据、资料等也都形成了稳定的、规范性的规定和格式。

在中国,高职教育认证活动应该主要由教育评价中介组织来完成。认证结果将影响学校的招生计划、专业设置、政府拨款等。高职领域内开展认证活动,可分为四类:院校认证、专业(课程)认证、对认证机构的认可、元评价。

(1)院校认证

院校认证也可称为单位认证,即对学校整体的评价,主要是对学校的办学目标、物质条件、经费来源、师资质量和师资队伍建设、教育质量、学生工作、毕业生就业情况、毕业生实际工作能力、办公及体育设施、各级管理水平、总体办学效益、多元化、特色等方面进行评价。这仅仅是对一所学校的整体水平和综合办学能力作出一个基本评价,并不代表各个专业的实际水平。

院校认证是强制性的,认证周期一般为10年,认证结果可分为优秀、合格、不合格等几个等级,并在网上或通过正式出版物向公众公布。在这10年当中(一般为第五年),学校还要向院校认证机构提供一份中期自我评价报告。

(2)专业(课程)认证

主要针对学位项目、教学项目、专业、课程等进行认证。高职院校各专业都应设有自己的认证机构,比如教育、医学、工商管理、工程、语言、卫生护理等专业认证机构。专业(课程)认证能使学校获得良好的社会声誉,保护有关专业免受内、外部不良压力的影响,有利于吸引学生,有利于公共部门和私立基金会对该专业进行投资,也有利于学生的学分能与其他学校进行互换。因此,获得专业(课程)认证是提高学校知名度的最好方法,也是争取生源的最有效手段。

专业(课程)认证一般是自愿的,认证周期为 5 年左右,认证结果要向社会公布。同时,已经获得专业认证资格的,每年还要向相应的专业认证机构提供一份年度自我评价报告。

无论是院校认证或是专业认证,其认证程序是院校或专业先完成自我评价报告,然后,由专家小组进校实地考察评价,最后由认证机构委员会进行评判。认证时间由院校或专业与认证机构协商确定。

(3)对认证机构的认可

认可是为确保认证机构的合法性和权威性,对认证机构进行外部质量保证的最主要模式。在美国,对认证机构的认可主要由美国教育部(USDE)和美国高等教育认证委员会(CHEA,民间机构)来完成。在我国,对认证机构的认可活动可由教育部来完成,也可由教育部授权的非营利性教育研究机构来完成。如教育部高教司高职高专教育处、高教司评价处、高职高专院校人才培养工作评价委员会都可成为对认证机构进行认可的机构。只有获得了认可的认证机构才有资格对高职院校开展各种认证工作。

(4)元评价制度

元评价制度是社会评价制度的制衡措施,是社会评价制度健康发展的保证。其主要职能和任务是:对教育评价中介组织做出的评价结论进行复查和抽查;控制教育评价中介组织的道德风险;对中介组织进行激励,奖优罚劣。

元评价制度可从整体上对"元评价"实施过程的各个部分及结果

进行全面、深入的反观考察,并遵照一定的原则、标准及程序,对其信用度和效用度作出客观、科学、全面的整体性评判与估价。它对于提高元评价的各项指标质量、保障元评价信息使用者的权益、确立评价组织的地位和信用度、规范教育评价体系的运作具有举足轻重的作用。

对社会评价进行元评价的机构必须具有一定的权威性,可以是国家机构,也可以是某种权威性社会机构。在我国目前情况下,政府作为社会评价的元评价者是一个现实的选择。它一方面可以利用政府的权威性来更好地监督社会评价活动,另一方面,也是政府转变职能,对高职教育进行宏观监控的一个重要手段。

2. 排行制度

在高职领域内开展的"排行榜"活动,可以分为两类:媒体排行和学术咨询机构排行。两类排行的共同特点是:排行活动所涉及双方的联系相当松散或基本没有联系,被排名的单位对活动的介入程度仅限于提供部分数据,甚至有时连数据都不需要提供;不存在被评单位开展自评并提交自评报告、专家组进校检查、不止一次的反馈和交换意见等交互式的环节;一次活动结束后到下一次活动开展前,没有针对被评对象的监控机制和依据监控结果对评价结论予以修正的调整机制。

(1)媒体排行

媒体排行,主要是由关心高职发展的一些报社、电台、电视台、网站等新闻媒体单位,通过自行组织的社会抽样调查、实地考查、人物专访、院校风采等形式,定期对某一地区或某一类型的高职院校作出排名。媒体排行,由媒体机构推出,因此,要从根本上服务于媒体机构的商业利益,要极尽宣传推广之能事,不遗余力地吸引公众眼球。但并不意味着这类排行会任意左右排行结果、单纯制造轰动效应,相反主办者也相当注意听取意见、改进方法。

在许多高等教育较为发达的国家和地区,由新闻媒体发布本国和地区甚至跨国性的大学排名,已被广泛的接受,并成为一项颇具影响的高等教育评价活动。我国自 1987 年 9 月 13 日中国管理科学研究院科学研究所在《科技日报》上发表我国第一个民间大学排名开始,我国的大学排行有了很大的发展,许多媒体和网站都推出了自己的排行榜,对公众和高校影响都很大。如网大(netbig. com)、《中国青年报》、香港的《亚洲新闻周报》(Asia Week)等,有的甚至还召开新闻发布会向海内外上百家新闻媒体公布其大学排名。

(2)学术咨询机构排行

学术咨询机构排行,主要由一些非营利性教育研究机构定期进行。这些机构首先要根据不同地区、不同类型高职院校的具体特点,科学合理地制定评价指标和权重,然后采取多种形式,广泛采集数据,最后统计分析,得出结论。

在美国,学术咨询机构排行由于其评价指标设计科学、合理,数据采集广泛、来源可靠,得到社会各界尤其是学术界的广泛认同和接受。比如,美国研究委员会(National Research Council,NRC)的排名。NRC 属于美国科学院(NAS)和美国工程院(NAE)下属的重要工作部门,是一个得到美国国会特许,为联邦政府和公众提供科学技术咨询的私立非营利机构,对全美各大学研究型博士学科每十年左右进行一次全面评价。加州大学北岭分校的政治学教授哥曼组织了一个五十多人的私人团体,从事高等教育的评价活动,每两年出版一次《哥曼报告》,对美国乃至世界主要国家的大学进行综合打分排序,影响力也很大。

在我国,中国管理科学研究院武书连课题组,从 1987 年发表我国第一个民间大学排名,开中国大学排名之先河。至今我国先后已有 10 多个单位或课题组公开发表了 30 多个中国大学排行榜,对我国高等教育的发展和质量保障,起到了不可低估的作用。但从总体上来说,我国大学排名主要是针对本科院校的,对高职院校几乎没有涉及。考虑到高等职业教育不仅关系到整个高等教育的发展,更关系到劳动者科技文化素质的提高,关系到社会生产力水平的提高,因此,我国新闻媒体和学术咨询机构不仅要直接参与高职的评价,比如发布高职院校及其相关专业的排名、报道高职院校的办学情况以及院校之间的对比等,还应积极通过舆论宣传引导全社会对高职的重视和关注。

(四)高职社会评价制度的推进策略

1. 充分利用政府权威及资源优势

我国是中央政府集权国家,是"强政府、弱社会"的模式,市民社会没有形成,社会群体很不成熟。同时,我国社会评价发展历史较短,还没有得到社会广泛认可,缺乏一定的权威性。特别是专业协会、学术团体等组织的评价还没有真正开展起来,目前还处于一种建议和咨询的地位。因此,社会评价制度在我国还不可能完全由社会力量自下而上地建立,必须借助政府的力量,利用政府权威及强大资源优势,自上而下地加以推进。

(1)加强立法,为社会评价提供法律保障和约束

市场经济是法治经济,市场经济带来的多元利益主体和多元权力主体之间常常会发生矛盾和冲突。为了规范市场秩序,国家需要制定一定的法律规范,以使各种权力主体和利益主体能够彼此制衡,在享有权利的同时,也履行义务。因此,在推进社会评价制度的过程中,政府的作用首先应该表现在制定一定的法律法规,对社会评价的合法地位予以确认,并且对其行为进行规范。这一方面,能为其发展提供良好的空间,另一方面,又能杜绝实际操作中的违规行为。

(2)通过财政拨款,为社会评价提供资助

社会评价机构以非营利为目的,要维持生存和发展,必须有一定的资金支持。我国教育评价中介机构的启动资金来自于政府,其后的大部分资金要依靠它们自身提供的咨询和服务来供给,有时会显得经费紧张,尤其是一些学术团体和专业协会,其经费大部分来自于

会员单位的会费,仅够维持日常的运转,不足以支持它们独立开展评价活动。

因此,在我国社会评价制度发展初期,政府应通过直接拨款、委托、合同制等手段为教育评价中介机构提供资金支持,并且作出强制性规定,即只有经过政府认可,才有权申请政府资助。这样,一方面,可以提高资金的使用效率,切实支持一批条件好、运作规范的社会评价机构;另一方面,也可以有效控制和规范社会评价机构的行为,促使其向科学化、规范化方向发展。

(3)帮助社会评价机构进行人员培训

专业化的评价队伍是社会评价专业性和科学性的保证,也是社会评价获得广泛认可的前提。因此,要通过对现有人员的培训和对高层次评价人才的引进,造就一支较高素质的评价队伍。这支队伍不仅要在学术上有较高的造诣,有丰富的教育、教学管理经验,而且还要懂得高等教育评价理论、方法和技术。政府在这方面应该有所作为,培训一大批专门从事评价工作的专业人员,既可以直接组织培训,也可为人员培训提供基金。社会评价制度的推进与政府职能的转变是相互促进、协调发展的,没有政府职能的转变,就没有社会评价制度赖以生存发展的可能。当前,我国高职社会评价制度推进的关键是转变政府职能,简政放权,为社会评价的运作提供一个坚实的平台和广阔的空间。

2.构建以就业为导向的高职院校自我评价制度

高职院校内部有效的自我评价制度是高职社会评价制度的延伸和落脚点。只有通过有效的自我评价制度,高职社会评价制度才能充分发挥其质量保障作用。因此,构建以就业为导向的高职院校自我评价制度对高职社会评价制度的推进有重大意义。

(1)树立以就业为导向的内部质量评价观

首先是市场观。高职院校直接为企业生产培养人才,判断其人才培养工作质量的直接标准是学生的就业状况。因此,高职院校应把为学生就业提供服务作为质量评判的指导思想,根据市场需求用超前的眼光自觉调整专业设置及招生计划,与用人单位保持密切合作关系,主动开拓市场,使自己的毕业生"适销对路,供需平衡"。

其次是个性观。高职院校要从本地区、本行业的实际出发,确定人才培养的质量规格,走个性化的发展道路。同时,又要根据本校教育、教学的传统和质量管理的特点,确定富有个性的质量评判机制,不能和其他院校千篇一律。

再次是协调观。即协调校内各职能部门之间、全体师生员工之间的关系,沟通学校和社会各界的联系,使就业及相关信息通道畅通,校内外监控力量协调一致。还特别需要发动学生参与质量评判,实施"学生评教",推进教育质量全面提高。

(2)建立特色化的质量评价标准

办学低层次不等于办学低水平,不同层次的学校有不同的评价标准。高职院校应认清自己的实力和职责,立足服务本地区、本行业的发展,树立特色质量观,以特色适应社会需要,以特色增强竞争力。

高职特色化质量标准主要由两部分组成:一是毕业生质量标准。简单地说就是"双证书"标准,即要求毕业生能同时获得毕业证书和相应的职业资格证书或技能等级证书;二是教学环节质量标准。包括课堂教学、课程考核、实验实训、毕业实践、教学管理等方面的内容,每一方面都需制定具体而详细的规范和标准,使教学各环节都有章可循,并符合"以服务为宗旨、以就业为导向"的高职理念。

(3)建立健全教学质量评价系统

高职教育质量的影响因素主要有输入质量、运行质量和输出质量三大方面。其中,输入质量包括办学指导思想、目标与发展模式、专业设置、课程体系与教学内容、管理制度、师资队伍、教学设施与教学环境、生源结构与质量等;运行质量包括人才培养方案、课程标准、理论教学与实践教学、成绩考核、毕业实践、素质与创新教育、教风与学风建设等;输出质量包括毕业生就业状况、用人单位反馈等。因此,建立教学质量评价系统可从以下几个方面着手。

首先,建立健全的教学质量管理制度。以就业为导向、过程监控为重点,建立健全的各项管理制度,如专业建设指导委员会制度、教学计划和教材审定制度、教学常规管理制度、实验室管理制度、教学工作例会制度、中期教学质量检查制度、听课制度、学生评教制度、毕业生跟踪调查制度、督导工作条例、实习实训工作条例、毕业设计(论文)工作条例、双师型教师培养条例、学校评价工作条例等,形成对教学质量各方面、各环节的系列化管理,并严格组织实施、检查落实,提高质量监控的规范化程度。

第二,建立健全的教学质量信息系统。包括两个方面:一是校内教学质量信息系统。以督导处为核心,建立一条"督导处—教研室—教师—学生"的纵横交错的信息网络,通过学生座谈会、问卷调查、校内 BBS 留言板、师生交流会、校领导与学生见面会等,在学生与学校之间建立顺畅的沟通渠道,听取、收集学生对学校教学工作的意见和建议,并进行整理、分析,及时反馈到教学部门和教师本人,使发现的问题及时得到修正;二是学校与职业界的信息跟踪、反馈系统。以就业指导中心为核心,负责收集人才市场和用人单位的信息,在毕业生人数较多的单位建立教学信息反馈点,每年进行毕业生跟踪调查,召开招生、就业研讨会等,将有关信息及时反馈到各教学单位。

第三,建立健全的教学质量评价机构。一个良好的教学质量评价系统,应建立在广泛的支持和参与的基础之上,是多元主体对教学进行多角度的考查和评价。为加强对评价工作的领导,特别是为了积极参与和应对社会评价,应成立评价领导小组。评价领导小组应属常设机构,是高职院校评价评估的领导机构。这个机构应该能够将教师评价、学生评价、领导评价、同行评价等结合起来,将在校生评价与毕业生评价结合起来,将教师教学质量评价与学校整体教学质量评价结合起来,将理论教学质量评价与实践教学质量评价结合起来,使教学质量评价系统成为全员参与、良性互动的网络。此外,还要成立相应的职业技能鉴定机构,积极组织学生参加社会认可度较高的职业技能鉴定,获取职业资格证书。这不仅是实现高职培养目标的需要,也是高职院校教育质量最直接、最有效、成本最低的评价方式。

3.加强教育评价社会中介组织建设

建立独立、公正、专业的中介机构是社会评价得以实施的基础。教育评价中介机构可以接受政府主管部门的委托,对高职院校的设立和专业设置进行学术评议;可以接受政府主管部门或行业协会的委托,对高职院校进行教学评估、办学水平评估或专业学位认证;可以接受高职院校的委托,对学校内部进行质量审核;还可以接受社会各界的委托,对有关院校的教学质量、社会声誉进行评估等。考察各国的教育质量评价体系可以看出,拥有发展完善、运行良好的、独立、公正、专业的教育评价中介机构,是社会评价制度成熟发达的根本原因。它对于转变政府职能,沟通政府、高校、社会之间的联系具有极其重要的作用,被认为是三者间联系的纽带和桥梁。"它通过向政府提供评价信息,为政府教育行政决策提供服务,同时,反映高等学校的办学成果以及它们的呼声和要求,从而使政府与高校得以相互沟通和理解。"陈玉琨教授把一个成功的教育评价中介机构的特点归纳为三点,即独立性、公正性和学术上的权威性。独立性和公正性,使得它在进行评价活动时,能够做到不偏不倚,在客观事实的基础上,做出价值判断。学术上的权威性使得评价活动具有专业性,科学可靠,并能有效减少政府对高校学术自由的干预。

从国际经验来看,教育评价中介机构设立的方式主要有两种:一种是由专门的鉴定机构、学术团体、专业协会等社会组织自下而上自发形成,它们专业性、独立性强,有较高的社会声誉,受到社会的广泛承认,也能获得政府的信任和支持,如美国的各类高等教育鉴定机构;另一种就是由政府推动,自上而下建立起来的,如英国早期的大学拨款委员会以及随后取而代之的高等教育基金委员会,法国的国家评价委员会等。这些评价机构与政府有密切联系,但绝无行政上的依附关系。国际经验表明,教育评价中介机构的设立方式与一个国家的政治、经济、历史文化传统有密切联系。但不管以何种方式成立,它们都需要得到政府的信任、认可与广泛的支持,才能有效发展和运行。在我国政府的推动下,我国教育评价中介组织经过十多年的建设,也取得了很大的成绩。目前,我国专业性教育评价中介机构大致有:北京高等学校教育质量评议中心、学位与研究生教育评价所、江苏省教育评价院、辽宁省教育评价事务所、云南省高等教育评价事务所、广东省教育发展研究与评价中心、上海市教育评价院、安徽省教育评价中心、广东管理科学研究院、福建省教育评价所等。但由于各种原因,这些机构大部分是作为政府行政机关的附属机构发展起来的,它们在高等教育质量保障体系中的应有作用并没有充分发挥出来。因此,在目前条件下,加强教育评价社会中介组织建设,发挥其正常的功能和作用,是我国高职社会评价制度推进的基础和重点。

(1)政策法规建设

2003 年 9 月 3 日,国务院总理温家宝签发了《中华人民共和国国务院令》(第 390 号),自 2003 年 11 月 1 日起施行《中华人民共和国认证认可条例》。该条例共分 7 章,其中对认证机构、认证、认可、监督管理、法律责任等都作了明确的规定。2003 年 12 月 19 日,国务院办公厅转发了财政部《关于加强和规范评估行业管理意见》(国办发[2003]101 号),其中分析了我国评估行业的发展情况及存在的主要问题,明确提出了规范评估行业管理的基本原则、加强和规范评估行业管理的具体措施及组织实施等方面的要求。当前,我国教育评价正处于由政府评价这一单一模式向政府评价与中介组织评价共存的模式的转变过程之中,亟待出台配套的法律法规,规范和促进教育评价中介组织的发展。相关部门可以根据《中华人民共和国认证认可条例》和财政部《关于加强和规范评估行业管理意见》,制定一些行政规章来弥补制度上的空缺。

（2）认证和监管制度建设

当前我国社会中介组织所涉及的行业，具有较强的专业性，如律师、会计师、审计师等事务所，其从业人员都要经过严格的考核，才能取得执业资格证书。在教育评价领域，虽然也对评价人员提出了要求，但至今尚无显性的资质认证制度。同时，在评价方案的制订、评价人员的聘用、评价活动的管理等方面，也存在一些不规范现象，使得评价组织自身的权威性难以形成。基于此，我国应尽快建立教育评价中介组织的认证制度和以元评价为手段的监管机制。

教育评价中介组织的审批一般是由政府部门负责。在今后的发展中，应鼓励发展一批市场属性更明显的教育评价中介组织，而教育行政管理部门只负责对其资质进行认证、备案和监督，对教育评价中介组织的违规行为予以行政或经济处罚，对业绩、信誉良好的教育评价中介组织给予经济或名誉奖励。

国家或地方可以通过制定对评价人员的资格认证制度，提高教育评价从业人员的准入门槛，可以成立如高等教育评价协会这样的专业组织，负责资格考核和后期考查。

（3）优化教育评价中介组织的结构

成立全国性教育评价中介组织，该组织主要接受教育部委托，对全国示范性高职院校、实训基地、精品课程进行评价，并可对全国教育评价中介组织进行行业管理；组建地区性教育评价中介组织，主要负责本地区高职院校及其专业的评价，这是从我国高职发展区域性特点及各地区高职院校布局的实际情况出发来考虑的，它有利于促进同一地区各类高职院校之间相互比较与交流，有利于各个地区统筹教育评价活动；成立省属教育评价中介组织，主要负责本省高职院校及其专业的评价，它有利于从各省经济社会发展需要出发，结合各省高职发展战略，根据各省高职院校的发展规模、结构、层次、专业、办学水平等具体情况，有针对性地开展评价。

（4）队伍建设

评价质量的高低，在很大程度上，取决于评价人员的素质。因此，拥有一支高素质的评价队伍，是教育评价中介组织能否赢得市场的重要保证。它由两类人员组成：固定人员和临聘人员。前者主要从事具体评价项目的筹划、组织工作；后者主要从事理论研究和现场评价工作。要采取"小机关、大网络"的做法，一方面把固定人员的数量控制在最低水准，另一方面营建强大的组织外专家网络，根据评价项目的需要，结合高职发展状况，在高校、科研院所及管理部门中遴选兼职专家。并考虑队伍的年龄结构、学科结构、学缘结构、职称结构、能力结构等，建立起相对稳定的专家库。同时，对固定人员进行系统的专业培训，使之具有娴熟的业务技能。培训的内容包括：高等教育基本理论、高等教育管理理论、教育法学、教育评价理论与实践、计算机应用、教育统计与测量等。

（5）组织系统建设

教育评价中介组织依法独立经营，组织系统结构合理是其独立、高效运行的前提条件。情报系统主要负责收集全面、真实、有效的信息，对信息进行筛选、分类、统计、归档，并负责信息的发布；为了体现价值取向的多元化和组织的中介性，决策系统须由三方人员组成：教育评价专家、社会人士、政府官员。决策系统是教育评价中介组织的核心，其主要职能是制定方针、政策，对中介组织的重大事项进行讨论和作出决定（如审批委托评价的申请、最终审核评价报告等）；协调系统负责在评价前期，组织专家会议，建立评价小组，拟定评价标准和制订可行的评价方案。在评价过程中，调度各项人力、物力资源，协调各方面关系，负责与组织外专家的日常联络；执行系统的主要职能是进行现场评价和项目调研，撰写项目分析报告和管理建议书，草拟评价报告；监督系统负责监督评价执行过程，及时将产生的偏差反馈给决策系统，保证评价活动不脱离议定的评价方案，保证评价结果与预期的目标相一致。

4. 加强文化建设和心理调控

尽管我国政府在各种政策性文献中,都支持和鼓励社会评价的发展,但社会评价制度在我国还是迟迟没有建立起来。其深层次原因之一就是我国"官尊民卑"与"大一统"的传统文化心理在作祟。因此,必须加强文化建设和心理调控,使人们在文化心理上认可、接受社会评价,给高职社会评价制度的推进提供一个宽松的社会文化心理环境。

（1）文化建设

高职社会评价文化,是指在高职社会评价实践活动中,孕育和形成的物质形态、精神观念、法规体系的总和,它既是高职社会评价发展的产物,又是高职社会评价制度的重要内容和组成部分,包括精神文化、制度文化和物质文化三个方面。

首先,加强精神文化建设。精神文化是高职竞争意识、文明意识和责任意识汇集而成的一种群体意识,是高职社会评价文化的核心。精神文化建设要依靠舆论导向、舆论支持和舆论监督,从而使评价各方都能按照社会的价值和标准来要求自己、规范自己、完善自己,形成共同的价值观。教育评价社会中介组织要抱着对高校、社会和用人单位负责的态度,客观、公正、严格地掌握质量标准,科学制订评价指标体系,认真提出改进建议,帮助高职院校做好整改工作等。高职院校要实事求是,认真做好自评工作,积极主动参与社会评价,接受社会的质量检测,高水平、高标准严格要求自己,形成自我约束、自我发展和自我完善的机制。

其次,加强制度文化建设。制度文化是高职社会评价制度中对组织行为起规范和约束作用的各种规章制度和法律规范,它能避免各种非正常因素干扰,使社会评价依法进行,健康发展。但我国在这一方面的法规和制度建设相当落后。如《普通高等学校教育评估暂行规定》作为高等教育评价专门性的行政法规,随着经济体制、教育体制的改革,其评价形式、评价主体及机构设置等规定已不合时宜,也与《中国教育改革和发展纲要》、《关于深化教育改革全面推进素质教育的决定》的精神不相一致。因此,我国应该尽快出台相应的社会评价法律、法规,使社会评价走上法制化轨道。

再次,加强物质文化建设。物质文化属于表层结构,是由一系列有形的文化因素所组成。社会评价所需的各种技术、设备、设施,包括各类评价机构和中介组织,都属于物质文化范畴,它为评价活动顺利开展,提供坚实的物质基础和强大的技术支持。物质文化建设的重点是增加人力、物力、财力投入,加强社会评价技术设备的现代化改造。

(2)心理调控

高职社会评价过程的展开,必然伴随着心理机制的作用和心理现象的产生。"认知教育评价过程的心理机制,把握教育评价参与者的心理特征,调控教育评价作业中的心理状态,是提高教育评价质量、完善教育评价结果、优化教育评价效应的重要保证。"

首先是心理需要与评价障碍。

第一,安全的需要。高职社会评价的基本功能之一就是鉴别。鉴别,就会导致资源的重新配置。在分清优劣的基础上,成就卓著的将得到社会的认可,水平低劣的将受到社会的否定,这就造成高职院校的优胜劣汰。在一定程度上,对部分高职院校造成了威胁,影响了他们的安全。安全的需要,是部分高职人对社会评价产生"防卫心理"的基本因素。此外,害怕社会评价结果不准确,或者结果处理不公正,也可能强化人们的防卫心理,增强对社会评价的抵触情绪。

第二,自尊的需要。受传统文化心理和高等教育体制的影响,我国高等教育的评价制度很不完善,政府在教育评价中处于强势地位。接受政府评价时,高职院校认为是理所当然的,而对社会评价则不屑一顾,加以排斥,认为社会评价言不正、名不顺,一旦要接受社会评价就觉得自己的地位被人看轻,自尊心受到伤害。在这种情况下,他们当然不会采取合作的态度。

其次是障碍心理的调控措施。

第一,通过宣传和教育,使高职院校深刻认识和理解社会评价的意义,缓解和消除对社会评价的压力感和防御心态,使社会评价工作群众化、经常化、制度化,并成为高职发展进程中所必然经历的常规。

第二,制定切实可行的社会评价方案和政策,使社会评价工作能够对高职院校有关问题的解决有所帮助,使之感到能从中受益,从而增加主动参与社会评价的内驱力,激起内心的自觉性,从"要我评"的状态转变成"我要评"的境界。

第三,研制公正合理的社会评价指标体系,充分听取高职院校的意见,增加社会评价的透明度,使高职院校能够预见社会评价的目标期望值和效价。

第四,全面考察高职院校的成效,对其成绩,予以足够的肯定和激励,尤其是对其试验性的改革,要充分支持;对其缺点,给出正确的诊断和处方,不要挑剔、贬抑,甚至吹毛求疵;对其困难,给予认真的重视和关切;对其疑义,提供热情的咨询和参议。

四、建立产学结合机制

加强产学合作,是世界高等教育改革与发展的一大潮流,也是我国高职院校培养高技能人才的必由之路。高职教育培养的是"下得去、留得住、用得上"的本土型、"永久牌"技能型人才,它与地方经济和当地企业的发展具有良好的互动关系。例如,山东省的平渡县虽然在地理位置上没有什么优势,但自从德国的一个基金会在这里投资办了一所平渡职业技术学校后,在短短几年内,就有上百家企业纷纷在这里投资落户,而他们看中的就是这里的人力资源。正因为高职院校为区域内的企业提供了人才与技术的强力支撑,企业与学校的合作是一种"双赢",这就为建立产学结合的长效机制奠定了基础。高等职业教育产学合作的优势,就在于培养的人才具有应用性强、实际动手能力强、专业针对性强、岗位适应性强的特点，能到企业第一线工作，并能解决企业生产、管理中的各种技术问题、工艺问题、管理问题。高职院校只有通过产学合作，才能合理地设置出社会所需要的专业，增强教学过程的实践性、应用性、开放性、职业性，培养出满足职业教育要求的高水平的师资队伍，有效促进高职专业结构调整与专业建设，真正培养出社会所需的高级应用型人才。但由于高职院校办学时间相对短，办学综合实力又不如普通大学强，在现实合作教育中，有着许多不尽如人意之处，有时甚至困难重重。

（一）产学合作存在的主要障碍

1. 合作认识障碍

来自高职院校的认识障碍。虽然许多高职院校从建校一开始，就考虑产学合作项目，但主要是基于培养模式的需要和经费自筹问题来考虑的，未能真正认识到学校与企业共同进行人才培养的重要性，因而，高职院校仍然按着自己固有的模式和逻辑在培养人才。且社会和企业对于人才的需要并未能对高职院校的教学和科研活动产生根本性的影响，高职院校也未能认识到与企业合作培养人才的重要性和紧迫性，高职院校的人才培养观念，仍未能得到根本性的改变。

来自企业的认识障碍。目前湖南企业内部的科技力量虽然有所提高，但仍明显不足，大量科技资源仍在企业之外，这是大多数企业技术水平进步慢、产品缺乏竞争力的关键。这些不足主要表现为市场体系不完善，企业技术创新的动力不足，政、企尚未能完全分开，企业难以成为市场经济主体，企业科研经费投入不足，缺乏技术创新的实力，企业技术开发机构管理体制不完善，企业技术创新缺乏活力，企业更缺乏主动与高职院校进行合作的意识，企业内部缺乏协调产学合作的组织机构，合作过程中的责、权、利难以分开等。这一系列因素影响科技人员积极性的发挥，也影响产学合作的顺利进行，影响产学合作的效率。

2. 利益分配障碍

企业与高职院校合作主要是利用高职院校的科技力量和平台，来提高企业的生产力，取得经济效益。而高职院校则是为了培养人才的需要。由于产学合作是以利益为基础的，因此合作不可避免地要涉及利益分配问题。但由于高校与企业合作的利益分配机制尚未完全理顺和规范，高职院校和企业都是从各自的角度来看待利益的分配，从而形成了不同的期望值。可是在利益分配上，现实与期望又往往是相背离的，在产学合作过程中，往往双方都觉得自己吃亏，矛盾也就油然而生，最后，导致产学合作不欢而散。产学合作中出现的众多利益纠纷，已经成为产学合作的重要障碍。另外，学校的价值观，决定了它更为关注社会利益、长远利益，很少关注市场的短期需要；企业则希望获得更多的直接利益，它关注企业资金的收益，考虑企业的投资效益，由此所带来的利润目标与高职院校价值选择之间的矛盾，也必将影响到产与学之间的合作。

3. 合作目标障碍

教育行为的动机和目标与企业行为的动机和目标不完全趋同。企业的目标是生存、发展和盈利，企业的最终目标是利润。一方面，企业想通过产学合作，来提高技术和管理水平，以更低的价格提供更好的产品或者服务，将企业解决不了的问题，通过产学合作来解决，从而增加利润，促进企业发展。由于受现实用工、技术理念等方面因素的影响，高职院校优质资源对企业的吸引力较低，从技术方面看，企业缺乏技术创新动力和寻求科研成果的内在动力，缺乏大量使用高技能人才的机制。这样的目标同高职院校的目标在合作中经常会出现矛盾与冲突，尤其在关系到合作项目经费开支、合作的收益等问题的时候会更加突出。另一方面，学校追求的是培养人才的质量。高职院校与市场经济联系密切，但与企业岗位对应性强的优势尚未充分发挥。从科学研究看，与研究型大学不同，高职院校大多数是新建学校或由原来的中专学校升格而来,科研能力较弱,科研氛围不足,科研实力不强,科研成果不多,特别是能满足企业需要,尤其是中小企业和乡镇企业所需的以产值为核心的"短、平、快"的项目太少。产学合作,对高职院校老师的水平提出了更高的要求,教师要有更高的理论水平,要具有较强的实践能力。但从现实师资总体水平来看,高职院校的教师,没有普通本科院校的学术理论水平高,同时,由于承担了繁重的教学任务,参与社会实践的机会不多,达不到企业的要求,难以承担起解决生产经营难题的重任。从学生素质看,由于现行高职人才培养体系的特色不明显,有些甚至可以说是本科的"压缩",导致其在校生和毕业生的实际操作技能不强,很难满足企业对高职技能人才的需要。

4. 配套政策障碍

产学合作,是科技与经济的合作行为,应通过相应的政策和法规来调整、规范和推动,并提供必要的资金保障。为保障产学合作双方在互惠互利的前提下合作,必须有较完善的、切实可行的运行机制和保障机制。但目前宏观管理体制和政策环境不够健全,是制约或影响校企合作的关键所在。政府的管理职能不够规范,是造成目前现状的根本原因。

5. 文化障碍

一般认为高职院校属于高等学校范畴,也即大学,大学文化追求的是学术探索的特殊校园文化,而企业文化是以功利性为内涵的文化,两种文化的冲突表现在学术价值与商业价值上,在许多国家包括产学合作最早的美国都一直存在这种冲突,美国学者约琴夫.C.伯克说:"因为学术和商业有着不同的目的和取向,他们被不同人格的各种专业人员追求着。学术的目的是通过探索来发现真理并传播这些基本原则;而商业的目的则是通过畅销产品的开发和供应获得利润。学术组织寻求的是一种不变的东西——永恒的真理,而商业组织寻求的则是一种不经久的东西——能买的产品。两种不同的组织自然吸引了具有不同态度和期望的人们投身其中,许多企业家视科技产品开发和技术人员培训为他们成功的秘密,而许多学者则认为这种做法破坏了他们基础性研究的学术传统和教书育人的根本任务。"可见文化差异障碍也是产学合作中的一个问题。

(二)产学合作存在的动力问题

目前高职院校在实施产学合作教育中,还存在许多困难。有传统观念的思想阻力,有经济体制转轨时期出现的一些新矛盾,有必要的物质条件未能及时提供的困难,也有现行法律法规的制约,更重要的还在于产学合作教育的教学体制和运行机制如何适应我国国情,其客观规律尚未被充分掌握。这些困难集中表现为产学合作教育动力不足。

1.产学合作教育的互利原则未能充分实现

在市场经济条件下,任何企业都注重企业本身的经济效益。产学双方要合作,合作的基础在于是否互利。对高职院校来讲,这个"利"是为了培养合格的应用型人才,培养社会所需的创新型人才,也就是我们通常所说的社会效益;而对企业来讲,则是一个经济利益问题,这里往往是近期利益。企业通过与高职院校产学合作,希望能得到的利益大体有:一是可以得到有较高素质和一定专业知识的廉价劳动力;二是可以发现适应企业发展需要的人才,挑选企业未来的正式员工;三是可以让学校师生为企业的技术改造、产品更新、管理改革服务,从而提高经济效益;四是可以真正建立与大学的紧密联系,在技术、管理、人员培养、信息等方面得到高职院校的支持与服务;五是期望得到政府在政策和法律范围内给予的优惠。

那么,高职产学合作教育为什么没有得到企业的积极响应呢?主要原因有两点:第一,高职毕业生供大于求。企业在市场上可以任意挑选各类高职毕业生,不与学校搞产学合作,企业同样可以得到所需的人才。第二,目前的产学合作现状是企业在产学合作中没有得到明显的实惠,或者说企业在合作中得到的利益不显著,相反只是学校单方面受益。互利原则未能充分实现。因此,企业缺乏参与产学合作的积极性,从而给产学合作教育工作带来了困难。

因此,高职院校搞产学合作,一定要为企业解决好以下三个问题:一是为企业输送优秀人才,也就是企业所需的应用型人才;二是随着企业设备和技术更新,要为现有职工提供继续教育和技术培训;三是学校要利用先进的科学技术和师资优势,积极参与企业开发新产品、更新工艺装备和技术革新等工作,提高企业劳动生产率。通过产学合作,进一步开发和利用人力资源,大力开展人才培训,提高企业整体素质,使企业在参与产学合作中,获得较好的经济效益,这样,才能使产学合作教育健康、持续地发展下去。

2.经费不足给产学合作教育的实施带来了许多困难

产学合作教育的主要特征,是高职院校与企业共同培养学生。它将课堂学习与工作实践结合起来,学生将理论知识应用于现实的实践中,然后将在工作中遇到的问题和见识带回学校,促进学校的教与学。这就意味着学生除了在学校接受课堂教学外,还要到产业部门去进行生产实践活动,产业部门要提供相应的条件,协助学校完成对学生的培养。高职院校自己独立去建生产实训、实习基地,需要投入大量的基建和设备费用。高职产学合作教育培养的是应用型人才,因此学校必须与企业有更多的合作和接触,让学生有更多的机会动手操作。而目前经费不足,一直是困扰高职产学合作教育的一个重大问题。对学校来说,由于产学合作基地建设及学生、教师去产业部门实习、实训的费用,远远高于高职院校正常教育的支出。这样就给高职院校的产学合作工作带来了许多压力和困难。对学生来说,由于这种实习经费的不足,在实习过程中往往需要学生自行解决部分经费,也给学生在经济上增加了负担,从而也影响了学生的积极性。对企业来说,在产学合作教育过程中,企业除了要给学生提供正常的生产、学习场地之外,还要消耗一定的生产器材并要派出技术人员进行指导,有的还要提供劳动补贴费等,这些都需要经费的支持。而目前大多数企业在实行企业转制以后,这些费用更是无从开支,因此,对企业来说也是一件很为难的事,这必然影响了企业参与的积极性。由此可见,经费不足给产学合作教育的实施,带来了许多困难。

3. 高职院校自身实力不强,制约了产学合作工作的开展

高职教育以培养生产、建设、管理和服务一线需要的高级技术应用型人才为目标,为了实现其培养目标,高职院校就必须加强实践教学环节,就必须要有设备先进的实验室和符合要求的校内实训基地、校外实训基地。现实中,湖南高职院校的实际情况,与这实际要求的差距还非常大。

近年来,尽管高职院校加大了设备投入的力度,逐步改善了各自的办学条件。然而,由于湖南高职教育起步较晚,发展历史较短,教育经费不足,再加上高职教育观念和认识不到位,办学上,普遍存在着投入不足和办学条件相对薄弱的现实。不少学校的实验实训条件十分简陋,难以反映当今时代先进技术发展的要求和经济发展的需要。不少属于实践教学的环节和内容仅停留在简单的演示验证层面上,缺乏具有实证性和可操作性的真实实验环境和条件。由于历史的原因,目前,高职院校实验实训条件不完备,不利于搞科学实验和各种设备测试,难以为企业解决科研攻关课题,也就不能帮助企业解决发展中的关键问题。

另一方面,企业与高职院校合作,很大部分,是考虑能利用大学科技方面的优势,特别是开发新产品、技术革新、技术革命、超前研发能力的支持。而高职院校由于建校时间短,师资力量相对比较薄弱,能够解决企业发展中的技术问题、管理问题、经营问题的教授和专家很少。所以说,由于高职院校自身实力不足,从而影响了企业参与产学合作的决心和动力。

4. 缺乏政府相关的政策、法规支持

高职院校与企业产学合作,既是社会发展的需要,也是应用型人

才培养方式的需要,必须有相应的政策和法规来调整、规范和推动,并提供必要的资金保障。为保障双方在双赢互利的前提下合作,必须要有较完善的、切实可行的运行机制和保障机制。尽管政府已意识到高职教育产学合作的重要性,并且出台了许多有利于高职教育发展的政策和法规,但从高职教育发展的规模和现实要求来讲,还有相当大的差距。这就需要政府在政策、法规上继续给予大力支持和规范。比如,在企业支持学校发展上,对提供实训、实习场地的企业,对支援学校实验、实训设备的企业给予一定的税收、知识产权以及政策上的优惠和鼓励;在学校发展上,给予高职院校以更多的办学自主权,如专业设置、招生人数、培养规格等;在办学场地、实验实训设施的投入上给予更多的政策支持。而相比之下,在职业技术教育发展好的国家,高职院校同产业界的联系非常紧密,产学合作教育人才培养模式得到了广泛的采用,这和政府在政策上、投入上的支持是分不开的。如在德国,政府以法律的形式把职业技术教育与行业紧密联系在一起,规定职业院校的专业设置、教学计划、培养方案、考核标准等都要求学校与企业共同制订。企业有义务无偿提供给学校部分实验、实训等设备。另外,企业还必须向职业院校的学生提供实训、实习环境、场地指导等。政府也有专项经费支持职业院校的建设,这样促使了教育与企业的紧密结合,使得职业院校培养的人才,既满足了企业的要求,又解决了学校在办学上设备、场地、实训实习基地等不足的问题,实现了学校与企业的"双赢"。因此高职院校教育产学合作,离不开政府政策环境的培育。

5. 企业投资并参与合作办学的积极性不高

良好的合作关系,是形成良好产学合作的基石。而在湖南尚未形成这种良好的产学合作关系。从企业方面来看,企业对产学合作教育的热情不高。原因之一是多数企业求稳、怕动,不愿意去冒应用科技成果的风险来进行创新。另外,长期来形成的政府行政干预,容易造成企业的"寻租效应",这也导致企业无需进行技术创新。

另外,企业的短期行为严重。长期的计划经济,养成企业只重视短期利益的心态,不重视创新,不重视企业文化。不少企业着眼于自己眼前的利润,很少重视对企业的长远发展,特别是对有意义的科技进步工作不够重视。只要产品有销路,就不愿意花力气吸收引进新技术,不愿开发和设计新产品,只是在企业难以继续生存的情况下,才会想到靠先进的科学技术渡难关,而一旦有了转机,又会对合作创新弃之不顾,从而使产学合作难以大规模发展起来。

办好高职教育必须依托行业和企业办学。而现在企业并没有参与到学校的主体工作中去,如没有参与专业的设置、教学计划的制订、课程的设置、教学内容的安排及没有选派高水平的专业技术人员担任指导教师。校企联合基础薄弱,影响了产学合作教育工作的开展。

6.传统教育观念,给产学合作教育造成了许多误区

在产学合作过程中,人才培养是高职院校和产业部门共同实施的,学校和产业部门之间不仅存在着"服务"和"依靠"的关系,而且要共同参与人才培养的过程。但长期的传统办学思想,习惯的理论教学和教师本身的特长,使不少高职院校采取封闭的消极的办学模式。传统观念给产学合作教育造成许多误区:

企业的认识误区。由于长期来我国学校都是政府统一包办,因此,企业普遍认为教育是政府的事,是学校的事,与企业无关。有不少人认为,学生应该由国家培养,企业不用参与。因为企业只是用人单位,没有必要出面搞教育;还有些人怕搞教育影响企业效益,因为效益是企业的命根子;还有些企业领导人的短视观念严重,他们根本没有企业发展的概念,再加上领导工作上的不连续性,对经济建设真正转到靠科技进步和提高劳动者素质轨道上来的战略决策认识不足,缺乏紧迫感;还有相当一部分人的全局观念十分淡薄,影响了企业参与产学合作的积极性。

高职院校的认识误区。一是忽视人才素质的全面培养。湖南高

职院校开展的产学合作,主要是建立实训基地,寻找专业对口的岗位、岗位群和相应任务,并作为整个教育计划中的专业教学实践环节来安排的,其主要目标是提高学生的专业实践能力、动手能力,达到与企业零距离的目的,但很少着眼于人才基本素质的提高。这样就把贯彻全面发展教育方针的一个重要方面——生产实践与社会实践,局限于提高业务能力、实践能力的教育环节。二是忽视开拓进取、开拓创新。认为教育是国家的事,高职教育有多少经费办多少事。对产学研基地的建设、对实训设备的配置等工作都存在"等、靠、拖"思想,缺乏主动进取、开拓创新精神,影响了高职产学合作工作的开展。

(三)构建起产与学的结合机制

只有找准动力之源,建立产学合作的动力机制,才能真正驱动成功的产学合作。高职产学合作具体需要建立以下几种机制:

1. 结合机制

产学结合机制是指高职院校与企业双方以生存和发展的共同愿望为基础,以人才、技术、效益为结合点,以充分发挥各自优势为条件,遵循市场经济规律、教育规律和科技发展规律,逐步形成互利互补、良性循环、共同发展的合作关系的制度,使产学合作实践从盲目走向自觉,使理论从含混趋于清晰,形成产学合作的循环加速机制。一方面,高职教育旨在培养生产、建设、管理、服务第一线的高级技术应用型人才,这一目标决定了高职教育应按照经济建设第一线的职业岗位(群)或技术领域对应用型人才的要求来培养人。高职院校与企业必须有近距离乃至零距离的相互渗透。另一方面,高职院校拥有明显的科技优势,企业通过与高职院校合作,优势互补,可以增强企业的技术开发、技术创新能力,增强综合竞争能力。产学合作的结合点在于学校的专业建设,主要表现为教学(科研)与生产的结合,理论与实践的结合(即理论原理与生产实际的结合、理论研究与应用研究的结合、学习书本知识与投身社会实践的结合），教育与生产劳动的结合（包括学校教育与社会教育的结合，传授知识与培养实践能力、创新精神的结合，互动教育与自我教育的结合）等。

2. 动力机制

产学合作动力机制包括共同目标的驱动力、双方利益的驱动力。动力机制是能够促使和推动产和学两方面走到一起并实施合作的机制。因此，要取得产学合作教育的合作成功，充分调动起产学双方的积极性，必须找到双方利益结合点，建立起动力机制，方能达成持久、稳固、有效的产学合作。建立产学合作的动力机制，即是要形成学校与企业相互满足对方利益，达到双赢的合作过程与方式。在当前高职产学合作教育面临严峻挑战的情况下，要充分认识到在产学合作中，高职院校与企业在认识上和动力上的差异性，切实解决产学合作教育中存在的各种动力问题，在外部条件上创造条件，支持高职院校开展产学合作工作，从内部因素上要调动各方的积极性，建立有利于高职院校开展产学合作教育的动力机制，保证教育质量。

产学合作的动力源于合作领域内的总目标和根本利益的一致性，源于高质量的产品，并通过科学技术这一中介，将双方的利益捆在一起，通过优势互补而达到共同发展。从发展的角度看，一方面，通过产学合作对企业人才的培养，不仅可以使企业实现科技能力的腾飞和综合实力的增强，还可作为长远投资，为企业节省很多未来预期成本。另一方面，通过合作使企业的技术创新与高职院校的科学创新相统一，使企业在合作中获得符合企业要求且具有创新性的关键技术。而产学合作对高职院校产生的效益就更加明显。关于合作的动力机制，核心在于坚持"优势互补、互利互惠、共谋发展"的原则，形成合作"磁场"，构成完整的动力系统。

3. 选择机制

形成一种可以长期合作的联合体，关键是选择合适的合作伙伴。双方在合作前要有一个理性的调研过程，正确定位合作项目和合作领域。如必须明确"为什么联合"、"联合的目标是什么"、"合作的优势是什么"、"如何联合"、"联合的条件怎样"等。综合上述问题可以归纳为以下几个原则：共同目标原则，学校与企业达成共识，双方具有合作的共同的目标，共同的意向、意愿和共同的价值观；优势互补原则，联合不仅在于双方或多方力量的相加，而且在于双方或多方的优势互补，使力量倍增，如果没有这种倍增的效应，合作也就黯然失色了；良好信誉原则，信誉良好的合作伙伴，可以减少风险，而不讲信誉，是合作的天敌。

4. 组织机制

产学合作包括人才培养、技术创新、资金投入等方面的问题，很多问题完全不是学校或企业单方面能够完成的，要保障其正常建立和运行，需要建立和完善由政府牵头设立的组织管理协调机构及高技能人才校企合作培养制度，可由政府及有关部门负责人、企业行业和职业院校代表，以及有关方面专家组成高技能人才校企合作培养协调指导委员会，研究制订校企合作培养高技能人才的发展规划，确定培养方向和目标，指导和协调学校与企业开展合作，组织和推动产学合作项目的实际落实。该机构的主要职能是协调生产部门、高职院校和科研机构三方的利益，在资金投入、合作方式与渠道以及具体细节问题上给予管理和协调，督促每一个产学研合作项目的落实。如建立"高职产学合作指导委员会"，由政府有关职能部门和学校、企业三方组成。机构中设立若干工作组，具体组织学生参与企业组织的生产（经营），处理实践教学过程中的各种矛盾和问题，完成对学生的实践技能的考核。各专业工作组，由专业教师、企业技术人员、思想工作者、企业一线职工和部分学生骨干组成。此外，每个学生的工作岗位都必须配备专门的导师或"师傅"，以帮助解决生产（经营）过程中的实际问题，帮助其完成实践技能训练计划。对于以资金投入为主的产学合作，则应在政府的调控下，成立按企业化运行的董事会，形成"合作自愿，意志共同，优势互补，风险共担，分配公平，产权清晰,共同发展"的组织机制,做到管理科学化、决策民主化。

5. 投入机制

产学合作的投入包括人力、物力和财力三部分。人力投入主要是实训指导教师队伍的组建及配置问题,以学校的专业教师为主,同时企业的技术人员必须辅助参与,共同参与实训计划、技能培养方案及考核办法等的制订和执行。物力投入包括两个方面,一是产业组织(企业)的投入,产业组织可以充分利用已有的生产(经营)资料,为学生开展实训教学活动提供场所、基础设施和设备;二是学校的投入,投入必需的教学基本器具和物资,保证正常实训教学之所需。财力投入包括政府、企业、学校三方的共同投入。一是政府的投入,主要是实训基地建设的投入;二是企业的投入,企业为学校教学基础设施建设、仪器设备、学生的实训提供经费支持(投资、捐款、合资等);三是学校的投入,学校为完成实践教学的资金投入,以及学生为完成学业所承担的经费投入。三方面投入的比例合理,将会促进产学合作教育的深入发展。因此,可以说,财力投入是产学合作中全部投入的核心,也是产学合作成功的保障。要保持投入的持续稳定,需要政府的宏观调控,需要建立和完善产学合作的利益调整机制,如企业财力投入的前提、基础和回报,企业技术人员指导教师的劳动回报,学生实训指导教师在学校内部所处的地位和待遇,学校师生为企业提供专业技术劳动和技术支持等各项支持的前提条件,企业与学校双方共同促进生产、经营和销售活动或拓宽对外服务渠道的利益分配等。

6. 就业用人机制

高职院校培养的是应用型人才,其就业方向主要是企业,因此建立学校和企业在培养和用人上的合作关系有着重要的意义。开展产学合作工作后,学校与企业互相合作、互相了解,在人才培养上可以及时沟通、及时调整。因此,企业需要什么样的人,学校就可以培养什么样的人。建立以企业和社会需要为导向的招生就业机制,是高职院校办学特色和活力的重要一环。如建立以企业需求为导向的订单培养机制，以特殊行业需求为目标的定向招生、定向就业机制，以企业人才急需和特殊岗位要求的"预就业制"以及为适应市场经济不断变化的"弹性学制"等机制。通过建立这些机制从而使学校学生的就业和企业发展上的用人实现积极的互动和协调，达到供求关系上的双赢，并克服学校办学、招生上的盲目性以及企业进人、用人上的人才浪费或人才短缺等弊病。

7. 政府的保障机制

虽然产学合作是企业、高校双方优势互补的自主行为，但目前因政府在政策上支持的力度还不够大，企业参与产学合作的积极性不高。因此，政府的提倡、推动、组织、协调、激励对产学合作能正常、深入、有效的开展，具有不可替代的作用。首先，政府应充分发挥宏观调控职能，协调双方利益关系，大力倡导并积极鼓励产学合作。从全局、整体、长远的角度，尽快制定相应的政策、法规，以引导和激励双方的合作，如实行鼓励高新技术产业发展的优惠政策，将极大地调动企业进行产学合作创新的积极性。其次，政府应以资金为杠杆，制定向产学合作领域倾斜的政策，鼓励和引导企业积极参与产学合作，并使产学合作教育向纵深发展，如在资金来源渠道方面，政府应宣传和鼓励社会各方（主要是企业部门）通过捐资助学、社会赠与以及税前列支等多方筹措资金，设立产学合作专项基金；利用政府职能为进行产学合作的企业提供多种政策上的优惠和便利等。第三，政府还应制定和完善相应的政策法规，通过法律、法规、制度、合同、协议、考核、评估等来约束各方的合作行为，提高合作的自觉性，维护各方的共同利益，使合作得以健康、稳定、持续的发展，产学合作是双赢的，但学校注重的是教学与科研，其效益具有滞后性，而企业看重的是商业价值和实际效益，具有即时性，因而在合作时会有些矛盾，需要经历一个适应期和磨合期。但只要政府重视，措施得力；合作双方有良好的合作动机与愿望，有相互适应和谅解的诚意，着眼于长远效益，产学合作双赢是具有很大发展空间的。

8. 实训基地建设机制

加强高职院校教学基地建设,是培养合格高等技术应用型人才的必备条件之一,是高职教育质量和特色的重要保证。因此,必须建立政府、学校、企业共同建立实习、实训基地的机制。在校内可以引进企业,把企业办在学校,这样,这个基地既是实际生产基地,也是学生生产性的实训基地,基地的管理模式可以走市场化运作、企业化管理之路,要积极鼓励社会资金以校企股份制等多种形式发展。有了基地,可以有效地保证实习、实训环境贴近生产第一线,也可以提高学生的动手能力。同时,也能不断保持实习、实训设备和工艺的先进性和前沿性。从中央到地方政府都非常重视这个问题,并提出了建立实训基地建设的办法和具体要求,提出政府投入一部分、企业投入一部分、学校也投入一部分。这样的实训基地投入机制有利于提高高职教育质量。产学合作建立的实验、实训基地,对学校来说,一是可以解决学生动手能力和工程实践能力的培养问题;二是可以弥补学校办学经费上的不足;三是通过实训基地可以建立学校与企业在科研和技术创新等方面的交流与合作。也为学校教师深入实际、深入生产第一线提供有利条件。而对企业来说,产学合作的实训基地的建设,一是可以树立企业的形象和品质;二是可以使学校培养的学生毕业后能更快地适应企业的生产设备和技术工作、管理工作,缩短上岗后的"磨合期";三是可以对员工进行技术培训、社会职业培训和鉴定等。因此,共同投资建立学校与企业共赢的实训基地,是保证高职院校和企业长期有效合作、落实应用型人才培养的重要基础。

9. 评估机制

产学合作的评估,是保证产学结合人才培养成效的重要环节,起着重要的导向作用。在发展初期,产学合作教育持续、健康发展需要建立一套科学合理的评估机制,从而可对其进行综合检验与评估。而产学合作的内涵与外延极其复杂,有软指标,包括培养人才的质量、管理科学化的程度等;也有硬指标,如培养人才的数量、效益、合作企业的成本、产值等,只有通过有效的评价机制,才能够检验产学合作办学形式的正确与否、效率快慢、效果好坏、效益高低及其成熟程度等。

建立评价机制,目前要解决好以下几个方面的问题:一是建立完善的评估体系,包括评估内容、评估标准、评估统计方法等。这需要组织专家认真的研究,并多听企业、学校、学生、政府部门以及教育主管部门的意见。二是成立评估组织。评估是一项复杂的系统工程,评估工作由谁来组织,如何实施,是值得研究的。首先,要建立评估组织机构。这个机构是以政府部门为主,还是成立专门的组织,或者委托社会有信誉的中介机构来负责,这需要很好的研究。其次是评估的过程实施。合作教育的法人主体有两个:一是学校,二是企业,参与合作教育的人员也较多,有教师、学生、学校和企业的领导者以及双方的管理者等,涉及的因素很多,所以评估的过程是一个极其复杂的过程,需要很好的设计、规划和组织。只有合理、有效、有序地组织评估工作,才能使评估产生良好的社会效益和利益价值。三是评估结果的处理。评估结果出来后如何处理,也是一项重要工作,处理得好,会促进合作教育的发展,处理得不好,会影响到合作教育的健康发展。高职院校与企业也应该制订各自开展产学合作教育工作的具体评价指标,纳入各自的质量保障体系中,以不断检验、改进产学合作办学的各项工作。

五、完善"专升本"机制

(一)我国高职院校"专升本"制度与美国社区学院双重功能的比较

我国高职院校的办学层次和办学性质与美国社区学院十分类似,美国创建和发展社区学院有许多成功经验。古人云:他山之石可以攻玉。特别是美国社区学院同时具有升学与就业双重功能的宝贵经验,对"两型社会"建设中的高职院校的改革与发展,提供了非常有益的启示。对此,我们可以就基本功能加以比较。

美国社区学院的转学教育功能,能够为更多的美国青年上四年制学院或大学,创造"第二次机会",由此形成"2+2"专本衔接模式。转学教育,使得社区学院和大学之间的关系变得相当密切,使许多受各种限制不能直接进入四年制学院的学生能够把社区学院作为通向学士学位的跳板,社区学院为这类学生提供了更多的入学机会;转学教育,是保持美国高等教育活力的重要环节,对学生个人乃至对整个高等教育系统仍是不可缺少的。美国社区学院开设的职业性课程十分注重其实用性,针对社会需求设置课程,使学生学到某种专业技能和知识,毕业后能有就业机会,从而提高就业率。因此深受学生、家长和用人单位的欢迎,成为社区学院分量最重、就学人数最多的教育事业。职业教育和转学教育没有明显的分轨,二者紧密结合、互相促进,与其他功能同时运作,融合于普通教育体系之中,共同推动美国社区学院的发展。这种"单轨制"模式成为美国社区学院的基本特征。

美国社区学院的双重功能,奠定了社区学院在美国高等教育体系中的重要地位。它能够从各个方面满足不同人的不同的受教育目的,较好地解决了人们升学与就业的教育需求,适应了美国社会经济发展对不同层次人才的客观需求,使得美国高等教育多样化特征更为丰满和突显。总的说来,美国社区学院的双重功能,是和谐并进的。即使是在某个特殊历史时期,由于社会需要或人为因素的不同,社区学院在加强其中某一种功能的同时,也始终关注相对削弱的另一功能,并予以协调,使二者能够和谐并进,不至于走向极端。同时,双重功能的协调,也得到国家政策保证和法律支持。

我国"专升本"制度与美国社区学院的双重功能相比,最大区别在于:两者的选拔机制不同。美国社区学院实行开放式入学,对所有想接受本科教育的人,敞开大门,不需要入学考试,只要有高中文凭或肄业证书,甚至没有这些证书也想学习的人,都可以在社区学院注册学习四年制大学一、二年级的课程,只要获得足够的学分,就可以直接转学到四年制大学三年级继续学习深造,攻读学士学位。这种开放式专本衔接模式,充分体现了公民接受高等教育的民主权利,为社区学院学生开辟了光明的发展前景,实现了千千万万民众的大学梦,受到美国民众的普遍欢迎和拥护。我国"专升本"实行严格的考试选拔制度,"专升本"的学生必须是通过两次省级以上的统一考试,方能进入本科院校学习。首先是通过高考进入高职院校学习,然后通过"专升本"统考进入本科院校学习。同时为了控制报考人数,各省、市一般都对"专升本"报考条件做了严格的规定,如要求考生在校学习期间基础课每科成绩须在合格以上,专业课每科成绩须在良好以上等。这些规定增加了高职学生参加"专升本"考试的难度。考试选拔制度的优点是能够确保生源质量,把优秀的高职学生输送到本科院校学习。这一优点集中体现了"专升本"制度的中国特色。和美国的社区学院一样,我国高等职业教育"专升本"制度,也是服务于地方社会经济发展需要的。在湖南已经具备了一个地区除了有一所普通高校之外,还有一所高等职业技术学院的良好教育结构布局。这种"专升本"制度,一方面可以培养社会和社区急需的实用专业技术人才,另一方面也可以给更多的学生创造更多的深造机会,为每年为数众多的高考失意青年,提供继续深造的希望,并指出了一条可行的途径弥补我国高考制度"一考定终身"所带来的遗憾。

(二)我国"专升本"制度存在的不足

20世纪90年代中期起,北京、上海等20余个省市实行"中期选拔"政策,即通常所说的"专升本"政策,按全日制在校二年级高职高专学生的一定比例,通过省(市)级统一考试选拔优秀高职高专学生升入相同或相近本科专业三年级学习。学习期满,成绩合格者颁发本科毕业证书,符合学士学位授予条件者,经论文答辩合格后,授予学士学位。"专升本"的考试录取工作,在省(市)级招生委员会统一领导下进行,根据考生的统考成绩,按照公平、公正、公开的原则,从高分到低分录取。我国高职院校的"专升本"制度,具有中国特色,它虽然也吸收了国外职业教育的一些经验,但是根据我国具体实际设计的,运作的时间不长,在实施过程中,还存在一些问题需要完善。

首先,"专升本"制度所表现出来的转学教育功能远远落后于职业教育功能。这首先表现在我国高职院校的"专升本"受制度限制,升学名额太少,一般就是5%～10%的比例。而美国社区学院的转学教育实行开放式办学,根本没有名额限制,转学学生比例即使在衰落阶段也在30%以上,在兴盛时期更是达到70%,远远高于我国的"专升本"比例。名额限制束缚了学生的选择和发展空间。在一些学校,"专升本"制度,从某种意义上充当了类似"高考指挥棒"的角色,对高职高专院校的正常教学和管理形成了一定的冲击。一方面,有的学生把"专升本"考试和学习看得很重,却忽视自己专科专业的学习和实训,降低了对实践、实训环节学习的要求,在一定程度上,影响了学生的全面发展及综合素质的培养。另一方面,一些高职高专院校把提高升本率看做是重要的形象工程,而不是把精力投入到办出高职高专教育的特色上,长此以往,势必影响高职教育的健康发展。

其次,"专升本"制度还缺乏国家政策和法律的保障。2006年1月24日教育部和国家发改委出台的《关于编报2006年普通高等教育分学校分专业招生计划的通知》规定:各地普通专升本教育的招生规模要严格控制在当年省属高校高职(专科)应届毕业生的5%以内,并纳入国家下达的普通本科教育总规模内;"985工程"和"211工程"重点建设的高校、独立学院和民办院校原则上,不举办普通"专升本"教育。"专升本"的名额本来就少,不能满足高职学生的实际需要,这一限制性规定使"专升本"的通道变得更狭窄了。这一比例与高职学生的实际需要相差甚远。而且因为缺乏强有力的国家政策和法律作为后盾，"专升本"制度只在部分普通高校得以实施，在很多著名高校，"专升本"制度得不到贯彻，主要借口是高职学生生源素质较差，学校的教学资源有限，容易影响学校的整体教学水平等。

再次，实施"专升本"制度中存在知识衔接不畅的问题。尽管"专升本"的学生在过去专科阶段的学习中，也有过类似的基础理论课程，但由于要求的广度和深度与本科不一样，基础较为薄弱，进入本科阶段学习后，存在前后课程知识无法衔接的问题，最终达不到培养目标与培养规格：一方面理论基础薄弱，另一方面实践能力不足，不能满足社会需要。由于在培养人才的方案上，高职院校大多还只能培养初级技术人才，层次低且范围窄，专业也很受限，加上职业教育的缩水或走样，在接受具有合格教学质量的职业教育的权益方面得不到保障，使得这部分高职学生毕业时的市场竞争力、个人对回报率的预期值等大打折扣。很多高职院校与接受"专升本"学生的本科学校之间在协议上也难以达成一致。

最后，"专升本"制度还缺乏完善的学历（学位）体系保障。纵观世界先进国家和地区，它们的职业教育发展也经历了由专科向本科延伸的过程。如美国在 1969 年开始授予职业技术学位；英国自 1994 年以来实行以多级职业资格证书取代各级学历（学位）证书，使接受职业教育的学生有机会一直攻读至博士学位；德国、法国、韩国等也都分别建立了类似的学位授予体制；我国台湾地区自 1974 年开始举办本科层次的技术教育，目前已发展成为上至硕士、博士等多层次技术教育体系。综合来看，世界经济水平发达的国家和地区都已普遍建立了完善的职业教育升学体系，并且接受高等职业教育的人数也在逐年递增，基本接近同期接受高等教育人数的一半，同时它们职业教育的培养目标也正朝着高层次、复合化方向转移。而我国"专升本"制度却不能让高职毕业生得到一纸学位证书，这也影响了我国高职毕业生的就业和发展。因为在当前这个强调就业准入制度的时代，离开了学历（学位）证书，就难以进入就业的门槛。

"专升本"制度,是构建我国高等教育立交桥的重要举措,为高职高专院校带来了无限生机和活力。高职高专生不必为自己的专科学历层次低而犯愁,只要勤奋努力,升入本科已不再是梦想;高职院校也不必为自己正名,其办学实力和办学质量的优劣与否,专升本升学率就是一块试金石。

(三)完善高职院校"专升本"制度

1. 完善"专升本"制度的意义

《中共中央国务院关于深化教育改革,全面推进素质教育的决定》指出,"构建与社会主义市场经济体制和教育内在规律相适应、不同类型教育相互沟通、相互衔接的教育体制,为学校毕业生提供继续学习深造的机会"。教育部在《面向21世纪教育振兴行动计划》中也明确提出要逐步建立普通高等教育和职业技术教育之间的立交桥,允许职业技术院校的毕业生经过考试接受高一级学历教育。改进和完善"专升本"制度,对于我国高等职业教育改革将产生积极作用。

第一,改进和完善"专升本"制度,为高职学生提供接受本科教育的"第二次机会",满足高职学生深造的迫切愿望,可以最大限度地发掘个人潜能,提高学习的积极性。它可以从一个侧面弥补我国现行高考制度"一考定终身"的不足,避免学术性优秀人才被埋没,还可以再一次推迟就业时间。

第二,改进和完善"专升本"制度,有利于增加高职院校的教育功能,拓展高职院校的办学领域和发展空间,彻底改变高职院校的"单一性",真正实现高职院校功能多元化和办学目标多样化,建立起专科教育与本科教育、普通高等教育与职业技术教育相互沟通、相互衔接的"立交桥",促进高等职业教育持续、健康发展。

第三,改进和完善"专升本"制度,有利于高职院校发挥自然分流的"冷却功能"。通过"专升本"的第二次选拔,逐渐使多数高职学生进一步认清自己的能力特长、兴趣爱好,冷却追求本科文凭的热情,消除"怀才不遇"的愤世情绪，转而更加坚定学好职业技术课程的决心和信心。这样，"专升本"无形中起到分流专科教育与本科教育、职业教育与普通高等教育的作用，在一定程度上，冷却了高职学生的消极不满情绪。

第四，改进和完善"专升本"制度，有利于我国高等职业教育朝着高层次复合化方向发展。高等职业教育是由专科、本科和研究生层次构成的职业教育体系。世界经济发达国家和地区都已普遍建立了较完善的职业教育升学体系，形成了由专科向本科乃至研究生教育的升学机制，如美国、英国、德国、法国以及我国台湾地区等，都分别建立了以专科为起点直至硕士、博士的多层次职业教育体系。构建中国特色的"专升本"制度，完全符合世界高等职业教育发展的趋势。

第五，改进和完善"专升本"制度，有利于知识经济时代我国高等教育结构的调整。知识经济将深刻地改变人类的生产和生活方式。知识经济时代最明显的特征是经济的增长主要依赖以科学技术为核心的知识。我国目前正处于经济快速上升阶段，随着经济结构、产业结构和就业结构的不断调整，必然要求高等教育结构也随之进行调整，这种调整，客观上要求人们接受教育的程度向更高层次延伸，通过提高学历层次，增强自身的竞争力，从而适应知识经济时代对人才的要求。构建中国特色的"专升本"制度，符合知识经济时代我国高等教育结构调整的需要。

第六，改进和完善"专升本"制度，有利于认真落实党中央国务院关于以人为本、和谐发展、办好人民满意的教育的基本指导方针。党的十六大提出的科学发展观，核心是以人为本、和谐发展，十七大报告提出让人民群众"学有所教"、"办好人民满意的教育"，把我国从人口大国建设成为人力资源强国。党中央、国务院关于我国教育发展的基本指导方针，充分体现了保障广大人民群众的教育权利，坚定不移地走高等教育大众化的发展方向。改进和完善"专升本"制度，让高职学生"学有所教"，充分体现教育公平，符合高等教育大众化发展方向,有利于促进人与社会的和谐发展。

最近十多年来,我国高职院校实行"专升本"选拔工作的实践,对建立"不同类型教育相互沟通、相互衔接的教育体制"、构建"普通高等教育和职业技术教育之间的立交桥"进行了积极探索,并取得了初步的成功经验。理论和实践探索均表明,构建中国特色的"专升本"制度,是建立专科教育与本科教育、普通高等教育和职业技术教育相互沟通、相互衔接的"立交桥"的有效途径,也是我国高职院校深化改革的必由之路。

2. 改进和完善"专升本"制度的目标

改进和完善"专升本"制度的主要目标是,改变高职院校的"单一性",实行就业与升学并举,把转学教育作为高职院校的主要教育功能和办学目标之一,为高职学生提供接受本科教育的"第二次机会",为高职院校创造更广阔的发展空间,促进高等职业教育在"两型社会"建设中持续、健康地发展。实现这一目标,需要切实转变观念,重新审视我国现行的"专升本"政策,厘清改革发展的思路,修改和完善限制"专升本"发展的政策规定,进一步拓宽"专升本"的渠道和范围,建立起专科教育与本科教育、普通高等教育与职业技术教育相互沟通、相互衔接的教育体制,激发高职学生的学习积极性,激励高职院校的办学积极性,办好人民满意的高等职业教育。

3. 改进和完善"专升本"制度的步骤

从目前的教育体系来看,高职学生教育几乎是横向不贯通,纵向不提升的终结性教育。作为"两型社会"的试点,湖南高职院校可加大改革的力度,给予高职教育更多的发展提升空间。

首先,要实行学分制,实现普、职教之间的立交互通。在这方面,美国社区学院给了我们很好的启示,进入职教系列,如果具备条件,并不影响接受高一级的普教,反之亦然,普、职之间在各个不同的层次上都畅达互通。这种结构比我国目前的单线定向的做法更加科学合理。实行学分制,将高职院校的学习课程分解为若干个学分,根据高职学生学分的"积攒"情况,确定其是否能升入本科院校。实行学分制的最大益处在于学校与学校、学生与学校双方可以通过学分互认的形式,在不同高等教育类型、层次之间相互沟通、相互衔接,能够较全面地反映学生的学习能力和学习水平,避免一次性考试的随机性。这也是国际通用的高等教育人才选拔方式之一。它更加照顾了人的发展变化的特点,能随时为学生提供适合自己发展的学业选择,能够消除一次性选择带来的盲目和被动,也更加体现了普教和职教的平等,不会人为地制造对职教的歧视。

其次,要完善职教办学的层次结构,为人们充分发展潜能提供平等机会。不管是普教还是职教,都应当考虑为人们充分发展潜能提供平等机会。目前,全社会都在关注"教育公平",公平的关键在"接受教育机会的公平"。目前,我国职教层次只有职高到高职(相当于高中到大专),与普教的层次不相对应。这种体系的消极影响极为严重,一方面,它人为地剥夺了职教群体享受更高层次教育的机会和权利,抑制了其进取的积极性。另一方面,这无异于向社会表明了职教是次等教育,不需要更高层次;职校学生是差等生,不配享受更高层次的教育。所以,不管是从教育体系中普、职教育之间的关系,还是从受教育者应得的权力与机会,或是从提高职教的社会地位来考虑,都应当纵向延伸职教的办学层次结构。当然,应当承认职教和普教各有自身规律,职教硬套普教的层次未必科学。但是,作为面向所有人的教育体系,在层次结构上,应当互相对应。在这方面,德、奥两国的经验亦可借鉴。奥地利高等专科学院,颁发附有"FH"字样的硕士学位。在德国,专科大学的学历被认为达到了大学学历标准,并得到欧盟承认,后来又承认了"职业学院"与专科大学等值。这样就为接受不同教育的人提供了平等的发展机会。

再次,设立副学士学位,规范高职。我国现行的学位制度由学士、硕士、博士三级构成,学士对应本科教育,硕士和博士对应研究生教育,只有高职高专这一层级没有设立学位。三级学位制度将高职高专这一层级拒之门外,既不符合我国高等教育的实际,也不利于高等教育的健康发展。学位制度,是高等教育制度的重要组成部分,是"国家或高等学校以学术水平为衡量标准,通过授予一定称号来表明专门人才知识能力等级的制度"。国家设立学位制度的目的,是促进高等教育质量的提高,为选拔和使用不同层次人才,提供学术上的依据。学位制度作为与高等教育制度相配套的制度,理应涵盖整个高等教育系统,以使学位结构与高等教育结构相匹配。我国高职高专的人才培养目标,要求毕业生具有基础理论适度、技术应用能力强、知识面较宽、素质高等特点,高职高专毕业生所掌握的主要是实践性、应用性的知识,是应用的学术。所以,设立副学士学位,把高职高专教育纳入学位制度范畴,是完善我国现行学位制度的必要举措。

设立副学士学位,对于改进和完善"专升本"制度具有很强的现实意义。首先,副学士学位的设置,使我国学位制度由三级制转变为四级制,增加了不同层级人才培养的梯度,丰富和完善了现行学位制度;其次,副学士学位的设置,有利于建立起与普通高等教育体系,既相互独立又相互关联的高等职业教育体系,使广大高职高专毕业生有机会进入学位通道,适应社会和学生对高等教育的多样化需求;第三,副学士学位的设置,有利于规范高职院校的办学水准,提高教学质量,全面推动高职高专教育改革,为培养大批优秀的高技能应用型人才,提供学位制度的保障;第四,副学士学位的设置,可以有效地提高职业教育的社会地位和声誉,提高社会对职业教育的认同度,逐步摆脱被"歧视"的尴尬处境。

设立副学士学位的关键,是确保质量的问题。质量对一个新学位的确立和发展,起着生死攸关的作用。国家应制定副学士学位授予标准,使用一些具体的学术水平衡量指导(如课程要求、考试成绩、综合素质等),切实保障学位质量,对高职院校要评估在先,授权颁发学位在后,并建立有效的质量监控机制,以便通过一定时期的运作,使社会、民众、高校、学生均认可和接受这一新的学位。美国是世界上副学士学位设置最早、也是发展最充分的国家,受其影响,英国、澳大利亚、加拿大、印度尼西亚、菲律宾、泰国、韩国、我国香港、我国台湾也均设置了副学士学位,这一学位的设置必将成为国际上共同的趋势。

这样,中学毕业生可以按自己的实际情况,在两类教育中作出选择,而不是在考试成绩不理想,进入不了本科的情况下,迫不得已去职业院校,戴着失败的枷锁,在高职混几年。无论是从心理,还是学历地位,给高职学生更多的提升空间,对稳定高职教育、稳定未来职业、提升高技能人才质量、培养更高层次的人才打下基础,都是大有好处的。

第五章 建设"两型社会"中的特色高职院校

作为建设"两型社会"的改革实验区,湖南高职院校要以服务"两型社会"建设为宗旨,根据湖南经济发展的要求,推进自身改革与建设,面向社会和市场,抢抓机遇,迎接挑战,大胆探索,积极创新,提升办学质量,优化人才培养方案,加大人才培养力度,大力推进产学研结合,以人才和科技进步为支撑,推动湖南"两型社会"建设。

一、明确服务"两型社会"建设的发展理念

(一)以转变思想观念为先导,确立新的办学理念

"两型社会"建设这无疑为高职院校培养人才目标增添了新的内容,同时也给高职教育提出了新的要求。高职院校要以"两型社会"建设和《国家中长期教育改革和发展规划纲要(2010—2020 年)》为指导,主动适应经济和社会发展需要,以就业为导向,明确办学目标,加大人才培养模式的改革力度,坚持培养面向生产、建设、管理、服务第一线需要的"下得去、留得住、用得上",实践能力强,具有良好职业道德的高技能人才。同时高职院校要按照"两型社会"的要求推进自身改革与建设,实现经济、社会的双赢发展。

高职院校要坚持以市场为导向、走特色办学之路。主要表现为:面向社会和市场,抢抓机遇,迎接挑战,大胆探索,将自己的重点专

业、特色专业做强;提升专业办学质量,优化人才培养方案,加大人才培养力度,培养应用型人才,加强自主创新,大力推进产学研结合,以人才和科技进步为支撑推动"两型社会"建设。

1. 大力弘扬"资源节约和环境友好"的新文化

加大宣传教育力度。在"两型社会"的建设中,高职院校应将现代化的高校文化融入到"两型社会"新文化中,促进与"两型社会"相适应的文化和伦理道德体系的建立,从而为"两型社会"的建设注入强大的文化活力和精神动力。高职院校要积极开展建设"资源节约和环境友好"的宣传教育,增强节约资源和保护环境的责任感和紧迫感,使节约意识进一步深入人心,努力营造建设资源节约型和环境保护型社会的良好氛围。

树立"节约能源资源"新风尚。要自觉执行"资源开发与节约并重,把节约放在首位"的方针,积极开展资源节约和环境保护的公益活动,如通过"假期社会实践"和"青年志愿者"活动,动员身边所有的人一起加入到节约资源的行动中来,让节约行动走进千家万户,走进社会公民的每一天生活中,使节约在全社会蔚然成风。

积极倡导绿色文明。树立"生态文明"新观念,提倡有利于节约资源和保护环境的生活方式和消费方式。增强生态保护意识,人人争做植绿、护绿的模范。同时倡导绿色生活方式,倡导绿色消费,引导合理消费,反对盲目、过度和奢侈消费。

2. 努力培养"两型社会"所需人才

建设适应"两型社会"需要的专业体系。高职教育培养的是高等应用型技术人才和管理人才,与市场、职业、行业、产业、技术等有着更直接和更紧密的关联,其专业具有较强的职业定向性和针对性。为此高职院校要以市场为导向调整现有的专业布局,兼顾教育教学规律、专业灵活性和"两型社会"发展需要之间的关系,使各专业之间、各专业群之间以及专业与"两型社会"发展能资源共享、相互支撑,形成布局优化、结构更加合理的专业体系。从而更好地为"两型社会"发展提供可靠的人才和技术支持。

构建以"两型社会"为特点的课程体系。依据"两型社会"发展实际和高等职业院校办学实际,合理构建与岗位对接的课程设置和以"两型社会"为特点的课程体系,加强基于工作过程的课程体系开发和建设,巩固已有学习领域的优势和特色,随专业结构变化整合和优化课程体系的设置,这体现了课程体系设置的综合性、稳定性和时代性的特点;加强与资源节约型和环境友好型社会相适应的文化和伦理道德教育,从而达到人文精神与科学精神的统一,更好地为"两型社会"服务。

培养"两型社会"需要的人才。培养"两型社会"发展需求的人才是时代赋予高职院校的重要的历史使命。高职院校要在调查和分析"两型社会"发展对人才需求态势的基础上,赋予人才培养以鲜明的"两型社会"内涵。这不仅需要深入了解高职院校所在地区的产业结构及其调整变化状况对人才数量、质量和类型的要求,而且需要考虑高职院校的定位,在与"两型社会"发展需求结合中寻找到自己的落脚点。从而使培养的人才既有广阔的行业眼光和国内国际意识,又有较强的资源节约意识和环境保护意识;既有"肯干、实干、会干"的实干精神,又有开拓创新精神;既能从"两型社会"的视野来决定价值取向和行为方式,又能把促进"两型社会"发展、国家富强、人类进步作为自己的人生追求。

3. 积极为"两型社会"提供科技服务

坚持实践型、操作型、技能型的方向。建设资源节约型和环境友好型社会的核心要素是科学技术,高职院校培养的是面向基层第一线职业岗位的人才,是先进科学技术设备的实际操作者,能加速科技设备的应用、改进和提高工作效率,对节约资源、达到环境友好起着重要的作用。因此高职院校一定要坚持实践型、操作型、技能型的方向,体现职业教育的实用性,突出职业教育的技能性,培养高水平实用性人才。

以市场为导向,主动对接服务需求,拓展服务空间。高职院校要特别注意应用技术研发与社会市场需求的对接,这主要体现在以下几个方面:一是对接区域的战略需求,二是对接产业、行业的发展需求,三是对接各类企业的发展需求。具体来说,可与政府部门、企事业单位建立合作技术开发中心,与企业建立相对稳定的合作关系,广泛参与企业的技术改造、技术创新等活动,推广对农民实用技术培训等,逐步形成"低投入、高产出、低消耗、少排放、能循环、可持续"的经济增长方式。

促进产学研良性循环,加快技术创新。示范高职院校的科研应立足"两型社会"的需求,紧扣"两型社会"建设的结合点,在生产实践中积极开发节约能源资源、保护生态环境和促进循环经济发展的技术和产品;应加快节能降耗技术改造,开发有重大推广意义的共性和关键技术,包括替代技术、再利用技术、资源化技术、"零"排放技术以及降低再利用成本的技术等,努力突破阻碍循环经济发展的技术瓶颈,促进企业加快高效节能产品的研发,加强节能、节水技术改造和废渣、废水、废气综合利用,提高资源综合利用率。

(二)准确定位,促进高职院校健康协调发展

学校的办学理念应以办学定位为基础,办学定位正确,学校才会有奋斗的方向和自我超越的目标。高职院校的定位,最基本的原则是要体现其"高"与"职",办学定位,包括学校办学方向定位、目标定位、职业定位、能力定位。一是高等职业教育办学方向定位,按照《职业教育法》和《高等教育法》规定,高等职业教育是职业教育体系的高等教育层次,是高等教育的组成部分。目前,从高等职业教育培养人才来看,主要是专科层次;二是目标定位,高职教育是培养生产、建设、管理、服务第一线的技术应用型人才;三是职业定位,高职教育属于能力教育,是就业教育,其综合职业能力培养主要体现在实用性、技能性、职业性三个方面;四是能力定位,高职教育是对人才进行技

能培训和管理的教育,它以岗位群的需求为依据制订教学计划,在进行职业岗位描述、职业能力分析的基础上按需施教;它以行业和产业为依托,打破学科型的教学模式,从而形成体现职业能力要求的课程体系。

从微观方面看,每一所高职院校都有自己的办学历史,并在办学过程中,逐步形成了自己的特点。准确定位,就是要在社会大系统中选准自身的空间。因此,在定位过程中应遵循以下原则:

1. 实践性原则。学校办学定位受到诸多内外因素的制约,就内部关系而言,一所学校的办学定位,要符合高等教育的发展规律,符合国家的教育方针,顺应高校发展大势,服从教育行政部门对区域高等教育结构、层次、规模等方面的整体规划;就外部关系而言,学校是社会有机系统的重要组成部分;办学定位一定要考虑社会需求。因此,高职院校必须与地方社会、经济、科技等的发展相适应并满足其实际需要,培养的人才必须以地方经济、社会发展的实际需求为出发点和归宿。同时,办学定位还必须考虑学校的客观环境、自身条件和办学历史,不可脱离或者超越自身的基础条件,否则会导致人、财、物等教育资源的浪费,办学目标也无法实现。

2. 整体优化原则。对一所学校来说,不可能满足社会各类人才的需要,因此应根据学校自身的条件,从不同层次、不同学科、不同规模去满足地方经济社会的需求,坚持学校发展的整体优化原则。

3. 特色原则。高职院校要根据本校的专业优势、师资状况、教学科研条件来确定自己的办学目标,相对集中本校的人力、物力、财力,来重点扶持特色专业、品牌专业,走自己的路,办出自己的特色。

4. 可持续发展原则。办学定位是办学者群体主观努力所能达成的共同目标的客观反映,是对学校当前现状和未来发展目标的一种论证和规划,具有前瞻性和相对稳定性。因而,高职院校办学定位既要重视当前的需要,又要符合未来的利益。

（三）走内涵发展之路，以质量服务"两型社会"

长株潭改革试验区"两型社会"建设，不但要求高技能人才的数量，更要求质量。为此要坚持"以服务为宗旨、以就业为导向"的办学方针，坚持"面向湖南、面向'两型社会'建设"的办学方向，全面落实培养生产、服务一线高技能型人才，确保高职毕业生具有良好的思想道德和职业道德、适应岗位需求的职业技能、现代择业意识和创业意识以及较强的职业发展能力和职业转换能力。要建立突出职业能力培养的课程标准，规范课程教学的基本要求，提高课程教学质量。要改革教学方法和手段，融"教、学、做"为一体，强化学生能力的培养。要针对高等职业院校学生的特点，培养学生的社会适应性，教育学生树立终身学习理念，提高学习能力，学会交流沟通和团队协作，提高学生的实践能力、创造能力、就业能力和创业能力，培养德、智、体、美全面发展的"两型社会"建设者。

1. 提高专业水平，增强综合竞争力

专业建设是高职院校内涵建设的核心，是高职院校适应社会人才需求和引导社会人才消费的一个基本尺度，反映学校对社会经济、产业大发展和科技发展的适应程度，是高职院校主动、灵活地适应社会经济发展的关键环节，是增强高职院校综合竞争力的基本途径。因此专业设置要主动适应社会需求，让学生能够适应目前还不存在的职业岗位。提高高职院校的专业水平，需要从六个方面着手，即根据经济发展的要求，结合学校的办学条件，合理设置和优化调整专业；建立以重点专业为龙头的专业群，提高专业资源利用效率；改革人才培养模式，实现校企合作育人；加强实践教学体系与实践基地建设，推行"双证书"制度；加强专业带头人建设，培养在行业内有较大影响的教学名师；加强教学管理与教学评价体系建设，实现管理人员和管理工作的专业化。

2.优化课程设置,丰富内涵建设

课程建设是高职院校教学内涵建设的重点,是提高教学质量的核心,包括课程规划、课程编制、课程实施和课程评价等环节,是一项难度很高的系统工程。由于发展水平的限制,目前高职院校的课程开发很不规范,低水平重复开发、照抄照搬、简单模仿、形式主义的现象十分严重,整体上表现出一种浅薄浮躁的心态。要扭转这种局面,需要坚持课程内容与职业工作相匹配、理论课程与实践课程相融合、学生学习与课程实施相吻合的原则。本文从三个方面入手优化课程体系:第一,根据职业岗位的任职和专业技术发展水平要求,参照相关职业资格标准,确定合格的人才培养目标;第二,从职业岗位(群)能力和职业资格标准分析入手,确定课程教学内容;第三,以能力为主线,进行课程重构和教学设计,构建与人才培养目标相适应的专业基础知识、实践能力和文化素质课程体系,从而达到课程设置的"三个100%"要求:专业设置100%从企业需要出发,核心课程100%从关键职业能力出发,专业课程100%从关键技术和最新工艺出发。

3.加强师资队伍建设,提升办学质量

高职教育的特点决定了教师不仅要有深厚的理论功底,还应有熟练的操作技能和综合应用能力。从可持续发展的角度看,高职院校的发展最根本的"瓶颈",不是缺乏财力、物力等前提性竞争力,而是缺乏真正意义上的大师、能师、名师和技师。因此,要把培养"双师型"师资队伍,作为提高教学质量的核心。"双师型"教师应同时拥有"教师资格证书"和"专业技术职务证书",既能进行教学设计,又能进行工艺设计;既可担任理论教学,又可担任实训教学。师资队伍建设需要"引培并举":一方面,有计划引进优秀人才,制定优惠政策,聘请企事业单位的管理、技术骨干和能工巧匠来校兼职,聘请知名教授专家讲课等;另一方面,有计划地开展教师培训工作,选派专业教师轮流到相关企业和高校进行培训,提升教学科研水平。

4. 完善实训体系,提高学生的就业率

实训体系建设是高等职业教育内涵建设的必然要求,是高职院校改善办学条件、彰显办学特色、提高教学质量的重点,是促进学生就业的有效措施。实训体系建设要以满足专业发展和教学要求为原则,通过经营主体的多元化和经营方式的市场化手段,建立完整、先进、稳定的实训体系,为学生创造真实的职业环境,使工与学有机结合在一起。实训体系建设包括校内实训基地建设和校外实训基地建设两项重点内容。实训基地建设有四项基本目的,即用企业的先进设备和产品装备学校、用企业的先进技术和工艺武装教师、用企业的先进文化和管理教育学生、用企业家的眼光和用人单位标准培养人才。通过校企合作、引企入校等方式,建设多层次的高职实训体系,达到四个零距离标准要求:培养目标与企业需求零距离、理论知识与实践技能零距离、教学过程与生产过程零距离、教学课题与生产课题零距离。

5. 强化质量管理,保障院校的科学发展

全面质量管理就是根据专业发展的要求,以提高学生的"创新思维、创新能力、创新精神"为宗旨,以不断提高教学质量为目标,从教师的教学过程到学生的学习过程,从课程设置、专业内容到教学效果的评价等方面进行全员性、全方位和诸多环节的全面管理。对高职院校而言,培养目标是培养高技能应用型人才,而这种人才的培养需要高质量的教学活动。高质量的人才源于高水平的培养工作,高水平的培养工作源于科学的质量管理。人才培养过程的质量管理,包括教学质量、学习质量和服务质量等方面,其中学习质量管理是整个高职院校教学全面质量管理的中心环节。高职院校质量管理需要抓好三个重点环节:一要重点抓教师、学生和教学手段设施(课程体系、教材内容、教学方法和各种硬件)的质量管理、测评和改进。二要把住三个"关口",即生源的"进口"、教师的"进口"和教材及教学设备仪器的"进口"。三要建立一整套对能力素质、道德素质、专业水平及体能心理素质进行测评的可操作的量化指标,这是全面质量管理的基础工程,是保证全面质量管理科学性、规范性的必要条件。

二、转变观念,提高社会认同度

由于人们传统观念转变不够,引发了社会对高职教育的认同度不高、部分地方政府和社会各界对高职教育重视程度不够、政府和社会各界对高职教育的资金投入和就业支持力度不够、新闻媒体宣传工作不够等问题,从而使得高职教育在人才培养方面的重要性和实际的工作成效均未能使社会各界特别是普通老百姓了解。教育思想观念的改革与转变是推进高职教育发展的先导。高等职业教育,作为适应社会发展的新型教育类型,应该树立正确的人才观,破除崇尚"学科本位",轻视学习"稼穑百工之艺"的陈腐观念,真正认识到高职教育不是高等教育的专科层次,而是高等教育结构中与普通高等教育并存发展的新型高等教育类型,它所培养的高级应用型人才,是建设"两型社会"必不可少的人力资源,是我国迈向现代化的一支必不可少的生力军。

(一)广泛宣传高职教育的人才观

人才观是高职教育思想的基础。所谓高职教育人才观,是指人们根据社会发展的需要,提出的关于高职教育人才培养的内涵、标准、质量等一系列问题的基本观点。高职教育培养的是动手能力强的高技能人才,它对经济发展,有着直接的推动力。

1. 破除重学术轻技艺、轻素质的陈腐观念

马克思关于人的全面发展与个性发展的学说,为我们树立了正确的人才观,对破除重学术轻技艺、轻素质的陈腐观念起到了很好的指导作用。人的全面发展,是现代社会生产力和社会关系发展对人提出的客观要求,是对中世纪以来人的片面发展的否定。全面发展

主要有两层含义：一是指人的身心各因素获得充分的发展，达到时代所提供条件的最佳水平；二是指人的身心各因素获得协调、和谐发展，而不是某一或者某几个因素孤立的发展。马克思在强调人的全面发展的同时，并不排斥人的个性发展，人的个性发展既是社会发展的必然结果，又是社会发展的必要条件。在马克思看来，人的个性主要包括三层含义：一是人的独立性。个人成为独立的主体，有独立的社会位置，有独立的见解、独立分析问题和解决问题的能力等；二是人的独特性。指一个人在心身特点上综合起来形成的个人独特品格和方式，从而使自己区别于他人；三是人的独创性。个人表现出很高的创造力，富有创造精神，能在学习和工作中有独到之处。从以上的分析可以看出，随着科技的进步和社会的发展，对人才的培养不能单纯从学生的智力水平方面入手，还要加强学生的动手能力和创造能力方面的训练。我们应当看到普通教育在学生智力、思维发展方面所起的作用，也应当看到高职教育在学生动手能力、创造能力培养中所起的作用，普通教育和高职教育共同承担着塑造全面发展的人的任务。两类教育的划分是为适应不同学生的不同特点所提供的不同教育。

2. 树立多元化人才结构观

人才结构是随着生产发展而演变的，在一定社会条件下，各级、各类人才组成一定的人才结构，而一定的人才结构是与当时生产水平相适应的。随着社会的发展和科技的进步，社会分工越来越细，对人才的需求也呈现出多样化的特征，单一的人才结构，远远不能够满足社会的需要。社会的进一步发展必然要求有不同类型、不同层次的人才，这些具有不同知识结构和能力结构的人才，是需要相应的、不同的教育类型来培养，其中高职教育培养的是服务于一线的高级技术、技能应用型人才。

而且"社会金字塔假设理论"表明社会的人才结构是由下至上逐渐递减的体系，社会分工决定专科类技术、管理、服务、操作等应用型人才构成"金字塔"坚实的底座。人才只有类型的不同而没有等级的差别,我们应该摒弃那些重学术轻技艺的传统的思想观念,认为学术型人才比应用型人才高一等,工程型人才又比技术型、技能型人才高一等,甚至认为只有学术型人才才是真正的人才,这都是狭隘的人才观。其实,其他类型的人才和学术型人才是平等的,平起平坐的,他们都是为社会服务的人才,只是有分工的不同。

(二)充分宣传高职教育的价值观

"当今世界是正在走向以信息为基础的经济社会,生产和服务将决定效率。培养富有成效的灵活的高层次的劳动力,是经济建设和社会发展的必然产物,对 21 世纪的竞争至关重要。"高职教育是经济建设和社会发展的必然产物,是一种新型的高等教育类型,是我国教育体系的重要组成部分。推进职业教育的改革和发展,是实现科教兴国战略、促进经济和社会可持续发展、提高国际竞争力的重要途径;是调整产业结构、提高劳动者素质、加快人力资源开发、建设"两型社会"的必然要求;也是拓宽就业渠道、促进劳动力就业和再就业的重要举措。没有发达的高等职业教育,湖南就不可能实现全面小康,没有高素质技能型劳动力的支撑,湖南就不可能实现经济快速发展。

高职教育是世界高等教育结构改革的产物,联合国教科文组织教育统计局所编的《国际教育标准分类》,已对高职教育作了权威性的定位,明确地提出了高职教育属于 5B 类高等教育。这说明了高职教育的产生和发展,不是某一国家的偶然现象,而是世界高等教育改革的共同走向,也标志着以培养科学型人才和工程型人才为主的 5A 类高等教育和以培养技术型人才为主的 5B 类高等教育,已构成了世界现代高等教育的基本框架。

从观念上改变对高技能人才的社会价值认知,这需要充分发挥报刊、广播、电视、网络等多种媒体的作用,组织开展形式多样的宣传活动,广泛宣传高职教育的价值观,从而加强全社会对职业教育的认识,形成全社会关心、重视和支持职业教育的良好氛围。

(三)实事求是地宣传和介绍高职教育事业发展的状况

我们要客观地宣传和介绍我省高职教育事业发展的状况,实事求是地说明高技能型人才紧缺的现实和树立技能型人才成才的典型;采取积极的措施引导社会公众关心高职、了解高职、选择高职,转变社会对高职教育的看法,形成正确的高职教育观。总之,我们应该树立普通高等教育和高等职业教育两种类型教育平等的观念,应该树立正确的人才观,为高职教育提供充足的优良的生源,为高职教育的发展营造一个良好的思想氛围和社会环境。同时我们也应呼吁广大的即将进入高校的适龄青少年,根据自己的实际选择适合自己的学校,高职院校同样是培养社会所需人才的大熔炉之一。

(四)修改和完善高职教育有关政策

高等教育学家潘懋元先生讲到,大力发展高等职业教育这个战略决策是正确的,同时也符合世界的经验,但是政策措施却不配套。高等职业教育政策是高职教育事业发展的根本保障,又是提高社会对高职教育认识的重要措施。因此,要保证高职教育健康发展,政府不仅要在思想上高度重视,而且必须制定和完善相关政策,为高职教育营造一个良好的政策环境。湖南省作为一个具有 60 多所独立高职院规模的省份,对这方面法律、法规的完善是相当必要的。

1. 修改和完善《湖南省职业教育条例》

《湖南省职业教育条例》于 1994 年 12 月 29 日湖南省第八届人民代表大会常务委员会第十二次会议通过,1995 年 3 月 1 日起实施,对湖南省职业教育发展起了较大的推动作用。虽然,1999 年 6 月 4日,湖南省第九届人民代表大会常务委员会第九次会议对其进行了修正。但随着时代的发展,逐渐凸显出其滞后性,如原则性内容充实,而操作性条款比较少,关于高等职业教育的规定比较薄弱,关于中高等职业教育衔接发展内容比较少,关于国际合作规定的缺乏。因而给执行工作带来一定的难度。目前,无论是职业教育体系本身,还是职业教育的发展环境等都有了新的变化发展,尤其是我国加入世贸组织后,职业教育的发展又有了许多新的理念,因此,《湖南省职业教育条例》应该继续修改和完善。

2. 实行普高和高职分开招考的制度

大部分高职院校仍基本沿袭了普通高校的招生模式,招生对象以普通高中毕业生为主,而不是以更为对口的中职毕业生为主。而大多数高中毕业生的升学目标只是本科院校,高职院校只是他们退而求其次的选择之一。现行高职招生办法不尽合理,这种单一生源渠道不但导致高职院校招生的不稳定性,而且造成人们思想上对高职的认识误区。

高职院校招生,应该说要不同于普通高校招生。因为普通高校注重的是学术能力,学术能力又易于从书面考试中反映出来,因此书面的、统一的考试非常适合它。但高职则不同,一方面学术能力的要求并不是很高,能够获得基础文化知识就够了,而且很大部分的基础文化知识是不同于普通高等教育类的,而是与职业、技能、技术相关的基础文化知识;另一方面实践操作技能的要求是招考中的一个重点,也是体现高职特色之处。实际上普通高校与高职院校应该使用不同的能力衡量标准,为此分开招考,以适应各自特色的招考方式才是必由之路。

同时,相关部门可尝试招生权力的下放,由高职院校自主招生,然后上报招生人数。特别要强调的是教育部有关司局要加强宏观指导和统筹调控,对一些职业学校进行跨省、市招生,各地教育行政部门要给予政策支持。

3. 建立高职教育发展专项经费制度

国内外大量的实践证明,高职教育绝对不是一种廉价的教育,其办学成本往往要超过普通高等教育。要确保职业教育的质量和成效，使高职能够良性持续发展，必须投入大量的经费。弥补高职教育办学经费不足，仅仅依靠提高学生学费是不可能的，也是不现实的，必须依赖政府、社会、学校、学生各方面来解决。国家虽然明确高专高职为同层次的学历教育，但它们却实行两种收费制度（国家对高专教育拨款，向学生收费低，高职学生则全自费）。这种"双轨制"的收费政策，很不利于高职教育的发展，建议国家对高职和专科实行同等补贴政策，并纳入法制化管理，建立和完善符合社会主义市场经济发展要求以及公共财政体制的职业教育拨款政策和成本分担机制，逐步改变当前职业教育经费投入不足的状况。在教育的经费分配上，不能把高职教育排除在外，同时，高职教育生均事业费基数不能与普通高等教育生均事业费差距太大。湖南可尝试建立高职教育发展专项经费制度，专门用于高职教育办学条件的改善和学科发展。

4. 严格执行就业准入制度

接受职业教育的价值，最主要的体现是就业。就业和就业质量的保障是提高职教社会地位最实在的措施。目前，职教社会地位低的直接原因是职教毕业生在企业就业时，跟农民进城打工没有多大区别。2002年颁布的《国务院关于大力推进职业教育改革与发展的决定》中提出，"大力推行劳动预备制度，严格执行就业准入制度。用人单位招收录用职工，属于国家规定实行就业准入控制的职业（工种），必须从取得相应的学历证书或职业培训资格证并获得相应资格证书的人员中录用，属于一般职业（工种）必须从取得相应的职业学校学历证书、职业培训合格证书的人员中优先录用"。职业资格证书是由政府指定的考核机构，按照国家规定的职业技能和任职标准，对劳动者的技能水平或职业资格进行客观、公正、公平的评价和鉴定后，颁发给劳动者以证明其具备从事某种职业的资格证明。劳动资格准入政策是实现合理就业的重要保证，也给高职毕业生的就业提供了制度保证。湖南省的职业资格体系还不够完善，劳动就业准入制度执行监督不够严格。因此政府应制定具体的措施落实好这项政策，加大就业准入制度推行力度，定期督促检查，甚至可采取一些强制性措施，使应该实施准入政策的行业、企业和职业岗位严格执行就业准入制度，对不按规定执行的用人单位，一经发现，严格查处。

5. 完善对高技能人才的激励机制

对在技能岗位工作并掌握高超技能、作出重大贡献的骨干人才，可进一步突破工作年限和职业资格等级的要求，允许他们破格或越级参加技师、高级技师考评。广泛开展职业技能竞赛活动，引导社会各方面力量，开展各种形式的岗位练兵和职业技能竞赛等活动，为发现和选拔高技能人才创造条件。对职业技能竞赛中，涌现出来的优秀技能人才，在给予精神和物质奖励的同时，可按有关规定直接晋升职业资格或优先参加技师、高级技师考评。对优秀高技能人才，实行特殊奖励政策。允许国有高新技术企业探索实施有利于鼓励优秀高技能人才创新、创造的收入分配制度。鼓励企业对高技能人才在聘任、工资、带薪学习、培训、休假、出国进修等方面，制定相应的奖励办法；对到企业技能岗位工作的各类职业院校毕业生，应合理确定工资待遇；对参加科技攻关和技术革新，并作出突出贡献的高技能人才，可从成果转化所得收益中，通过奖金等多种形式给予相应奖励，形成社会都来尊重高技能人才的浓厚氛围。

6. 深化劳动、人事制度改革

要进一步深化劳动和人事制度改革。从职称、工资、待遇等方面加大对技能型人才的培养、使用、提高的政策力度，打破工人与干部、技能型人才与学术型人才在工资、职称等方面的界限，从根本上，打破"官本位"人事体制，使技术型和技能型人才有一个良好的发展平台。

总而言之，社会认同度对于高职教育发展的影响极大，要真正落实国家大力发展高职教育的目标，就必须提高职教的社会地位，使社会各界对高职教育的重要性有一个客观正确的认识。当然，高职教育学校也应坚守职业教育阵地,努力提高职业教育的水平,以高素质的人才来回报社会,推动社会对高职教育认识的提高。

三、加强师资队伍建设

(一)注重在职教师的培养

各高职院校要根据自己的办学规模,在学校专业建设规划制订的基础上,认真研究制订其学校师资队伍建设五年计划,注重骨干教师培养和引进工作的规划,加大投入,健全措施,经过 3～5 年的努力,建立一支适应高等职业教育的师资队伍。目前应以培养和稳定优秀中青年骨干教师为重点,以提高中青年教师的学历层次和学术水平为难点,继续发挥老教师传帮带的作用,努力提高新进青年教师的实践教学能力和教育理论水平。通过脱产教育、业余培训、在职进修等方式加大教师的培养力度;另外也可通过研究各种具体措施,努力营造高职院校浓厚的学术氛围,激励中青年教师多出研究成果。

在加强高职教师培训及培养的同时,各高职院校还要采取一些措施,从社会和企业中引进符合高等职业教育需要的高层次人才,来充实高职师资队伍。有些经费充足、发展良好的高职院校,要进一步拓宽招聘渠道,吸引国内外的优秀人才加盟到其师资队伍当中,力争在较短的时间内实现高职院校短期师资队伍建设规划的目标,提高高职师资队伍的综合素质,加强师资队伍的力量,推动高职院校的良性发展。

加强在职教师的再培养,是高职院校一项非常重要的工作。它是提高高职师资队伍的整体素质,保持高职教育持续发展的根本任务之一。因此,要对在职教师有的放矢地加以培养,以提高在职教师的整体素质。在职教师的再培养主要包括提高和强化教学基本功、提高学历层次、更新知识、扩大知识面和加强实践锻炼及培养动手能力等方面。

(二)加强"双师型"教师队伍的建设

为了保证培养高等技术应用型人才,我国大多数高职院校都把建设"双师型"师资队伍作为师资队伍建设的核心内容。据调查数据显示,近年来我国"双师型"教师队伍的建设取得了不小成效,"双师型"教师的数量有了较大的增长,除直接聘任能够从事教学工作的工程师、高级工程师、技师等,还从社会各行各业聘请专家来充实兼职教师队伍。但在数量和质量上仍不能满足国家经济与社会发展的需要。因此,高职院校应结合实际情况加强"双师型"教师队伍的建设。本人根据研究,提出以下三点措施加强对高职院校"双师型"教师队伍的建设。

1.完善校内"双师型"教师的培养机制

要建立一支"双师型"师资队伍,就必须在学校内建立有效的"双师型"教师培养机制。在我国,普通高等教育主要是以理论教学为主,实验为辅。高等职业教育出现以后,实践学习与理论学习同样重要,为了强化学生实践能力的培养,开始在强调理论教学的同时提升实践教学的重要性,从而强化了实践教学环节。但由于没有一个完善的校内"双师型"教师的培养机制,大多数从事实验教学的教师都是通过社会招聘进入学校的,实践经验丰富但理论知识匮乏。因此,在教学过程以及教学设施上,理论教学和实践教学常常是割裂的。鉴于这种情况,高职院校应加强自身教学改革,建立校内"双师型"培养机制,加强理论教师和实验教师的沟通,通过教、学、做合一,将理论教学和实践教学融为一体。高等职业院校在"双师型"教师机制培养上,应淡化以下三个界限:一是在教学中,要淡化理论教学和实践教学的界限;二是在设施上,要淡化基础实验室和专业实训室的界限;三是在教师培养上,要淡化专业课教师和实践指导教师的界限。

2.加强高职院校与企业的合作

校企合作办学,既能提高学生的实践能力,又能促进教师深入生产一线,有助于培养"双师型"教师。通过合作办学,让专业课教师到企业中锻炼,使教师能更好地在实践中掌握企业劳动的组织过程并了解和掌握技术生产过程,从而掌握专业技能。通过校企合作这种方式,将会提高教师特别是青年教师的实践能力,从而逐步成为具有"双师型"素质的教师,其教学水平和实践水平也同样得到提高。

因此高职院校应把实践经验缺乏的教师(尤其是年轻教师)定期派送到本校的合作企业,进行技能训练和实践培训,增长实践经验以胜任"双师型"教师岗位。

3. 在高职院校内推广科研开发

以前我国高职院校没有界定明确的产学研工作,工作的重心偏向产和学,对于科研开发不够重视。针对这一情况,应建立高职院校的产学研体系,并把产学研工作定位于科技的开发、科技的配套、科技的改造、科技的应用提高层面上,激励教师与企业共同建立技术研发机构或产业开发机构。同时,并对取得科研成果的教师提供一定物质和精神上的奖励,并为教师创造生产实践和继续深造的条件,帮助他们提升自我,开阔眼界,加快教学内容更新和教学改革,从而也有利于提升"双师型"教师的素质。

(三)加强兼职教师队伍建设

兼职教师是高职院校师资队伍不可缺少的组成部分,也是缓解目前"双师型"教师数量不足的有效办法之一。但是目前高职院校的兼职教师队伍建设也存在着一些不足之处,加强兼职教师的管理工作也是高职院校教师队伍建设的重要内容之一。主要可通过以下三点措施来加强兼职教师队伍的建设:

1. 加强兼职教师队伍的规划和培训

兼职教师由于其不属于所任教院校管辖,因此对兼职教师的规划和培训难于专职教师。因此更要充分做好兼职教师队伍的规划问题,使兼职教师队伍真正起到补充、调整的作用。在具体的规划上应做到:①规划应具有前瞻性和超前性。最好建立长期的稳定的合作伙伴关系,促使兼职教师队伍合理化发展,使其年龄结构、学历结构、职称结构和专业结构逐渐趋于合理的方向发展,从而整体师资结构得到优化。②实施兼职教师统一管理。建立健全兼职教师管理机构,制订兼职教师管理规定,严把兼职教师的入口审查关,选择符合条件的优秀人才担任兼职教师,建立针对兼职教师的聘任和考核体系,改变兼职教师无序、自流的现状。③注重对兼职教师的岗前培训。由于兼职教师大多数来自生产一线,往往不太熟悉高职教育规律和教育科学,所以在入职前要对他们进行职业教育学和现代教育技术等方面的岗前教育培训,使他们掌握高等职业教育规律,树立正确的教学观,才能在教学过程中遵循现代教育学规律,运用现代化教学手段,培养理论知识和实践知识兼备的学生。

2. 建立兼职教师的信息管理系统

目前我国高职教育还没有建立专门的针对兼职教师的信息管理系统,对兼职教师的管理比较散乱。因此我们应建立完整的"兼职教师信息库"来实现对兼职教师的有效管理。兼职教师信息库就是将外聘的兼职教师的个人资料用数据库进行统一管理,同时又可以方便、快捷地进行检索以及查询兼职教师的个人档案,有利于选聘高质量的兼职教师,同时还能保持一定数量的备选兼职教师,有利于职业院校之间、院校与社会之间的资源共享。但是建立一个社会与职业院校共享的兼职教师信息管理库需要各个院校和教师的合作,还需不断拓展高职院校的社会影响和兼职教师的聘请范围,充分利用社会资源,建立和扩充师资库,吸引校外兼职教师来校兼课。

3. 强化兼职教师的激励措施

兼职教师作为师资队伍的外延群体,在思想意识方面有一定的趋利性。因此,要对高职院校的兼职教师采取有效的激励措施,即需要遵循市场原则,建立有效的激励措施。同时还需要对兼职教师进行一定的精神激励,来调动兼职教师授课的积极性和主动性。对兼职教师实行多劳多得的分配制度,给教课认真、贡献大的兼职教师给以工资以外的奖金,对教师的成绩表示肯定,使兼职教师多出成果。同时通过教学督导对兼职教师进行考核,根据考核的结果给兼职教师一个正确的评价,并根据评价的结果应给予一定的物质奖励和精神表彰。对在教学中评价较差的兼职教师应及时进行调整或解聘。对兼职教师要多关心,要给予更多的人文关怀,善于倾听兼职教师对学校工作的意见和建议,在生活上给予关心,在思想上给予引导,为他们解决一些生活中的实际困难。通过这一激励机制的建立,从而增强兼职教师的工作责任感和使命感,鼓励其自觉地研究高等职业教育规律,使兼职教师的积极性和创造性能得到极大的提高,最终使其职业教育教学水平得到极大改善和提高。

四、大力开展创业教育

"创业"是一种从无到有的创造,体现开端与始创的艰辛与困难,突出过程的开拓与创新,强调科学的设计与规划,追求结果的成就与贡献。它要求创业者具备过硬的心理品质,包括冒险精神、探索精神、进取精神等;要求创业者具备崇高的道德品质,包括强烈的事业心、责任感、艰苦奋斗精神以及献身精神等;要求创业者必须掌握基本的创业本领,即要有强烈的创新意识、全面的创业知识以及过硬的创业技能等。高职学生普遍有着强烈的创业需求,启发学生对自己的未来进行设计,向学生传授从事创业实践活动所必须具备的创业知识,训练他们的创业能力,提高他们的创业心理品质,推进创业教育,是高职教育的主要功能之一。

(一)湖南高职院校创业教育存在的主要问题

1. 对创业教育的支持度不够

首先是高职院校重视不够。创业教育,是一种实践性、综合性很强的教育,它需要学校投入较大的资源,以保证创业教育的实施。许多院校的领导和教师认识到创业教育的重要性,但没给予高度重视,在科研、教师培养、实践场所、资金等方面也没有给以很好的支持,更没做到将创业教育和招生就业等工作有机结合起来。很多高职院校还没有充分认识到学生自主创业的重要性、必要性和紧迫性,只是忙于帮学生找工作,而不是引导学生去自主创业。在他们看来,大学毕业生应该先找工作,即先就业,再去创业;他们认为创业离高职大学生太遥远,认识不到创业也是就业的方式之一。即使有的高职院校开展了创业教育,也仅限于通过举办大学生创业讲座来培养和激发学生的创业精神,或者搞几场创业计划大赛,或者开几个创业研讨会,或者在学生毕业前开设的就业指导课中,进行简单介绍而已,没有把创业教育纳入到教学计划等系统的学习和课程体系中。所以,无论是受教育的深度,还是广度,都很不够,根本体现不出创业教育的真正魅力。更有部分院校对创业教育涵义的理解存在片面性,把创业教育当成是"企业家速成教育",开展创业教育的目的,就是使学生成为大大小小的"老板",其创业教育的成果,主要显示在成立多少家大大小小的"学生创业公司"。这种片面性的理解,必然导致现实中创业教育重精英教育,轻普及教育;重短期效果,轻长期效应;重技巧培训,忽视创业精神和创业意识培养等问题。

其次是社会支持不够。对于大多数人来说,创业教育还是一个相对陌生的名词,创业对经济发展的巨大推动作用,他们也知之甚少。所以,在高职院校创业教育的实施过程中,必然会遭到社会偏见和传统思想的束缚。众所周知,高等教育近几年来,在我国得到了蓬勃的发展,而高职教育作为高等教育的半壁江山也取得了长足进展。与此同时,高职院校的竞争也日趋激烈。社会评价高职院校优劣的一个硬性关键性指标,就是招生和就业,而忽略了创业教育,并把自主创业排除于正常就业之外,这便在一定程度上影响了高职学生的创业,进而影响了创业教育的正常进行。在我们民族的传统观念中,官本位、求稳、怕风险的陈旧观念根深蒂固，创业等于打工等观念依然存在，并较为严重。不少社会、家庭和学校认为毕业生只有到国有企业、事业单位就业才是真正就业，创业是万不得已的选择。这又反过来影响学生创业的积极性，对创业教育的发展极为不利。传统的思想观念影响着高职学生的社会心理和价值取向。毕业生自己去创业，一般是因为找不到工作的无奈之举，找不到工作才去创业的思想根深蒂固。导致高职学生安于求职就业，创业意识差，创业积极性不高，即使有少数有创业意向的学生，也容易好高骛远，对一些技术含量较低的行业不屑一顾，而较多地倾向于高科技行业，故而成功率低。

　　再次是政策环境较差。外部环境是创业成功与否的客观条件，而在湖南还存在创业政策环境问题。虽然我省出台了支持大学生自主创业的一些政策，在实际操作中却很难落实，创业环境还很不成熟。湖南在这方面的政策还存在一些问题：70.5%的高职毕业生对国家及湖南的相关优惠政策并没有详细的了解，有些甚至根本不知道这回事。湖南很多地、市已经设立了专门针对大学生创业的小额贷款，而调查却显示有 59% 的高职学生仍然把缺少启动资金作为他们创业过程中遇到的最大困难。一些相关单位也不了解国家及湖南的相关政策，有些还没听说国家有这方面的优惠政策，往往以没有具体操作细则为由，使优惠政策无法落实。这表明湖南省关于大学生创业的相关优惠政策没有落到实处，没有真正地在各级单位有效地实施。政府关于鼓励大学毕业生自主创业的优惠政策成为一纸空文。这也使毕业生自主创业的积极性受挫，不利于提高毕业生创业率。

　　2. 师资不适应，人才匮乏

　　创业教育对师资要求比较高，既要求具备相关专业的理论知识，又要拥有一定的创业经验和创业实践能力，而在湖南高职院校这种既懂理论又具备丰富创业实践经验的"双师型"专业教师凤毛麟角。目前，在开展创业教育的高职院校中，从事创业教育教学和培训的教师一般来自三个方面：一类是原先从事企业经济或企业管理学科教学的教师，一类则是学生就业工作指导老师，还有一类是从事思想政治教育的教师。这三类师资都有一个共同的弱点，那就是自身缺乏创业经历，在为学生进行创业教育培训时，纯知识的讲授多于实战中的真知灼见，创业教育仍然停留在书本和空洞的口头说教上。可是创业教育是一种实践性、技术性很强的教育，是一种观念和能力并重的教育。它不仅需要教育者有深厚的专业知识，更要求教师要有丰富的社会经验和正确的职业观念。创业教育特别注重实践和实务，若没有亲自感悟，简单地照本宣科，根本无法把握创业教育的精髓和实质。从学生问卷调查中可以看到，针对"你认为学校应对大学生创业提供哪些帮助"这个问题，有51.8%的学生希望能够得到专业化的老师对创业进行指导、培训及咨询，有32.4%的学生认为专业化的老师对创业进行指导、培训及咨询是学校提供创业帮助中最重要的，应该说专业化的师资不足，是制约学校开展创业教育的最重要因素。教师卷调查表明，全省高职院校创业教育的主要障碍：一是师资问题（占61%），二是资金不足（占25.8%），三是没有纳入教学计划（占13.2%）。其中，创业教育师资缺乏最为突出。可见，师资匮乏成为湖南高职院校创业人才培养重要的制约因素。

此外由于高职院校的教师本身就是由传统教育模式培养出来的，多年教学工作养成的教学方式与方法要改也难，加上还有环境条件、氛围、政策等诸多因素的影响与制约，故教师在教学上，更多地沿袭了学历教育的教学方法。同时对高职教育所界定的"技术应用"以及理论上的"必需、够用"的原则作简单、片面地理解，教学中缺乏对学生可持续发展能力的培养。任课教师对生产、社会实际了解不多，缺乏实践经验，理论和实际脱节。

3. 课程设置不合理，教材建设滞后

中国高校学科建设中，创业课程几乎是空白。目前表现在课堂上的创业课程是零碎的，缺乏作为一门学科应有的严谨性和系统性。

教育形式相对单一,主要以课堂教育为主,课外的创业教育活动,目前主要停留在活动本身的开展,其活动效果得不到预期的保证。

创业教育应该有一个多维度的课程体系,对学生进行全方位的教育。创业教育的课程设置类型主要有创业意识类、创业知识类、创业能力素质类、创业实物操作类、创业实践活动类五种。这五种类型的课程按照一定的顺序、比例组合在一起才能构成完好的课程体系,创业教育才能收到良好的效果。而湖南高职院校创业课程设置多为理论性强、容易教学的前三类,缺乏实践性、创新性强的后两类,没有构建起适应创业型人才培养需要的课程体系。课程设置普遍较为单一,而且,往往是从学校原先经济管理和企业管理类课程"改头换面"而来。而实际上高职院校的学生创业主要是从小作坊、小加工厂、小企业开始,因此,创业课程应围绕如何创办小企业,讲小企业、小加工厂的生存之道、发展之道、壮大之道。传统意义上的教材不适合拿来作创业教育教材,湖南高职院校创业教育应该有一套适合本省经济发展、体现高职院校特色、体现专业特色的创业教育教材。但现状却几乎是一片空白,已经开设大学生创业教育课程的一些高职院校,在选择教材方面,也存在很大的局限性,没有形成权威的教材体系。国外已经开发出一些很受学生欢迎的教材,形成了比较成熟的教学手段和教学评估标准,但在我省几乎还是空白。

课程内容陈旧,学生认为目前大学中不利于创业的主要原因在于课程内容陈旧老化。在课程内容上,以专业为中心,以行业为目标,专业面偏窄,知识结构单一,人文教育薄弱,学生不能根据自己的需要选择学习内容,组建知识结构。

4. 教学模式陈旧,教学方法单一

创业教育的关键是要改革现有的人才培养模式,建立起培养既有扎实理论基础知识,又有较强创业实践能力,既能安心在生产、建设、管理和服务第一线工作岗位上建功立业,又能自主成功创业的高素质的创业者的人才培养模式。而我省现行的高等职业教育通常脱离学生的创业性和创造性。一些本科院校自身探索的创业教育模式被很多高职院校生搬硬套后,却发现实施的效果很不理想。在教学模式上,搞统一刚性的教学计划,同一专业的学生以一种模式培养,忽视学生的个性特点。大多数高校的创业教育仅局限在校内和课堂内,实施创业教育仅仅停留在教材和课堂上,还是一种较为陈旧、封闭的教育模式。在教学方法上,以教师为中心,教师没有充分调动学生的学习主动性,没有立足于培养学生的学习能力。课堂教学没有把创业能力的培养和专业知识的传授有机结合起来,而且教学内容陈旧,教学方法落后、途径单一,大多数学校的教育教学活动的形式缺乏创新性和针对性,从而造成高等职业教育的培养模式千篇一律,同一类型和层次的人才过剩,社会所需的具有良好的创业能力、鲜明个性和创造性思维的人才严重不足,造成现有的大多数大学毕业生只能被动地求职,缺乏自主创业的能力。

5. 创业实践不足

创业实践是创业教育不可缺少的重要内容,是提高创业教育实效的基本途径。创业实践的深刻意义还在于,它有助于学生形成正确的创业目标和价值取向,增强其组织管理能力、社交能力和实际动手能力,从而全面提升创业的综合素质。而高职院校在这方面做得很不够。一是校外实训基地没有发挥培养学生创业精神和能力的作用,没有利用这些基地经常性地开展教育活动,特别是有关创业教育的活动。二是校内的实训基地不配套,要真刀真枪地开展创业实践,就要有场所、有阵地,否则,就只能在电脑上虚拟,在纸上设计。事实上,大部分学校用于学生创业实践的场地都非常缺乏,要么是把牌子挂在某个办公室,要么是在一处简陋的地方摆上几张桌子。在就业形势越来越严峻的情况下,高职院校领导对创业教育和创业实践的重要性都有清醒认识,但在投与不投,建与不建的问题上,学校处于两难的境地。部分院校即使有实训基地,也没有充分利用,现有的教育资源未能开发。三是学生社团组织开展的活动形式单一,内容欠丰富,收效欠佳,学生开展的社会实践活动,大多停留在一般的社会调查和参观考察层面,学生受益不多。四是目前高职院校的创业教育同企业的联系不够,创业教育缺乏针对性、真实性和有效性。

6.缺乏创业教育评价体系

创业教育的重要性不言而喻,湖南部分高职院校不遗余力地进行理论探讨与实践,近几年搞得轰轰烈烈,但冷静地思考与察看,受教育者在创业上并没有较大的起色,其中一个重要因素就是缺少对高职院校创新创业教育的监督与评价,更没有一个科学的评价体系。评价本是一种价值判断的过程,创业教育评价是运用现代科学的评价观和方法,通过系统地搜集、整理相关信息对高职院校实施的创业教育目标、任务实现和完成的程度、水平、状况所作的价值判断,以及对学生在这方面的社会信度与效度做出评价,是创业教育运行的信息反馈和调整纠偏机制,在创业教育的整个系统中,处于十分重要的位置。它包括:区域性的创业教育评价、办学水平的创业教育评价、创业教育教学评价和创业教育个体发展水平评价。没有科学合理的评价体系,没有定期的统一评价活动,各种各样的创业教育活动就得不到准确的评价和有效的反馈,从而不利于创业教育的长期发展,也不利于高校间的比较与交流,导致创业教育全过程难以规范运作。

(二)我国高校创业教育的成功经验

1.我国高校创业教育的典型模式

自从 2002 年 4 月教育部确定清华大学等九所院校为创业教育试点院校以来,试点院校在各自原有的基础上,又做了很多具体的工作来大力推动创业教育的开展。各试点院校在进行创业教育的实践过程中,探索和构建了各具特色的人才培养模式。当前我国已经初步形成了以中国人民大学、上海交通大学、北京航空航天大学、黑龙江大学和南京财经大学为代表的高校创业教育典型模式。

人大模式。"人大模式"是以整体能力、素质提高为重点的培养模式。中国人民大学创业教育的特点是将创业教育融入素质教育之中,致力于培养具有创业能力的高素质人才。该模式强调创业教育"重在培养学生创业意识,构建创业所需知识结构,完善学生的综合素质",将第一课堂与第二课堂结合起来开展创业教育。在第一课堂方面,他们调整教学方案,加大选修课程的比例,拓宽学生自主选择的空间,开设创业教育系列课程,改革教学方法,倡导参与式教学,以鼓励学生创新思维为导向,改革考试方法等。在第二课堂方面,学校不以功利性为导向,鼓励学生投身于各种社会实践活动和社会公益活动。通过开设创业教育系列讲座,以及各种竞赛、活动等方式,形成了以专业为依托,以项目和社团为组织形式的创业教育实践群体。

上海交大模式。上海交通大学创业教育是综合式的培养模式,该模式的主要特点是注重学生基本素质和整体素质的培养与提高,注重创业实践及其效果评价,机制健全,体系比较完备。该校以"三个基点"(素质教育、终身教育和创新教育)和"三个转变"(专才向通才转变、教学向教育转变、传授向学习转变)为指导思想,确立创新人才培养体系的基本框架和基本内容,以社会活动为依托,以竞赛活动为载体,推动创业教育的开展。学校实施"科技英才计划",设立学生"科技创新基金",资助学生进行科技创新活动,同时还对学生的创业、创新活动进行指导、咨询和评价。学校投入8000多万,建立了若干个试验中心和创业基地,全天候向全校各专业学生开放,以培养学生的动手能力。现由该校研究生成立的学子创业有限公司已经入驻上海"慧谷"科技创业基地。

北航模式。"北航模式"即创业管理培训学院 + 创业导师 + 北航科技孵化器。该模式以提高学生的创业知识、创业技能为侧重点。这一培养模式的特点是商业化运作,设置专门机构,开设创业教育课程,建立大学生创业园,教授学生如何创业,并为学生创业提供资金资助、咨询服务。北京航空航天大学成立的"创业管理培训学院"专门负责与学生创业有关的事务,如开设"创业管理课程"、"创业企业的设立、研发"等课程,学院还设立 300 万元的创业基金,对学生的创业计划书经评估后进行种子期的融资。

武大模式。"武大模式"以"三创教育"（创造教育、创新教育、创业教育）为理念,实行讲授与自学、讨论与交流、指导与研究、理论学习与实践学习、课堂教学与课外活动、创造创新与创业相结合的多样化人才培养模式。这一人才培养模式是武汉大学创造的,其主要特点是充分尊重学生的个性,确立学生的主体地位。在培养过程中,注意调动教师的积极性、主动性,增强师生之间的互动性。跨学科开设课程扩大了学生的知识覆盖面,有利于学生人格和知识结构的完善,提高了学生分析问题、解决问题的能力,增强了学生创造、创新与创业的资本。实行院系之间资源共享,提高了资源利用率,为学生从事创造、创新和创业实践活动提供了便利和基本保障。

黑大模式。"黑大模式"以基础层面创业教育为重点,以操作层面创业教育为主要形式全面推进创业教育的模式。黑龙江大学强调专业教育中的各项技能与素质训练,都是创业教育和创业实践的重要内容,并专门成立了创业教育学院,负责全校创业教育的具体组织与实施,负责在基础层面和操作层面全面实施创业教育。创业教育学院设立的创业教育基地,负责全校创业教育课程体系的设置、教学实施、推进专业教学中的创业教育以及课堂教学中如何培养学生创业素质和创业能力。学校为了充分利用社会资源,还推行了"学生实践企业合作计划",选择一些资金雄厚、企业文化环境好的企业作为实践基地,实现了学生在学校知识的学习与在社会直接获取实际经验和能力的有机结合。

2. 我国高校创业教育的经验

根据前面所述,我国高校创业教育的试点,目前主要在普通高校。普通高校的创业教育模式对湖南高职院校开展创业教育无疑具有借鉴作用。

（1）注重创业实践能力的培养。以上五种创业教育模式代表了五种不同类型大学各自的特色,同时也体现了不同类型学校在探索和构建本校创业人才培养模式时,因地制宜,从各校校情出发,从专业人才培养目标出发。总体上看,都注重学生基本素质、整体能力的培养和提高,注重实践能力和创业能力的培养,尤其是各个学校都十分重视学生创业技能的培训。这无疑增强了创业教育的针对性和实用性,值得我省高职院校借鉴和重视。

(2)在第一课堂开展创业教育。这些院校在创业教育方面的一个共同特点,就是将创业教育融合在专业教育——第一课堂教育之中。例如中国人民大学在第一课堂调整教学方案,改革教学方法,开设"企业家精神"、"风险投资"、"创业管理"等创业教育系列课程。北京航空航天大学将"创新思维"、"创造学"两门课程作为全校的通选课列入教学计划,面向全校开设,由学生自主选择;并在工商管理系开设了课堂教育与方案制作相结合的"创业管理"专业课程。北京航空航天大学成立了"创业管理培训学院",专门负责与学生创业有关的事务,并开设"创业管理"、"创业企业的设立及研发"等课程。

(3)在第二课堂开展创业教育。创办创业园或建立大学生创业实践基地是目前普通高校最典型的创业教育和创业实践,这些基地以各种方式指导学生自主设计、创办、经营商业、企业或科技公司,从事商务活动、技术发明、成果转让、技术服务等。例如上海交通大学实施"科技英才计划",设立学生"科技创新基金",资助学生进行科技创新活动;成立专门的科技创新实践中心,对学生的创业、创新活动进行指导、咨询和评价;投入8000多万元,建立了若干个实验中心和创业基地,向全校各专业学生开放,以培养学生的动手能力。武汉大学也建立了"大学生创业基金"及"大学生创新实践基地"等。

(三)开展创业教育的对策

1. 创建良好的创业教育氛围与宽松的创业教育环境

良好的育人环境和教育氛围是开展创业教育和培养创业人才的

适宜气候和肥沃土壤。创业教育的良好氛围可以促使学生理性思考未来,及早确立人生奋斗目标,规划职业生涯,端正学习态度,努力掌握专业技能。因此,打造自由、宽松、和谐的创业氛围和环境是开展创业教育、培养创业人才的基本前提。

(1)构建崇尚创业的社会"强势文化",是引导更多的大学毕业生选择自主创业的社会基础。文化是群体所共有的价值观、思维方式和行为规范,使群体成员思维模式和行为模式趋于一致性。事实上,在人们从事创业活动的背后,是一种创业文化在起作用。一个社会创业意识和创业活力的强弱取决于社会的创业文化背景,特别是人们对自主创业价值的评价。构建促进创业的"强势文化",一方面有赖于市场体制的逐步成熟、开放程度的逐步扩大,更有赖于政府政策的积极引导和健全的创业支持体系。在国内一些创业活动水平相对较高的地区,通常是在当地政府政策的引导和鼓励下,逐步形成了尊重创业、崇尚创业的文化环境,从而使更多的民众敢于创业、学会创业、善于创业。例如,众所周知的温州创业文化、浙江"小草经济",其实质就是全民创业文化。浙江的创业文化还形成了"八创"经验,构成了一种全民创业的"强势文化",在这种"强势文化"的作用下,形成了以创业推动发展、以创业带动就业、以创业加快致富、以创业促进和谐、以创业谋求崛起的全民创业文化。另一方面,树立创业是公民素质能力重要体现的观念、树立为社会创造财富光荣的财富观。在全社会培育创业意识,倡导创业精神,完善创业机制,倡导敢于创新、勇于竞争和宽容失败的精神,努力营造鼓励毕业生自主创业的有利的社会环境和条件。

(2)政府政策扶持,社会各方参与。只有政策积极扶持,社会大力支持高职学生的创业教育,才能优化创业教育的环境,确保创业教育的顺利进行。因此,政府、社会、企业和高职院校应共同努力,为学生创业教育,积极创造有利条件。从政府、社会和企业的角度出发,首先,政府要鼓励高职毕业生独立创办或与他人合伙创办小企业,在有关政策方面予以支持,如去异地他乡创业的大学生,能在户口、档案等问题上给予关照,到农村创业的大学生,能在土地使用权上给予优惠。其次,政府有关部门及企业应对大学生的创业给以资金扶持,如按照国际惯例,给予他们风险投资基金,与其共谋发展,支持他们的创业实践和事业发展。政府的支持、社会的关心和企业的支持为学生创业教育创造良好的环境与氛围。

(3)营造校园创业文化氛围。高职院校应注重校园创业文化的创建,通过宣传栏、校园刊物、广播站、校园网络、报告会、学生社团组织及寓教于乐的文体活动等载体,使学生了解创业的政策法规等信息;通过各种活动的开展,使学生开阔视野,增长见识,丰富体验,将创业根植于学习的潜意识之中,激发学生的创业热情,弘扬创业精神,在全校上下形成良好的创业教育氛围;通过各类制度化和非制度化、显性和隐性的环境因素及其综合作用,潜移默化地诱发学生创业意识和形成创业个性心理品质,从校舍建筑和环境布置、校风学风建设到丰富多彩的社团活动,营造校园创业文化氛围。如通过企业成功人士的讲座倡导企业家创业精神;邀请院士走进高职校园,和学生面对面,用院士的敬业创业精神来激励学生;举行以创业为主题的论坛和文艺演出,开展科技创新大赛,进行素质拓展训练等。校园环境创业文化的创建要注意硬环境和软环境的相互协调,贵在计划性、长期性而不是应时应景,要不断提升层次。

(4)形成创业教育齐抓共管的良好局面。高职院校党政领导的重视,是开展和深化大学生创业教育的重要保障。要实施大学生创业教育工作,首先,必须从学校领导层面上树立"把学生创业教育视为创新精神和创新能力培养的重要实践方式之一"的意识。从而统一全校师生认识,鼓励和支持一部分冒尖学生在具备一定创新能力的基础上进行创业,使得高职院校的创新型人才培养与创业教育工作走向深入。其次,要重视对学生创业和创业教育的引导,建立相应的组织机构和服务体系。学校可以成立由学校主管学生工作的校领导任组长,学校相关职能部门负责人为成员的工作领导小组,组织、协调和指导大学生创业教育工作,由具体负责学生创业教育的工作部门,负责创业教育的具体运作和实施。再次,高职院校还应该从学校层面上,制定实施各项创业教育政策,鼓励学生组建创业团队,参与各项创业活动,学校每年对创业团队进行考评,并将对学生创业团队的考核评比结果纳入学校素质教育工作的考核体系中。从而形成高职院校学生创业教育齐抓共管的良好局面。

2. 加强创业教育师资队伍的建设

创业教育的成功与否,最关键的因素在于师资队伍的建设。创业教育工作是一项复杂的系统工程,不能简单地用一项活动、几个讲座来代表创业教育工作的全部,创业教育需要的教师是具有创业激情、创业能力、创业实践的创业者兼学者。但目前湖南的状况是有创业经验者不在教学岗位上,在教学一线的教师又往往缺乏创业经历和经验。没有一支具有创业意识和素质的师资队伍来引导,创业教育的实施只能是空中楼阁。

(1)高起点建设一支专职、兼职动态发展的创业教育师资队伍。创业教育教师的门槛是相当高的,他们除了具备创业教育的专业知识、较强的课堂讲授能力之外,还需要拥有创业实践指导能力以及强烈的责任心和吃苦耐劳的精神。高职院校要着力于全校教师创业教育意识的培养,并在此基础上重点加强关键院系、专业教师的创业素质的培养,创造各种条件,逐步增加具有创业意识和素质的教师的创业经验,锻造一支符合本校创业教育实际、能够勇于探索创业教育的师资队伍。在一些与实践结合密切的学科中,通过开展"产、学、研一体化"活动,让教师深入高新技术企业,体验创业过程,积攒创业案例,丰富创业教学经验。并在政策上鼓励有能力的教师进行创业,同时在政策上也吸引成功的创业者成为高校教师。美国斯坦福大学之所以能获得"硅谷企业文化发祥地"的美誉,就是因为斯坦福大学一直与企业界保持着密切而富有成效的联系,许多教师在企业界兼职,许多企业界人士也在斯坦福大学兼任教师。斯坦福大学的成功经验说明,高职院校创业指导师资队伍应该是兼职教师与专职教师相互搭配,聘请一些成功的企业家作为兼职教师给学生开设课程,聘请一些技术专家作为学生创业的智囊团,提供智力支持。这样的组合,既弥补了高职院校创业教育教师数量的不足,也实现了创业教育教师的个性、能力、学识和经验的互补,优化了师资结构。这个专家体系是动态、开放的,他们在高校创业教育管理部门的统一协调管理下开展工作。

(2)建立有效的创业教育激励机制。建立利益驱动机制,既是体现教师劳动的重要指标,也是促使教师主动、积极参与创业教育,不断提高创业教育的师资水平的重要动力。对在创业教育中作出突出贡献的教师,要按照既定的报酬标准予以奖励。同时,要为教师个人的进步拓展空间,对于教师在教材编写、论文发表、进修培训、经验交流等方面,除了物质上给予鼓励,还应在软件方面创造空间以给予支持,如组织教师到同类院校或创业市场进行系列考察活动,建设创业教育教师的培训基地等。利益上的激励机制建设能增强教学工作中的向心力和凝聚力,使创业教育师资队伍的建设能够步入良性发展的轨道,为高职院校创业教育工作提供坚实的人力资源保障。

3. 构建合理的课程体系

科学合理地设计课程体系是创业教育的基础,对培养学生的创业意识、创业综合能力起关键的作用,同时,它也关系到创业教育能否全面普及以及最终能否收到良好的成效。国外的实践经验表明,创业教育不仅仅是开设几门创业课程,创业教育更应该是一个系统工程。由于我国高校的创业教育起步较晚,很大程度上还停留在宏观教育理念层次上,缺少可操作性。有的学者曾用"准备不足,仓促应战"来概括当前我国高校创业教育课程现状。因而在我省高职院校实施创业教育若想取得理想的成果并得到迅速发展,开发出一系列实用、适需的创业教育课程是必要的,更是发展创业教育的当务之急。只有这样,高职院校的创业教育实施才能有章可循,具有可操作性,才能从抽象、宏观走向具体、微观,从而取得实效。

在创业教育课程开发的过程中,应积极地借鉴美国高校实施创业教育的有益经验并结合我省的实际,将企业、社区人员及创业成功者,都纳入创业教育课程开发的主体当中来。在课程设置上,各高职院校可以学习和引进国外一些优秀的课程设置。例如,世界有名的百森商学院开创了一套著名的创业课程教学大纲,其中许多课程极富特色和创意。例如,"新生管理体验"课程,新生班级被分成若干团队,在教师指导下制订出创业计划,以团队的形式贷款 3000 美元作为原始资本启动一家新公司,公司在学年结束时,必须返还本金和利息,超过原始资本的利润作为大一学生开办慈善事业的基金。

创业教育的课程设置应围绕创业过程的具体环节而展开,以增强高职院校实施创业教育的实效。在学习国内外成功做法的同时,创业教育的课程设置也要注意与我省社会经济发展的现实情况相结合,与各高职院校的地域、能力等具体条件相结合,开发出湖南特色的创业教育课程。例如,我省地域、区域、城乡经济发展不平衡,在就业指导与政策方面,基层就业与创业往往是联系在一起的。因此,在高职院校的创业教育课程设置中,就可以加入关于农村创业的机遇与政策等选修课。

创业教育目标是要培养学生成为具有创业意识、创业精神、创业能力等创业素质的人,需要通过建设相关课程这一核心环节来实现。由此,我们应以创业教育的基本价值为标准精选课程,加强课程的实用性和新颖性,在本专业基础上突出与创业教育密切相关的课程,形成具体学科课程、创业实践课程相结合,必修课、选修课相统一的课程结构,创建有创业教育特色的课程体系。同时,根据创业教育的特点,可以考虑实行弹性学制,以鼓励创业素质高的学生有充分的时间进行创业实践。作为职业学校内的创业教育,应将重点放在强化个人的创业态度、培养创业精神上。学校的创业教育,是一个意识形成与创业情感激发的过程,以消除那些妨碍个人自尊、自信、冒险精神及主动性等消极因素,从而将自信、创新、冒险、富有挑战精神等创业潜质从青年人身上挖掘出来。

4.不断探求和创新教育教学方法

开展创业教育落脚点在教育教学。潘懋元教授指出,"创新精神与实践能力,或创业精神和创业技能,恰恰是我国高等教育的薄弱环节。因此,高等教育的改革应在课程设置、教学方法,包括考试内容与方法方面下工夫"。就目前我省高职院校来说,基本上还是传统的就业型教育教学模式,开展创业教育就必须创新教育教学模式,这应该成为当前创业教育的着力点。

(1)寻求多元化创业教育模式。依据多年来的实践探索,有学者把创业教育模式分为以下三种:一是渗透型创业教育模式。这种创业教育模式是基于教育是潜移默化的教育理念,主要通过校园文化的建设,以创业文化育人。这种模式中,利用地域、利用与学校历史相关的创业文化的积淀进行创业教育。在课程设置上虽没有综合性的创业课程,也会在一些课程设置上体现创业文化,如所有专业的学生都要选修一些投资理财、市场营销等课程,以渗透的方式影响学生的创业品质;二是嵌入式创业教育模式。在整个人才培养模式中,把创业教育课程、创业教育教学资源、创业教育教学模式等嵌入其中,既形成一个有机的整体,又是一个个子系统。它的特点是以课程为导向,对人才的创业知识、素质、能力进行系统规划。不过目前困扰这一模式的主要问题在于创业课程开发难度大,师资跟不上;三是辐射型创业教育模式。这是以点带面的创业教育理念,把有创业意识和创业意向的学生组成班级,开设创业班,设立创业基地,通过开设创业班、创业基地来辐射影响全校学生。把创业成功的学生宣传辐射到正在创业摸索的学生。它的特点是以精英带动普通。这些创业教育模式总结起来就是以文化为导向、以课程为导向和以实践为导向,在实际的操作过程当中,可以根据学校、学生的特点把这三种模式结合起来,形成更有利于创业人才培养的教育模式。

（2）创业教育渗透于学校教育的全过程。在激烈的竞争环境中,高职学生既要有扎实的专业知识,又要有丰富的非专业知识,如相关的商业、管理和法律法规知识等。学校实施创业教育,不应局限于一门课程或创办一个企业,而应渗透到教育教学的各个方面。一要把创业教育与学生的思想政治工作结合起来,作为培养学生综合素质的重要内容,培养他们的创业精神和积极向上的心理状态;二要改革课程体系,将创业教育渗透到课程教学之中。要在所有教学科目的教学中体现创业教育思路,在传授好学科知识的同时,积极进行创新意识、创业精神和创业能力的培养,形成培养目标、人才素质结构、教学计划、课程设置、实践性教学活动等一体化的新体系;三要开设创业体验课程,指导学生进行创业案例分析和模拟创业。教师要坚持理论联系实践和边学边用的原则,运用典型的、有特色的创业案例教学,引导学生积极思考,分组讨论,学习创业的经验与方法;四要开展创业指导,学校要有计划地开设专门课程,举办各类创业知识讲座,聘请专业人士讲解企业经营管理知识,让学生进一步了解创业的途径。总之,学校的每一个工作环节、每一个工作阶段,都可以而且应该贯穿创业教育这根主线。创业教育刚起步的学校应先抓紧做好四项工作:一是面向全体学生开设创业教育课,让学生学习创业基本知识,树立创业意识,增强创业的基本素质;二是运用多种形式进行创业计划、创业技能竞赛,激发学生的创业热情、创业思维和创业设想;三是先办一定数量的创业教育试点班,形成一个独具特色,为本院所适用的创业教育模式;四是确保创业实践到位。一方面,校内采取创业模拟训练,缩短学校与社会需求之间的距离。另一方面,校外通过教学实习,假期实践活动等,整合专业能力与创业能力训练。

5.搭建创业教育的服务平台

（1）组织开展各类创业赛事。创业竞赛活动是大学生创业活动的试验场和演习所,对于激发学生创业欲望、增强创业能力有着重要作用。高职院校应该经常开展创新和创业计划竞赛,并组织好学生参与省、国家一级的大学生创业赛事。这些活动都有利于锻炼和提高学生的观察力、思维力、创造力和实践操作能力,同时将竞赛中选拔出来的部分应用性强的科技成果,通过改进、提高、推广并最终走向产业化,这样也有利于造就浓厚的科技创业氛围。

(2)建立学生创业基地和创业基金。高职院校可以建立大学生创业基地,设立专项学生创业基金,对学生科技发明、自主创业给予专项资助,不断加大在人、财、物和政策上的支持和投入。学校在开展创业教育的过程中,可以走校企联合的模式,通过产学研相结合的道路,创立学生创业实践基地,强化实践教学环节,努力培养学生的创新实践和创业实践能力。可以通过校办产业、校外企业等部门筹集一定的资金,建立创业基金会等组织机构,为学生提供创业实战演习场所和资金支持。

(3)开办创业论坛、扶持创业社团。在校园文化中注入学生创业因子,对广大学生的影响是潜移默化的。高职院校可以经常举办形式多样的旨在提高学生创业意识和创业能力的校园文化活动。可以举办各种形式的创业论坛,邀请知名企业家和创业教育研究领域的专家学者来校开展讲座。可以出台政策扶持创业型社团,充分利用学生社团"自我管理、自我教育、自我服务"的功能,把创业教育融入学生社团活动当中,在活动中促进学生创业意识的增长和创业实践能力的提高。

(4)以校内实习实训基地为载体,让学生自主开展创业教育。一是要利用实习基地让学生体验创业。学校要加强实验实习基地建设和管理,通过模拟真实的创业环境,为学生提供检验自己知识和能力的场所。要让学生在实习中,通过劳动实践,培养他们实事求是的工作作风和吃苦耐劳的精神。二是争取社会各界的支持,通过寒暑假打工和勤工助学活动,培养学生的经营管理能力。如让学生参与办超市、书亭经营等。三是积极组织学生参加科技创新竞赛活动。可以经常开展"创业计划竞赛"活动,使学生完成一份完整、具体、深入的商业计划;也可以组织开展一些发明创造活动,将获得的科技成果转让,体验创业的滋味。四是有条件的院校可以考虑建立高职毕业学生创业风险基金,进行项目化运作,解决制约创业资金缺少的瓶颈,为创业实践提供条件。

(5)以校企科研项目研发活动为载体开展创业教育。高职院校各专业、系通过校企合作途径,结合用人单位的需求项目,由校企双方共同确立一个新产品或新技术的创业研发项目,成立一个由企业技术骨干和师生参与的项目研发团队,在校园内,从事项目研发,成功后企业即投入生产。研发资金主要通过校企新产品研发立项,政府审批投资。目前,我国正处于经济转型期,资源主要掌控在政府手中,这是吸纳政府和企业资源,融合政府、社会和学校人力、财力和物力等创业资源的一个有效途径。

(6)强化与企业界的联系与合作。创业教育需要良好的社会系统环境的支持,企业家群体的支持是社会系统环境中的重要支持力量。我省高职院校长期存在理论脱离实际的倾向,与企业界联系不密切,缺乏社会经验成为高职毕业生在劳动力市场失去工作机会的"致命杀手"。企业是推动创业教育的重要力量。高职院校应该加强和企业的合作,积极构建校企交流平台。如:邀请资深企业家参与创业教育、聘请企业家进行短期讲学、开设相关选修课、合作开发案例、支持教师到企业锻炼等。"工学交替"培养模式中,高职学生在企业从事顶岗实训和岗位就业实习的时间越来越长。选择校企合作基地中的创新型企业,经企业申报创新项目,当地政府审批并且有政府对项目的经费投入,由企业技术骨干或学院在企业聘请的客座教授作指导,由参加校外顶岗实训半年、岗位就业实习半年,共在企业实习一年的应届毕业生组成的创业团队参与完成项目的实施。这种形式的创业活动,既满足了校企合作的需要,又解决了大学生创业与学业之间的相互博弈、创业指导教师匮乏和创业资金及成果转化等问题。

高职院校加强与企业界的联系,有利于为更多学生进行社会实践提供实习机会,让学生能直观地了解什么是企业,了解企业如何运作,有利于提高企业家群体对创业教育的支持力度,也能为高职学生的创业提供更加友爱、宽容的环境。

6. 突出实践教学环节,以强化学生能力培养

(1)强化实践性教学环节,提高学生的实践能力。实践性教学是职业技术教育的重要内容,它同样为创业教育构筑了宽广的平台。学校组织开展的实习、实验、设计、工程测绘、野外考察和社会调查等,不仅能提高专业教学质量,提高学生的实践能力,而且有助于学生形成相关的职业能力与职业素质。只有在基于一定的职业能力和职业素养的基础上才有可能激发学生的创业意识和创业动机,也只有具备了创业欲望才会在实践中形成创业能力。对于高职院校而言,教师不仅要指导学生的创业实践,而且要指导学生参加诸如"挑战杯"大学生创业计划大赛等科技竞赛活动,在创业竞赛中不断积累经验,锻炼能力。另外,学校要不断建立和拓展创业教育实训基地,不仅安排学生在校内实习工场进行基本功训练,而且要定期组织学生到校外生产现场进行生产培训。在实习、实验等实践性教学环节中,指导老师要探索行之有效的创业教育模式,以实际案例为主进行知识教学,以自身体验为主组织活动,以模拟仿真为主进行实战训练,也可以以具体咨询为主进行个别指导。

(2)建立创业实践基地,为创业教育提供实施平台。高职院校应成立创业教育实践基地来推动本校创业教育工作的具体落实。创业教育离不开一定的创业实践环境。创业教育实践基地既可以是真实的创业环境,也可以是模拟的创业环境。如无锡商业职业技术学院创建与专业有关的产业公司,并把这些公司变成学习的课堂和实践的场所。这些专业公司成为产教的基地,同时也成为学生创业的基地。在这样的创业教育实践基地里,学生可以学习到全方位的创业本领,包括企业的生产、管理、营销、财务等方方面面的知识和技能。

当然,创业方案的设计和完善,创业项目的管理和落实,创业形式的选择和组合,都将在该基地得到矫正、孵化和发育。在这个实践教学过程中,学生的创业意识得到提高,创业技能得以增强,创业素质得到升华。

(3)建立校外创业教育实践体系。我省一些有条件的本科院校已建立了大学生创业园,并允许大学生休学创业。高职院校教育基础设施还比较薄弱,更多的只能依托校外的教育资源建立创业实践体系,通过校企合作走向社区等多种途径培育学生的创业基本素质。值得注意的是,要十分重视校外实习基地的建设,校外实习基地除了为学生提供顶岗实习的机会外还要提供更多的创业基本素质锻炼的机会,对学生的实习考核也要有创业基本素质的考核要求。总之,建设创业型教育教学体系是一个复杂的系统工程,任重而道远,需要高职院校教育工作者进行创造性的工作,并为之付出不懈的努力。

(4)以假期社会实践活动为载体开展创业教育。创业指导教师将学生有组织、有选择地安排到创新型的校企合作基地进行假期社会实践活动,学生在企业能够和成功创业者,投资、管理领域的高层人物近距离接触,这样不仅潜移默化、耳濡目染地培养了学生的创业意识、创业品质和创业能力,同时,有利于引导学生科学现实地规划职业生涯、增强学习的内驱动力和就业力。假期社会实践活动还能够提高学校的就业率和就业稳定率。因为,每一次实践,对企业、对学生都是一次双向选择的机会。许多学生经过几次到校企合作基地从事假期社会实践后,毕业就直接到该公司就业,即便是不能到假期实践的企业就业,至少也减少一次"跳槽"的机会。实践教学环节是实现人才培养目标的重要过程,对培养学生理论联系实际、树立实事求是的科学学风、提高实践技能和技术水平及解决实际问题能力等具有重要作用。学校应搭建平台,创造机会,让学生参与创业实践。将人才培养模式、教学组织形式从单一的课堂教学活动扩展到学生自学活动、科学研究活动和现场的生产实践中去,使教学过程更加贴近社会和生产的实际。

7. 构建科学的创业教育评价体系

尽管创业教育理念在我国提出较早,但创业教育的真正实施还不过几年时间。因此,我国高校创业教育还处在探索阶段,缺乏切实可行的运行机制,更缺少对创业教育的评价。然而随着大学创业教育的发展,其相应的评价体系和机制变得日益重要,因为只有评价才能更好地促进提高。评价本是一种价值判断的过程,创业教育评价是评价主体根据自己的价值观念,对高校实施创业教育对学生的创业意识、创业技能和创业精神的培养和提高程度以及其社会价值做出判断的过程。评价的主要工作包括确定评价方法、制订评价标准、实施评价和对评价结果做出反应。其中,制订评价标准体系则是重中之重。关于创业评价体系标准,我国目前尚属空白。美国学者威斯帕(Vesper)在多年研究的基础上提出了对创业教育进行评价的七个因素:提供的课程、教员发表的论文和著作、对社会的影响力、毕业校友的成就、创业教育项目的创新、毕业校友创建新企业的情况、外部学术联系(包括举办创业领域的重要学术会议和出版学术期刊)。威斯帕(Vesper)的研究成果值得我们借鉴。根据创业教育的社会价值性特点,我省的创业教育评价应采取形成性评价和终结性评价相结合的方法。

创业教育不能仅通过对学生本身的衡量来检验效果,检验创业教育效果的标准不是试卷、计划书等纸面上虚的东西,而是已经产生的、为社会所认可的价值。实施创业教育后,学生有了多少新思路、写了多少高质量创业计划书、得了多少创业竞赛奖、办了多少公司等,都不足以作为衡量创业教育效果的真正标准。而只有学生接受创业教育后,通过自己的创造活动为社会增加了财富,或者减轻了社会的负担和压力(增加就业),才能说明高职院校的创业教育已经有了成效。总而言之,创业教育评价不能只停留在操作层面,而应从其基础层面进行全面评价。

高职院校要真正落实创业教育,必须尽快制订创业教育评价标准体系,并将其纳入到教学评价之中,作为衡量高职院校办学水平的依据之一。改革传统的评价模式,根据创业教育的目的和人才培养目标,建立科学、合理的评价体系,全面评价、考核学生在各个阶段、各个方面的创业意识、创业能力、创业知识和创业心理品质发展、提高的情况,激励学生积极进取,把自己培养成一名有"事业心"、"开创个性"的全面发展的高素质的创业者。

五、坚持全面和一贯性的职业指导

随着社会的发展,我国高等教育的大众化发展,使每年有大量的高校毕业生涌入就业市场,大学生就业难,高职生就业更难。但我国生产服务一线技能型人才,特别是高技能人才严重短缺。一方面是有活没人干,另一方面是有人没活干,充分暴露出教育与岗位需求的不匹配和大学生存在着择业的误差等问题。对职业的认知,很多时候,不是职业本身有问题,而是对职业认知的误解。学生确实存在对未来职业的真实状况不了解,需要校友和企业协助进行职业认知的教育,做好职业指导。通过职业指导,使学生全面地了解自己,了解社会,根据自己的性格特点和具有的职业能力,客观地选择职业,制订自己的职业发展方向和目标,树立正确的择业观,规划好自己的职业生涯,这是高职院校开展职业教育不可缺少的一环。

(一)职业指导的含义

职业指导是指教育、劳动部门和用人单位,根据社会的需要、职业活动结构、对劳动者素质的要求,结合每个人的个性特点,帮助学生、求职者,选择适合的职业或专业,进行定向培养,帮助用人单位选择合格的劳动者,达到人与职业优化组合的指导过程。职业指导既是一门综合性社会科学,也是一种社会服务手段,具有中介服务的性质,是沟通学校与社会、教育与职业、职前与职后的桥梁,是为劳动就业服务,实现双向选择的手段。职业指导要解决的核心问题是根据"两型社会"建设的要求,促进劳动力与生产资料的最佳配置,达到人与职业合理匹配,充分发挥人的积极性,提高工作效率,促进经济的发展,同时帮助求职者更好地实现人生价值。职业指导的全面性是指在校师生、毕业校友、社会相关部门参与到高职学生的职业规划教育中来。一贯性是指职业指导不只是在毕业那个学期开展,还要在大一进校,就得开展职业教育活动。

(二)职业指导的内容

1. 就业指导

就业指导是在我国高校就业制度实施改革后,为缓解就业压力,各个高校针对大学毕业生开展的有关择业观、就业政策、就业信息、求职方法、择业心理等方面的辅导。从渊源来看,始于职业指导,但不同于职业指导,实质应是职业指导。

就业指导的基本内容为:其一,帮助学生了解社会、了解职业。通过课程或其他方式,使学生了解我国行业、产业、职业及其分类,了解社会和各行各业的特点、发展趋势以及对从业者的素质要求,向学生宣传我国的劳动力市场的一般情况,即经济的发展对人才的需求状况,各个行业、各个地方的就业机会;让学生了解我国经济的发展情况,经济的发展对各行各业的影响,未来职业的发展趋势;让学生了解与所学专业对应的职业群对人才的要求,不同岗位的待遇情况。通过就业指导,向学生宣传我国的就业政策。我国正处在社会转型期,就业政策从宏观上影响市场的需求和个人的职业选择的态度。随着改革的不断深入,各方面的制度变化比较快,要准确、及时地让学生了解我国制度的变化,以便及时地更改自己的择业方向和方式。

其二,就业信息的及时准确传达。学校是在校学生获取外在有关就业形式、就业方向、职业对人的要求等信息的主要渠道。学校有专门的人员主动与用人单位取得联系,有准确的招工单位、招工条件、提供的福利待遇情况等信息,有效地向学生传达高质量的职业信息。指导者要熟悉我国劳动力市场的情况,分析劳动力资源的状况、供求关系的变化、就业形势和发展趋势,对掌握的信息,加以归纳,帮助学生及时准确把握就业市场的情况,合理安排自己的学习,从而提高学生的职业生涯规划能力,树立远大的职业理想。

其三,教给学生求职的技巧和方法。如如何写求职信、面试的准备、面试的礼仪、面试的艺术等。

其四,求职前的心理辅导。由于受社会上"学而优则仕"的传统思想的影响,高职生在选择职业时,存在着很多不良心态,如悲观失落、恐惧担心等,影响了正常的择业,就业指导要针对不同人的状况进行个别心理辅导,帮助学生改善心态,冷静就业,理智就业。对学生进行正确择业观教育,通过就业指导,帮助学生树立正确的择业观,摒弃不正当的择业观的误导,顺利就业。

其五,帮助学生了解自己的个性特点。就业指导要帮助学生了解自己,包括自己的个性倾向性,即了解自己的需要、动机、兴趣、理想、信念和世界观;自己的个性心理特征,即了解自己的气质、性格、能力,以及这几个因素与职业的关系。寻找与自己的个性特点相适应的职业,在校学习期间,为将来就业做准备。引导学生进行综合分析,根据某一行业或某一特定职业对劳动者素质的要求,对照自己生理、心理、知识技能等各方面的情况,树立职业理想,从发展的观点考虑问题,制订自己职业发展的计划。

2. 职业生涯规划

职业生涯设计或称为职业生涯规划,是指一个人在对主、客观条件进行测定、分析和总结的基础上,对一生职业发展道路的设想和规划,包括如何确定职业目标和选择职业,如何在一个职业领域得到发展等。合理设计自己的职业生涯,是个人迈向成功的第一步。

高职学生职业生涯设计主要分为以下阶段:

第一是自我评价。自我评价是进行职业生涯规划的前提。只有正确认识自己,才能选定一条适合其主要能力和价值观的职业生涯路线,确立最佳职业生涯目标,控制自己的职业生涯发展道路。

第二是环境分析。环境分析是考察和评定社会环境因素对自己职业生涯的影响,是职业生涯规划成功的保证。任何人都是社会的人,社会环境为每个人提供了职业空间和职业机遇,因此,在进行职业生涯规划时,要充分考虑高职学生所面临的环境。

第三是目标设立。目标是人生的航标,适当的目标可以成为追求成功的强大动力。职业生涯发展需要明确的方向和目标,设立目标是职业发展的关键环节。职业目标是否恰当关系到个人事业的成败。

第四是实施策略。设立职业生涯目标之后,就必须制订相应的职业生涯实施策略以实现职业目标。职业生涯实施策略是实现职业生涯目标的具体行为计划,相对于职业目标而言,具有具体性、可操作性。在制订职业生涯实施策略时,必须对职业目标进行细化,针对细化的生涯目标采取相应的措施、行动。

第五是评估和修正。职业生涯规划是一项长期工作,不能一蹴而就。自身的变化以及环境的变化,要求人们必须不断地进行评估、修正。现代社会发展迅速,职业领域变化尤其剧烈,新世纪涌现出许多新的行业、新的职业,对从业者的职业能力也不断提出新要求。必须随着社会的发展变化,不断地总结经验、教训,修正对自我的认知和最终的职业目标,以保证职业生涯规划行之有效。

高职学生职业生涯规划的主要内容是:

第一个阶段,首先客观分析自身的条件。通过职业理想教育,使每个学生确立自己的职业奋斗目标,为实现自己的目标,要进行职业生涯规划,所以在这个阶段每个人都要分析自己,了解"现在的我"。从生理的角度,寻找自己的优势,排除不适合自己的工作。再从心理的角度分析自己的个性品质,自己的职业兴趣在哪方面,对应的职业群有哪些,自己的职业性格是外向还是内向等。寻找自己的特殊能力或自己的优势能力。还要分析自己原有的学习基础,决定自己的发展方向,确定职业目标。了解了现在的我,更要预测"未来的我"。在现有的基础上,通过自己的努力,预测将来可能达到的水平,挖掘自己的潜能,更深刻、更细致、更全面地分析自己,为确定目标提供依据。

第二个阶段,分析当前所处的社会环境,比如社会需求现实,也就是各个行业对人才的需求状况,需要具备什么样的素质;哪些行业紧缺人才,以及需求数量等。分析社会发展趋势,了解各行各业未来的发展前景,帮助自己寻求有前途的职业岗位。了解社会对高职学生的就业提出的要求或必须具备哪方面的能力,具备什么样的条件,分析自身的有利条件和不利因素,找出自身条件与职业需求的差距,从而趋利避害,选择适合自己的最佳职业生涯目标和路线。

第三个阶段,通过前两个阶段的工作,在剖析自我,分析、了解社会的变化发展后,寻求个人因素和职业因素的匹配,包括职业性格与职业匹配、职业兴趣和职业匹配、具有的能力和职业匹配等。确定职业目标既可以是发展的方向或是范围,也可以是具体的职业。确定职业生涯目标还要注意长期目标和短期目标的配合、协调,以利于职业生涯目标的实现。

第四个阶段,根据目标制订具体措施,每阶段要有时间安排。根据现在的我和未来的我的差距制订具体的措施,要具体,同时要有标准。时间安排包括两个方面:一是什么时候达到这个目标,二是什么时间落实达到目标所采取的措施。

第五个阶段,根据职业发展动态,适当调整职业发展方向,补充达到目标所需要的措施,修订自己的职业生涯规划。职业生涯规划不是一成不变的,它是一个动态的但又相对稳定的过程。

(三)职业指导要坚持四个不唯一的原则

职业指导要坚持四个不唯一的原则,要是行之有效的方案。

教学内容的不唯一：职业指导教育是一门完全不同于其他基础课、专业课的课程。教学内容不能指定某一本市场上通行的教材，很显然，任何一本通行教材都不会包含自己学校的特色、历史等。必须加入最重要的学校专业介绍内容，如果指定一本教材，照本宣科，就纯粹把指导课开设成理论说教，是学生最不喜欢的。

教学方法的不唯一：在课堂教学的基础上，要给学生提供各种机会参与职业实践活动，开展第二课堂，让学生在实践中接受职业指导，提高学生的职业能力。

教学人员的不唯一：不像其他课程，职业生涯规划指导课应该是由多人联合起来完成的课程。一个人的阅历和专业是有限的，学校老师只能承担课程的一部分而不是全部，企业专家、校友、辅导员、毕业办专业老师是主力，要全力联合完成这门指导课程。

教学学期的不唯一：很多学校把职业生涯规划指导课开设在第五个或第六个学期，这是不科学的。就业指导课程要坚持一贯的、多学期的开设方案。

高职院校要提高学生的就业水平，使高职生更好地成长，必须突出办学的职业特色，进行职业指导。

六、成立高职教育联盟

(一)成立职教集团的意义

1. 职教集团产生的客观基础

职教集团是经济发展的必然产物。首先，市场经济的冲击，打破了高职院校单靠政府拨款的办学格局，投资多元化特点代替了过去的单一性特点，各高职院校不仅要充分利用已有的教育资源，尽量避免教育资源的闲置或浪费，还要通过各种途径引进社会资金，在愈趋激烈的市场环境下生存。组建职教集团，可以使各高职院校联合起来,共享教育资源,节约一定的费用,并将各企、事业单位、社会团体等吸纳进集团,更好地去利用它们的资金。其次,随着我国工业的发展,技术人才缺乏的问题日益突出,尤其是高级技工。现有技术工人只占全部工人的1/3左右,而多数是初级技工,技师和高级技师仅占4%。这就要求改变职业学校培养人才的方式,让企业参与进来。职教集团能够发挥教育和企业两种资源优势,搭建起合作平台,实现产教结合,以企业的标准来考核学生,培养社会发展实际需要的人才。最后,我国正处在全面建设小康社会的阶段,人们的生活水平已有很大的提高,对教育的需求不断增加,尤其是优质教育。目前高职院校已经遍布全国各地,但办学质量优良的学校还不多,通过建立职教集团,将优良职校和薄弱职校组合起来,能够使先进的办学理念、管理体制和管理模式更快地辐射到其他学校,带动农村和偏远地区的职业教育。

职教集团是解决高职教育发展矛盾的一个重要途径。随着我国经济的高度发展,高职教育展现出蓬勃生机,并取得显著成绩。高职教育在计划经济体制下形成的办学体制、管理体制、运行机制以及相关政策,已经不能完全适应社会主义市场经济体制的需要。在高职教育发展的同时,也呈现出诸多的问题,主要表现在管理模式和办学体制单一的局面没有得到彻底的改变;高职教育投入严重不足,各高职院校难以在短期内解决资金问题,导致师资力量薄弱、办学条件差、教学和实践设施缺乏;办学规模相对较小,基本上是"小而全",在"普高热"出现后,这一问题引发的矛盾更加突出,高职院校之间争夺生源、资金、师资等恶性竞争的现象白热化,导致生源爆满的高职院校资源缺乏与招生困难的学校资源闲置等问题;布局不合理,学校分布比较零乱,导致专业设置重复和教学设备重复建设;地区发展不均衡,主要表现在城市与农村、东部与西部之间的不均衡。职教集团的产生可以使各成员之间相互利用教学资源,互相辅助与促进,在一定程度上缓解教育资源的短缺,从而平衡职业教育的发展。

相关政策、法规的出台,为职教集团的产生和发展提供了制度环境。1992年,中共中央、国务院颁发了《关于加快发展第三产业的决定》,第一次明确将教育归入第三产业,并作为发展的重点。这就为教育集团的发展奠定了理论基础。浙江省教育厅2002年专门制定了《关于组建职业教育集团的试行意见》,指出组建职业教育集团的目的在于通过加强校企合作和校际合作,促进资源共享,优化资源配置,提高人才培养质量,推动职业学校和企业共同发展。浙江省通过组建职教集团,利用银行贷款、吸纳社会资金、设立教育基金、组建教育发展公司等途径,打造浙江职教品牌,提升职教综合实力,更好地为振兴地方经济服务。在2003年福州市委、市政府召开的"福州市职业教育工作会议"中,把职教集团作为当前和今后一个时期福州市职业教育改革与发展的一项重点,出台了《关于大力推进职业教育改革与发展的意见》,推出扩大职校办学自主权、组建职教集团等一系列重大改革,加速推进福州市职教发展。2004年4月召开的北京市教育大会明确提出:"以行业和专业为纽带,推动相关的高等、中等职业学校组建若干个职业教育集团。"此外,江西、河南等省教育行政部门分别出台了有关职教集团的政策文件。职教集团的发展也逐渐引起了国家教育行政部门的重视,2004年4月教育部高教司在北京组织召开了全国职业教育集团研讨会。2005年颁布《国务院关于大力发展职业教育的决定》中的第十七条明确规定,推动公办职业学校资源整合和重组,走规模化、集团化、连锁化办学的路子。由此可见,职业教育集团的发展有坚实的政策后盾及良好的政策环境。

2. 职教集团存在的现实意义

有利于实现资源共享。在"普高热"出现后,职业学校之间争夺生源、师资、资金的现象日益白热化。有些学校职教集团的成立,可以使原来相互竞争的学校团结起来,共同应付职业教育存在师资力量薄弱、资金匮乏、设备落后等问题,也避免了各职业学校之间争生源、争资金、争师资的现象出现;并可以使教育资源在集团内部优化配置,进行统筹安排,让资金有目的、有重点地集中投放,保证重点工程尽快完成和实习基地的现代化;也可以使教师在学校间流动,以防止因某专业突然生源爆满,而临时到外面匆忙聘请不合格教师的情况;还能让学生在各学校间进行合理分配,以解决某学校因学生太多,出现师资、设备不足,而另一些学校因生源不够,导致资源闲置的问题。

有利于加强校、企结合和科技开发。将企业联合到职教集团内部来,有利于职业院校利用企业的现有设备与工作场地,节省学校购置实训设备与大量建设实习基地的资金,并且学生也能够进行实地操作训练,使学生在校期间就能熟悉技术操作,实现学生毕业与上岗"零距离";企业也可依据行业对技术工人的要求,培训职业学校的教师,或直接派遣专业技术人员到学校进行专业讲授,指导学校的专业建设与课程改革,参与学校的实习指导等;学校还可为企业开展在职人员的岗位培训和继续教育;学校和企业能够共同开发新产品、新项目,推广科研和技术成果;企业加入集团,也有利于毕业生的实习与就业。

有利于促进教学改革。在职教集团内部,有些办学水平高、社会声誉好、办学实力雄厚的学校,它们通常发挥着主导与示范作用,将自己先进的办学理念和管理模式等辐射到其他成员单位,以带动那些实力薄弱的学校,提高它们的教学质量、师资水平、管理者素质等。职教集团内的各学校可以实行弹性学制和完全学分制,互相承认学分或成绩,有利于学生根据自己的兴趣与资质在各学校间自由选择课程,使所有教育资源得到充分利用。在规定的时期内,学生可以调整专业方向,选择集团内的其他学校就读非原报专业,以更好地满足学生的需要,避免各学校之间在学科和专业上重复建设,减少生源的交叉,有利于各学校办好自己的特色专业。企事业单位参与到集团中来,可以与各学校共同探讨专业的设置、课程的安排以及学时数,使学校教育更符合市场需求。

有利于促进中、高职沟通。多年来,中、高等职业教育的衔接沟通大都采取两种形式,一是采取专业面很窄的对口招生的衔接形式;二是采取中等职业学校挂靠某一高职学院举办五年制高职班的衔接形式。两者都没有做到实质意义上的衔接沟通。职业教育集团化办学,可以通过集团统筹,在继续办好中等职业教育的同时,采取五年制、"三二"分段、中高连读和专本连读等多种形式举办高等职业教育,以实现中、高职教育相同专业在专业培养目标、教学管理、学籍管理、招生、就业等多方面的有效衔接,最终形成招生、专业培养方案设计、教学实施到就业一体化的中高职相衔接的职教体系,促进中高等职业教育的协调发展。

(二)湖南科技职教集团发展的经验教训

我国现有的职教集团大约有 100 家。这些职教集团主要分布在一些经济发达的省市,尤其是在东部沿海城市比较集中。最早在 20 世纪 90 年代初成立的职教集团,主要有浙江机械工业万里教育集团、北京蒙妮坦美发美容职教集团、北京西城区旅游职教集团、重庆市南岸区职教集团等。大部分的职教集团是在 21 世纪成立的,新闻报道较多、影响较广泛的是河南省教育厅于 2004 年组建的农业、公路交通、信息技术、财经、卫生、建筑、旅游、机电、工艺美术等 9 个省级职教集团,我国职教集团中的大多数,是通过各职业学校之间,或职业学校与企业的联合来组建的,由某职业学校自己发展壮大为职教集团的比较少。目前实力雄厚、具有较高知名度和影响力的品牌职教集团也很少。浙江机械工业万里教育集团,通过滚动发展,成为了浙江万里教育集团,虽然该集团声誉较高,但已是一个涵盖普通教育、职业教育和成人教育的综合性教育集团。目前,在湖南影响比较大的是湖南科技职教集团,它既是资产契约混合型的职教集团,又是校企联合型的职教集团。

1. 湖南科技职教集团的组织结构

湖南科技职教集团,是 2004 年由湖南中华职教社牵头组织,以湖南科技职业学院为核心,由相关职业院校、行业、企业和其他职业教育机构以自愿方式参与的集团化办学组织。集团的最初成员有 22 个,包括 2 所本科层次的学院、7 所专科层次的院校、3 所中专层次的学校、1 个研究所、1 个培训中心、8 家企业。后来,又有十几家企业加入集团。集团成员单位保持原有隶属关系不变、产权属性不变、经济独立核算不变、人事关系不变。集团实行董事会领导下的工作委员会制,按照集团章程,董事会设董事长 1 名、执行董事 1 名、董事若干名、顾问若干名。董事会下设工作委员会,工作委员会既是董事会的执行机构,也是处理集团日常工作的办事机构,工作委员会设主任 1 名,副主任 2～3 名,主任由集团核心学校负责人担任。工作委员会下设办公室、教学管理部、实验实训部、招生就业部、产学研部来负责集团具体工作。

2. 湖南科技职教集团进行集团化办学的主要体现

湖南科技职教集团的集团化运作主要体现为,核心成员——湖南科技职业学院与企业及中等职业学校之间的合作。

企业向学院投入资金。2004 年,湖南科技职业学院与湖南维智教育投资有限公司合作,该公司投资 3500 万元兴建了 16900 平方米的教学大楼和 13000 平方米的学生公寓。作为投资回报,学院将学生公寓和学生食堂的若干年经营权出让给维智集团。现维智集团的投资项目已全部落实到位。通过合作,一方面解决了学校暂时的资金短缺问题,加快了学校发展的步伐,另一方面也为维智集团获得合理回报创造了机会,从而实现了双赢。湖南科技职业学院的软件学院是国家级示范性软件学院,长沙胜达房地产公司一次性向其投资 3000 万元,主要用于软件学院的校舍建设和设备购置,并每年向学院投入 300 万元管理费,与院方合作办学 30 年。办学主权在校方,企业参与办学和财务管理,并且每年从办学利润中获取一定比例的回报。双方联合组建理事会,软件学院实行理事会领导下的院长负责制,理事长和院长由校方担任,企业法人代表任副理事长,同时成立监事会。

企业参与学院的专业建设、课程与教材开发。为了保证专业建设能主动适应社会经济发展、职业结构及就业市场的变化,学院积极吸收企业、行业协会及生产管理第一线的专家参与专业建设。各专业成立了由企业高级工程技术人员与管理人员参加的专业建设指导委员会,定期举行研讨会,并由企业向学院提供用人需求情况和人才的质量要求。同时,专家们参与学院的课程改革与教材建设,将企业的新工艺、新技术及时引入课堂。比如学院与沅江纸业、双鹤药业等企业开展了"订单"教育,由企业设置符合定向培养要求的课程,并确立教学内容;科技职业学院中的软件学院与创智集团的合作,引进了先进的软件技术教育体系,创智集团派高级技术人员指导专业教学,参与全过程的教学管理;学院与台达电子有限公司的高级技术人员共同制订模具专业和高分子材料加工专业的教学计划,开发课程。

学院与企业合作建设"双师型"教师队伍,以及负责企业职工的继续教育。通过"走出去"与"请进来"相结合的办法,聘请企业高级技术人员及管理人员到集团内学校任教,指导教师实践。同时先后派出教师到企业进行社会实践活动,参与企业的技术与管理工作,进行项目开发,和学生一起参加上岗训练,提高教师的专业技能水平。例如与台达电子有限公司建立的"台达班"中的专业教师,必须接受台达公司的培训,考核合格才能任教,并按考核等级每人每月分别给予不同数额的奖金。同时,公司派技术骨干到校参与实践教学;2005年经贸商务系旅游管理教研室采取送教上门的方式,为长沙和一国际大酒店、隆回县假日国际大酒店、浏阳市绿之韵国际酒店共培训员工400多人;公共课教学部英语教研室在2006年暑期,为三一重工股份有限公司24名出国人员举办了英语培训班。

企业作为学生实训与实习的基地,并与学院共建校内实训基地。

学院充分利用合作企业的生产现场进行教学和实践。同时还引进企业的先进设备，充实校内实训基地建设。如与方盛医药公司合作，学生前三学期课程在学校完成，后三学期课程在公司内一边跟班实习，一边利用业余时间完成；与捷升鞋业公司共建"捷升班"，按照工学结合模式培养学生，即学生每年在学校学习半年，再到工厂实习半年；2003年10月，湖南科技职业学院艺术设计学院与澳门骏龙制衣厂签订合作协议，为毕业生提供实训培养服务。2004年4月，学院首批组织26名毕业生赴澳门实习；台达电子有限公司为学院捐赠了折合人民币约200万元的注塑机、电火花机、铣床、磨床、模具以及塑胶原料和钢材等，建立校内模拟训练系统。

学院与企业合作开发产品。2003—2005年，湖南科技职业学院高分子工程与技术系的雷金波、吴卫华等老师带领革制品班的学生为长沙东方鞋业公司、湘潭市涓江鞋业公司等实习基地设计出美观实用的鞋样，为这些厂带来了可观的经济效益；2005年4月，高分子工程与技术系的吴卫华老师带领学生与奥斯曼软件有限公司合作，开发出了国内领先的"帮样放码系统"、"鞋底模具三维设计系统"等软件，在为解决企业技术难题的同时，也为学院提供了先进的教学软件；艺术设计学院教师积极参与企业的项目设计，有7位教师主持了省内20多项有影响的工程设计，取得了很好的经济效益与社会效益，有6位教师被企业聘为设计师，聂正光等多位老师被公司聘为设计总监。再者，湖南科技职业学院与中职学校进行合作。比如，2005年3月—2006年6月，湖南科技职业学院在承担中华职业教育社温暖工程——可口可乐农民培训项目时，选择集团内的永州市江永县职业中专学校作为培训基地，投资维修教室、食堂、学生宿舍、实训场所，添置实训设施设备，改善校园环境，培训师资等，使濒于倒闭的学校又焕发出勃勃生机。

3. 湖南科技职教集团反映出来的主要问题

湖南科技职教集团成立以来，已在集团化办学上取得了一定的成果。集团的核心学校——湖南科技职院发挥了核心作用,与各成员企业、中职学校进行了各方面的合作。如科技职院引进企业资金改善办学条件;企业参与开发专业以提高教学的针对性,使专业建设更符合社会经济发展和就业市场的变化;企业提供真实的实训场地,提高了学生的实践动手能力;合作开发新产品,为企业解决技术难题的同时,又提高了教师的实践能力与学生的综合职业能力等。另外,科技职院也对条件较差的中职进行了投资,解救了困难学校。科技职教集团在办学的过程中也出现了一些问题,主要表现在以下方面:

政府对集团的组建虽然持支持态度,但是没有对集团的成立与发展正式下达过文件,也没有给予集团政策上的倾斜与资金上的支持,政府应起的宏观管理的作用不明显,导致集团化办学的许多工作难以开展。集团组织机构中的董事会成员因为是由各单位负责人组成,他们除了要负责原单位的工作外,还要抽出时间和精力参加集团董事会的各项工作,以致一些董事会成员缺乏参与会议的积极性,同时,由于政府部门没有派相关人员参与董事会,以对职教集团进行一定的督促,也没有给予集团的核心学校科技职院特殊权力,以致该学校对松散的集团成员单位进行组织有一定困难,集团董事会等管理机构也失去了应有的权力。

在校际联合型的职教集团内,各职业学校之间的合作主要是城市实力强的职校与农村薄弱职校、高职院校与中职学校的合作,而实力相当的高职之间、中职之间却很少有联系,原因是高职与中职、城市职校与农村职校他们的办学水平、教学设备、师资力量等方面存在很大的差异,双方有合作的基础。由于受政策的限制,集团内成员学校之间的中、高连读,专升本及专本连读没有实现纵向沟通,导致集团的本科层次的学院、专科院校、中职学校之间的合作受到限制。

集团内虽然成员学校比较多,但各学校之间的联系比较少。如在办学场地、实验实训设备的相互利用,教师的互聘互任,教学、管理工作的交流等方面没有达到预想的目的。学校之间的学分互认没有实质性的开展。校企联合型职教集团中,学校与企业的合作比较频繁,而相比之下,学校之间的合作要少得多,原因是校企合作可以使双方共同取得一定的利益,达到双赢,而学校之间的合作一般都是强帮弱,薄弱学校从优质学校那里获取教学设施、"双师型"教师、先进的管理模式等,条件好的学校获得的回报则比较少。

校企联合型的职教集团中,学校和企业之间的互动关系还只停留在企业提供部分就业岗位、实训资源及学校承担企业的培训任务等浅层次上,两者还没有在教育的深层次上构成本质的联系。如:企业的文化理念向职业教育渗透,企业的发展带动整个集团专业的发展,专业的发展又反过来促进企业的发展等。

外部联合扩张式的职教集团的规模太大,在成立之初就有一二十个成员单位,有的甚至更多,而集团化办学工作主要是核心学校在积极开展,还有很多成员单位只是名义上加入集团,但实际上,很少与其他成员进行过合作,原因是在成立职教集团时,欠慎重考虑,对集团所有成员的合作与以后的发展过于乐观;贪图规模大,以造成较强的影响力和较高的知名度;追求速度快,在短时间内联合若干个成员,而没有考虑它们对集团并无作用,甚至可能影响集团的发展。湖南科技职教集团成立之初,成员就有 22 个,但它们并没有形成一股合力共同促进集团发展。

缺乏品牌建设,虽然在成立之初都有过新闻报道,或邀请政府部门及社会各界参与了成立仪式,但在后来的发展中,没有产生较大影响,原因是职教集团内部是以契约为纽带组建的,各成员之间的联系过于松散,没有将它们的力量集中起来发展集团,导致集团成员有各自为政的现象,难以形成一个统一的集团品牌。

(三)职教集团发展的对策与建议

1. 政府和教育行政部门大力扶持与引导

在经费上给予支持。目前,很多外部联结型的职教集团在组建时,为了提高大家参加集团的积极性,并没有向各成员单位收取费用。但是,集团需要一定的资金来进行正常运转,比如组建前举办各种有关集团成立的筹备会议,组建后集团总部及各机构的设立及办公用品、人员的配备,集团召集各成员举行的讨论会,以及集团董事会等高层管理部门开展的各项工作等都需要一定的资金来支持。政府在对集团投入资金后,为保证集团使用经费的合理、有效、公平,需要制订一整套集团财政运作规范,协助建立集团的财务运筹中心和运行网络,来确保集团内的经费运行及财务运作的正常、有序;建立财政管理、监督机制,以减少对集团内部经济活动的干预,并保证经费的正确使用;实行财政投入重点倾斜,如建立集团发展基金,建设实训基地,搭建信息交流平台,使之能够提供动态的岗位需求信息,经济和技术发展信息,毕业生源及其相关文化程度、技术素养、技能准备等方面的信息,并对此提供较大力度的一次性或阶段性的财政支持。

在政策上适当倾斜。政府要利用政策杠杆,鼓励职业学校、企业、社会团体等开展多层次、多样化的合作。例如,政府可制定相关的法律法规,对参与职业教育合作的企业,实行优惠政策,鼓励更多的企业参与到职业教育中来,使集团内的校企紧密联结;通过税收调节,鼓励企业投资职业教育,为职业学校教师提供实践岗位,帮助职业院校教师深入一线掌握新技术,为学生提供实习场所;在学校专业设置上要放开,给集团化办学充足的自主权;对职教集团内具有"3＋2"分段制高职招生资格的学校,在安排招生计划时予以倾斜。

积极引导。在职教集团成立初期,由于各项工作的开展会遇到一些障碍。如核心学校不能很好地主持整个集团的工作,董事会不能发挥应有的作用,集团精神与决策不能很好地传达到各成员单位并付诸实施。因此,政府要对职教集团的发展进行引导,可以适当地安排人员辅助董事会的工作,使董事会能行使应有的职责,对各成员进行统一组织与协调,避免"集"而不"团"的现象。同时,可以对集团内部的关系,进行适当协调,避免内部矛盾影响整个集团的发展。

2. 职教集团的自身建设

选择合适的成员,且成员数量适当。首先,在职教集团成立之前,就应该获得成员单位的详细资料,了解它们的内部情况,以判断有没有联结的利益与价值,再在自愿的基础上组建集团,而不能因为有联合的想法而不顾主客观条件,为了图形式、赶浪潮就一窝蜂地盲目拼凑起来。如果,联结在一起没有给集团其他成员带来好处,那么只会使集团"徒有虚名",不会产生任何作用。其次,即使联合的所有成员都能够给集团带来利益,也不是数量越大力量就越大,因为关系网会逐渐扩大且结构愈趋复杂,导致管理的难度增加,管理层次增多、幅度变宽,以及信息传递迟缓或失真,各成员之间沟通困难,这必将促使集团各方面的管理成本大幅度上升,甚至大于集团所获取的利润,产生规模不经济。最后,盲目地将一些弱小的职业学校收入集团,实质上是使它们处于集团的保护下,以致外部激烈的竞争对其冲击更小,而其他职业学校则不得不承受更多的负担,影响它们合作的积极性。因此,要防止职教集团一哄而起,在吸收集团成员时要避免过多过滥的情况,适度控制规模。

职教集团内部实施目标管理。目标管理是一种化组织需要为个人奋斗目标的管理哲学,也是一种组织实施计划和控制的管理方法。职教集团是一种复杂的教育组织,由多个成员单位组成,规模庞大,管理幅度大、层级多,信息的传递容易失真,时常出现上级的目标与决策难以落实的情况,各级管理人员工作比较被动,缺乏主动性。在职教集团实施目标管理,是由集团内各部门和职工根据集团在一定时期的总目标确定各自的分目标,在获得适当资源配置和授权的前提下,积极主动地为分目标努力,从而促使集团的总目标顺利地实现。这种管理方式,通过全体成员共同研究确定各机构的工作目标,能使各级管理层了解自己的工作在集团发展中的地位和作用,促进各机构部门之间的相互协调,增强管理人员的全局意识与协调能力;

便于各级管理人员找准努力的方向,在实际工作中分清主次,把握事情的轻重缓急;可以提高基层工作人员的主观能动性,以调动一切积极因素,形成最大的合力,推动集团的发展。

职教集团内部注意协同作用。根据协同理论,集团各要素之间的协同作用发挥得好与坏,将会影响到组织效应,即组织活动的效果和反应,组织活动中所取得的整体效益一般不等于局部效益之和,这两者的差异就是组织效应,它可以表述为正效应 $1+1>2$,负效应 $1+1<2$,无组织效应 $1+1=2$。将这个理论用到职教集团中来,可以得出,如果集团内各成员单位之间的协同作用发挥得好,则会产生正效应 $1+1>2$;如果缺乏甚至丧失协同作用,各种力量相互抵消,内耗增大,将产生负效应 $1+1<2$;如果集团成员之间处于一种极度松散的联合,相互之间没有产生协同作用,也就不会产生组织效应,进入"无组织"状态 $1+1=2$。由此,协同作用对职教集团的发展是非常重要的。另外,还要注意影响和制约职教集团组织效应正、负和大小的主要因素:职教集团组织的目标与外部环境、组建模式三者之间的协调程度、集团内各成员之间联系的紧密程度与集分权程度、组织结构合理化程度。当这几个方面达到最佳状态时,将产生正效应。按照组织效应学原理,在集团运行的过程中,有聚合阶段、成长阶段、成熟阶段三个阶段,每一阶段组织效应的表现都不同。首先,聚合阶段的组织效应表现为,集团整体效应是否大于组建前各成员单独活动的效果之和,如果在自愿互利的基础上先聚合起来,则会产生正效应,否则会使集团成员单位以及个人都产生抵触情绪。第二,成长阶段的组织效应表现为,成员之间的协同作用是否继续存在;集团作为整体应继续存在,还是解体;或者集团内某些成员已经不再与其他成员存在协同作用应退出集团;或者集团要强化协同作用,就应吸收新的成员,如湖南科技职教集团后来又吸纳了十几家企业。另外,在这一阶段要不断使集团内部资源优化配置,结构合理,以提高自适应能力。第三,成熟阶段的组织效应已经达到了某种最优点,自适应能力

也较强,可考虑进入新的经营领域了。

职教集团需进行品牌建设。随着职业教育的不断发展,职业学校之间的资源条件将逐步趋同,只有品牌才是独一无二、不可复制的资产。同时,随着我国教育供给方式日趋多元,教育品牌效应越趋明显。职教集团拥有自己的品牌,已是不容忽视的问题。职教集团的品牌可以认为是职教集团社会地位的反映,是其在创建、发展过程中逐渐沉积下来、凝结在其名称中跨越时空的社会认可程度。职教品牌的打造,第一,要树立品牌意识。在市场经济下,职教集团品牌是赢得生源和求得生存与发展的关键,集团全体成员单位必须树立品牌意识。首先,集团高层管理人员必须高度重视品牌的建设,举行各成员单位参与的有关集团品牌建设的讨论会,使他们对品牌建设的重要性达成共识,并调动所有人员出谋划策共同打造集团品牌,只有将集团品牌看作自己个人的荣誉,并为之身体力行,才能形成学校的凝聚力和向心力。再者,及时制订集团品牌建设发展规划,将其与集团的目标、计划,集团各成员单位的实际情况以及市场环境等相结合,进行科学规划。第二,要找准品牌定位。职教集团的品牌定位就是集团根据自己的优势、特色所确立的最适合自己发展的目标定位。集团品牌定位主要包括价值观念的确定、校际或校企合作的深化、管理模式的特色化、集团文化的建设等诸多方面。职教集团要明确在哪些方面确立自己的办学特色和优势,以特色创品牌,获得可持续发展长盛不衰的生命力,并要防止定位模糊,定位过高或过低的问题。

职教集团内各成员学校需发挥优势,办出特色。职教集团内的各成员学校通过相互合作,在办学条件上的差距将逐渐缩小,一旦彼此没有吸引之处,无需进行资源共享与优势互补,则容易使关系脱离,甚至造成集团的瓦解。因此,集团成员学校办学要保持自己的特色,使各自之间始终存在一定的差异是非常重要的。成员学校的特色可以在办学理念、人才培养模式、专业建设、课程体系、校园文化及管理方式等方面着手。办学理念是学校的灵魂,对学校日后形成办学特色具有重要的选择与定向、激励与调控的作用。学校应该构建科学的办学理念,各成员学校可以成立专业建设委员会,吸收企业人员参加,深入生产第一线,了解社会经济发展目前和预期的人才市场需求,结合学校的实际适时调整专业和设置新专业,集中力量重点投入拳头专业,不断打造"人无我有、人有我强"的特色专业;在管理方式上,各学校要根据自己的规模、人员的素质、办学的经验等实行合适的管理模式;学校建筑的布局、风格、色彩,校园雕塑、绿化带的布局与设计应在充分保证教学顺利进行的基础上,体现学校的精神风貌,反映学校的文化气息,显示出与他校的不同特点。

加强职教集团内企业与学校的互动。职教集团内学校与企业之间虽然有合作,但还需要加强两者的互动。要发展订单培养模式,从短期订单、零碎订单向长期订单、系统订单过渡;引导企业参与教育教学过程,实现向介入教育教学过程、关注细节和微观环节的方向转变;将企业的技术和文化理念逐步渗透到职业教育中,从而对学生职业素养的培育起到潜移默化的熏陶作用,如将先进的企业理念渗透于校园文化建设中,让学生一进校门就置身于浓厚的职场氛围。企业的发展要与学校专业的发展紧密结合,两者相互促进、相互影响。一方面,企业的产品结构调整、技术提高、岗位的变化更新对学校专业的设置与转变能够产生积极的促进作用。另一方面,又能使专业发展带动企业发展,为寻求企业新的利益增长点,发挥积极作用。

七、创新人才培养模式

所有的教育活动,在一定程度上,可以归结为两大问题:"培养什么样的人"和"怎么样培养",也就是人才培养模式问题。它是具有操作性、多样性和发展性特征,且由多种要素组合的复杂系统。

（一）各种人才培养模式的比较

18世纪60年代工业革命后，劳动者从手工操作发展到开动机器进行生产，科学技术成了生产的基础，而掌握科学技术又必须具备一定的文化基础。以班级授课形式为特点的学校职业教育开始占据主流地位，职业教育的人才培养模式，也呈现出百花齐放的格局。目前主要的人才培养模式主要有以下几种：

1. 校企合作模式

校企合作模式是学校为提高学生职业技能常用的一种方法，指学院与企业双方以生存和发展的共同愿望为基础，以人才、技术、效益为结合点，利用学院和企业不同的教育资源和环境，遵循市场经济规律、教育规律和科技发展规律，以培养适合生产、建设、服务、管理一线的适用型人才为主要目标的办学模式。湖南高职教育大多数采取校企合作模式。校企合作模式主要有以下几种：

（1）以学校为主，企业为辅

这一模式的特点是人才的培养目标和培养计划由学校制订和实施。企业只是应学校提出的要求，提供实践教学环境，辅助学校完成培养任务。由学校出面或教师通过各种关系寻找有施工任务的企业，协助安排学生完成实践教学任务，基本上是以参观、讲解的模式来辅助理论教学。这种合作模式只能称作"求助与支援"的关系，仅仅停留在学校依靠企业的支持，解决校外实习、实训基地或从企业获得学生毕业设计资料等某些教学环节上，是浅层次的合作，是一厢情愿、单向受惠的合作，缺乏持久的运行动力。

（2）依托行业，产学结合

主要的思路是学校紧紧依托行业，共同研究和制订培养方案，并且企业主动、部分地承担与生产部门结合的那部分培养任务。这种合作模式也是我省目前高职人才培养比较有效的模式。行业的支持，是高职院校办学的强大后盾。实践证明，学生在实训和岗位实践中参加劳动,参加管理,可以同职工打成一片,学习企业职工优良的职业道德和良好的习惯,通过言传身教,潜移默化地培养学生的敬业精神、奉献精神和交际能力、竞争能力及心理承受能力等。同时,可以规范学生的行为,使之转化为学生的良好的道德习惯。在现代化企业内,现代化生产所体现出来的团结协作,共同进取的集体主义精神、严格的组织纪律性及吃苦耐劳的作风,都会对学生产生较大的影响,使学生受到深刻的教育。而这些教育都是无法在校内完成的。经过这样的培养模式,学生毕业后能很快进入角色,胜任工作。很多学生就是在实训其间,被企业看好,甚至直接签订就业协议。这种校企合作办学的培养模式,培养目标明确,所学知识实用,就业率高,达到了"职业教育就是就业教育"的目的。但是这种合作,形式上仍然没有离开一厢情愿、一方受益的痼疾,缺乏长久合作的机制。

(3)服务行业,互惠双赢

学校充分地开发和利用自身的资源优势开展对社会的"回报性"服务,使双方的合作,由"一个积极性"到"两个积极性",实现真正意义上的校企合作,形成一种"双向互动"的长效机制,从而使合作的双方实现互惠互利,实现"双赢"。高职院校以服务求支持,以贡献求发展,寻求把依托行业变为服务对象,建立起一种互相依托的校企合作办学的长效机制。充分发挥已有的实验、实训中心的作用,积极开展对外技术服务工作。广泛开展对外科研和技术服务,这不仅拉近了学校与行业的距离,在服务过程中,也提高了师资队伍的业务水平,更主要的是通过努力,在行业内逐渐树立了技术形象,成为在行业内可以依靠的、能够真正解决问题的一支科技队伍。技术服务工作有力地支援了高职院校与企业的合作关系向纵深发展。在开展技术服务和科研服务的过程中,尽可能让学生参与进来。在帮助企业解决问题的同时,学生的动手能力也得到了极大的提高。

该模式主要优点是学校面向社会全方位地合作与服务,有力地促进了校企合作办学向更深层次发展,实现了从依托行业办学的"一个积极性"向服务行业办学的"两个积极性"和"单方受惠"的合作模式向"双方共赢"的合作模式的转变,建立起了一种可持续发展的良性循环的校企合作的长效运行机制,为高职院校实现人才多层次、多形式、多渠道、多元化的高等职业教育的办学格局奠定了坚实的基础。校企合作办学使高职院校与地方经济建设同呼吸共命运,使高职院校的办学之路越走越宽广。但缺点是校企合作可能注重学校和企业两方面的沟通与协调,在这方面,因为缺乏政府、社会、学生家庭等力量的参与和必要监督,就不能排除部分学校与企业在就业、学费等方面共同欺骗和损害学生利益的可能性和嫌疑,在实际中,也出现过部分高职院校在招生广告上,出现就业合同等方面的信息虚假现象。尤其是学校一方可能通过与企业合作,希望企业有一定的资金与其他资源的投入,而私营企业的营利性目的的存在,就不可能会提供充分的服务,而学生的高学费问题、毕业生在薪酬方面讨价还价能力的缺失问题,也是校企合作模式所未能有效解决的。

2. "订单式"教育模式

所谓"订单式"人才培养,就是学校根据用人单位的标准和岗位要求,与用人单位共同确立培养目标,制订并实施相应的教学计划,实现人才定向培养的教育模式。湖南不少高职院校采取这一模式。"订单式"培养模式具体有以下几种:

(1)以就业为导向的订单模式

就业乃民生之本,客观地讲,就业教育并非为高职教育所独有,普通高等院校同样存在就业问题。在我国高职教育快速发展的今天,特别强调就业导向的一个更为重要的原因,就是履行就业教育职责的部分高职院校恰恰不重视就业教育,它们对自己的发展定位不准,严重偏离了就业教育方向。我国面临技工荒的危机,与目前不少高职院校在办学中普遍存在着培养目标不准确、市场定位模糊的问题密切相关。无论是教育者,还是受教育者,都没有把目标定位在技术工人、高级技术工人上。原教育部部长周济曾明确指出:"高职教育的定位要科学准确,就是要为社会主义现代化建设培养实用型人才,不能搞成本科教育的'压缩饼干'。高职毕业生可以升本科,读研究生,但这不应该成为主流。高职教育要固守自己的培养目标。"在全国第三次高职教育产学研经验交流会上,周济部长再次强调指出:"高等职业教育必须科学和准确定位,找准自己的定位区间和发展空间……就业是民生之本,事关人民群众的切身利益,事关高职教育的发展方向。在我国高等教育步入大众化发展阶段的新时期,高职教育必须与本科院校'错位发展',坚持以就业为导向,把满足劳动力市场的需求作为发展的动力,把提高学生就业和创业能力作为改革的方向。坚持以就业为导向,是我们工作的出发点和落脚点。"湖南不少高职院校正是站在这一角度进行"订单式"教育。

(2)市场需求的订单模式

现代市场经济运行的一大原则就是需求优先,即"以需定产",这也是今天高职院校发展必须遵循的一个原则。因此,有关专家一再强调:高职院校只有面向市场,进入市场,与产业发展紧密结合,才会有生机与活力,社会需求才是高职教育发展的动力、源泉。"订单教育"必须对准市场设专业。长沙民政职业技术学院,就订好了市场需求这个大"买单"。根据社会需要,积极开设老年人服务、现代殡葬服务与管理、戒毒康复等专业,增强了人才培养的适应性,因此学生就业率达到100%。该校现代殡仪服务与管理专业的毕业生遍布全国各大中心城市。虽然,该院学生在入校时没有同用人单位签订一份"人才订单",但由于从根本上订下了市场这个最大的"买单",自然也就等于为每个学生签好了一份最保险的"订单"。

(3)质量素质的订单模式

湖南部分高职院校之所以能够与用人单位订下用人协议,毕业生能够受到用人单位青睐,根本原因在于学校所提供的毕业生符合用人单位的人才标准,有值得信赖的素质保证。最大限度地满足社会对人才质量、数量和不同规格的需求,是"订单教育"取得成功的内功、真功。因此,"订单教育"实际上是在订学校的质量信度,订学校的金字招牌。调查表明,湖南部分高职院校、专业之所以能保持较高的毕业生就业率,最重要的原因就是它们所培养的人才有质量保证。

订单式人才培养模式的优点有:在"订单式培养"这种双向参与式合作模式中,企业直接介入学校教学计划制订、专业设置、课程与教材建设等过程与环节,并在师资、技术、设备、信息等方面开展合作与交流,其最大好处是能使学校、企业和学生三方实现"共赢"。对学校来说,人才培养目标明确,教学内容具有针对性,在教学方法上,将理论贯穿于实践,将课堂延伸到车间,根据订单单位的需要培养出"适销对路"的人才。对企业来说,学校直接为他们培养急需的人才和后备员工,毕业生能做到"零距离"上岗,直接为企业创造经济效益。此外,产、学双方还可合作承担科研项目,联合开发新产品,共建实验室和科技型企业,或委托学校开展技术咨询、职工培训等。对学生来说,订单式培养能使他们在真实工作环境中学习和锻炼,在工读交替中了解企业、培养能力、训练技能,且能学以致用,很快适应岗位需要。学生在学习期间,也免除了今后就业的后顾之忧。显而易见,订单式教育是一种培养高技能人才的一种极为有效的产学合作教育模式,它能很好地调动学校、企业和学生三方的积极性,并从根本上化解了学校办学、企业用人和学生就业三方面的矛盾,实现互惠互利,共同发展。

订单式人才培养模式的问题有:①培养周期长,学生在3年学习和对职业进一步认知过程中,会有很多的不稳定因素,需要做好指导工作。②之所以订单培养,有很多岗位是相对艰苦的行业,人才流动大,学校和企业永远处在不断培养,而学生永远处在跳槽状态,以风险金来约束学生,可能引发纠纷。③订单培养,目标明确,容易造成学生知识结构单一,不易转岗,影响进一步深造和发展。④虽然是订单培养,仍然存在岗位枯竭的可能,需要不断寻找新的相关岗位群。

3. 工学交替模式

工学交替人才培养模式就是利用学校、社会两种教育资源和教育环境,学校与企业共同制订培养人才方案,即学生到企业生产实践和在学校理论学习相互交替,学校和企业的培养过程无缝对接,对学生进行"知识＋能力＋素质"培养的一种教育方式。这也是湖南高职院校采取较多的一种模式。其目标是培养"基础实、专业精、能力强、素质高",具有创新能力、实践能力和创业精神的高级专门人才。这种模式是在校内基本完成专业培养方案和基础理论模块的教学任务后,使专业理论与专业技能的教学过程与企业的经营管理过程紧密结合,学生专业学习与顶岗实践交叉进行,逐步由低层次岗位到高层次岗位顶岗实训,实现学生在毕业前基本具有符合市场岗位群要求的职业素质和职业能力的培养目标。工学交替是国外使用较为普遍的也是一种行之有效的人才培养方式。学生对岗位的认知更为准确,完全是在用中学,有了企业的经验再回校学习,目标性更强,学习技能更快,绝对缩短毕业后到企业的再培训时间。这也是教学操作最为复杂的方式,需要有大量的校内外支持系统,包括学校企业相关部门,相关行业机构等的参与。"工学交替"培养模式是在校企联合办学的过程中逐步形成的,并与"订单培养"模式紧密联系,是职业院校培养技能应用型人才的有效途径。主要有以下几种教学模式:

（1）半天上课、半天实习

这种模式要求学生上午学习文化课和专业理论基础知识,下午在相关单位和企业顶岗实训,通过在真实的岗位环境中实践锻炼,巩固运用所学专业知识。这种模式的优点在于,能够使学生在较短的时间内及时把所学知识与技能运用到实践中去,通过实践验证、巩固所学知识与技能,从而更好地领会理论知识。其缺点在于,这种模式要求频繁地更换学习与实训场地,这既要求学生有较强的适应能力,又要求学习场地与实训地点之间距离不能太远,这就客观上制约了学生实习、实训单位的选择余地,不利于实习、实训教学的安排。

（2）集中学习、集中实习

这种模式要求学生在一定的时间段内学习文化基础知识及专业理论知识，一定的时间段内进单位顶岗实习。这种模式的优点在于，集中在一定的时间段进单位顶岗实习（大多是在用人单位工作量较大的时段），既便于学校安排组织实习，又可以缓解用人单位的工作压力与用工压力，同时也能使学生获得更多的实际操作机会，有利于实践动手能力的培养与提高。其缺点在于，过于集中的学习与实习，与学生知识记忆与技能培养的特点不符，学生容易遗忘以前所学的知识与技能。

（3）前一阶段学习、后一阶段实习

这种模式要求学生在入校后的一段时间内先学习文化基础知识及专业理论知识，在掌握了相应的文化基础知识和专业理论知识以后，再利用毕业前夕一段时间进单位顶岗实训。这种模式的优点在于，学生实习完毕后即毕业进入单位工作，中间不再或只需要很短的时间转型，对于提高用人单位的工作效率与提升学生适应工作的能力无疑是有利的。但是其与集中学习、集中实习模式具有同样的缺点，即学生容易遗忘以前所学的知识与技能。以上各种模式各有其自身特点和某些不足，对于湖南高职教育人才培养模式的选择而言，需要结合湖南高职教育的问题及其实际情况，需要加强高职教育人才培养模式的创新。

（二）多元化发展——人才培养的模式创新

党的十七大报告指出：要加快普及高中阶段教育，大力发展职业教育，提高高等教育质量。由此可见，高职教育成为国家今后教育发展的重点之一。高等职业教育作为高等教育的一个类型，与传统意义上的高等教育有本质的不同，因此，按照科学发展观的要求，必须转变办学指导思想，树立"以服务为宗旨，以就业为导向，走产学结合之路"的职业教育办学指导思想，改革和创新传统的办学模式和人才培养模式。根据国际高职教育倡导体系的开放性、重视形式的多元化、强调结构的合理性等发展趋势,湖南高职教育应该博采众长,创新人才培养模式,注重多元化模式选择、多元化主体参与和多元化教学内容设计。

1. 培养合作模式的多元化

目前我国职业教育正处在一个快速发展的关键时期,面临着诸如国家经费投入不足、办学起点不高、人才培养单一等问题。所以,在社会多元化发展的今天,办学的多元化成为可能,而且已成为弥补现有办学模式不足的必要尝试。为了促进高职院校的多元化发展,必须解放思想,强化观念转变;必须分析利弊,进行可行性论证;必须健全制度,理顺权责关系。在国家、政府的大力扶持下,顺应历史发展潮流,创建有自己特色的多元化发展模式。

(1)校企合作

教育者把企业实践引入课堂,教育者和企业界合作共同培养学生,使学生在实际活动中,在解决问题的过程中增长才干,成为社会有用的人才,实现个人的价值。

第一,共同开发专业和构建课程体系。高职专业的设置,应体现市场观念,充分考虑市场变化,这不是教师"闭门造车"就能完成的,而要经过来自行业、企业中最了解市场对人才培养需求的专家来论证,他们在专业的设置中最有发言权。专业课程的开发,要从行业发展趋势和职业岗位任务分析入手,把职业要求的知识、技能、态度和素质与受教育者的认识、习惯过程有机结合起来,组织筛选相关教学内容。教学内容要反映经济现代化和社会信息化的时代特征,使人才培养与企业的生产方式、设备条件、管理模式、技术改造相适应。在设置专业、建立课程体系和确定教学内容时,一方面采取填写调查表格、走访和开调查会的形式,广泛征求企业的意见,明确企业对人才的需求和对知识能力的要求;另一方面,邀请企业的技术专家共同参与教学计划的制订。

第二,共同实施人才培养。校企合作培养人才的基本立意在于整合校企双方教育资源,形成双向参与的人才培养模式。从学校来讲,要一切从企业的实际需要出发,将学历教育与职业培训结合起来,开展多类型、多规格、多形式的职业技术教育与培训,为企业发展提供更为广泛的服务体系,从而扩大职业教育的市场与发展空间。从企业来讲,要从职业能力与考核方面给予支持。

第三,共同组建师资队伍。高职教育培养目标的实现,要求教师具有"双师型"素质。要实现这一目标,校、企双方组建专、兼职师资队伍,无疑是最好的选择。这样,不但可以促进学校与企业各种层次上的沟通与交流,实现产学一体化,也可以自发地调整学校教师的合理结构,并且,从总体上降低学校教育的成本。因此,高职院校要制定一系列政策和措施,鼓励和要求教师参与企业的技术服务和到企业中任职锻炼,考取和评定工程技术职称。同时,也要从企业中聘请一批优秀教师到学校来进行讲课。

第四,共同开展科研工作。企业的发展,需要科技创新来推动,教师的学术水平和学生的创新精神等方面,也需要通过科研途径来提升。因此,把校、企双方合作搞科研作为推进事业发展的根本来抓,保证在以教学为中心的前提下,针对企业技术改造、科技开发的实际需要,将学校智力资源与企业生产要素紧密结合起来,为企业提供应用研究和技术开发服务。这样既锻炼了人才,提高了学校对企业经济增长的贡献率,又提高了学校在企业的知名度,得到了企业的认可,而且,企业又可以对学校的科研提供经费、试验基地,在学校投资建立企业实验中心。校、企双方通过开发与成果转化,将校、企合作提高到产学研合作层次。

（2）订单培养

开展的"订单教育"有以下几个特点:

第一,"人才订单"超前化。在"订单教育"实施过程中,企业根据自身岗位需求,先与学校签订用人协议,然后,再由校、企双方共同参与选拔学生、组织教学、考核上岗等一系列具体环节。"人才订单"超前化,一方面,可以使学校培养学生方向明确,课程设置针对性强,使学生及早进行角色定位,专心学习知识,掌握技术,达到"学有所向、学有所用、学有所归"的效果;另一方面,也可使企业更加关注学校的生存与发展,不仅会为学校的发展提供帮助,还会积极主动地参与到学生培养的具体过程中,向学生渗透其企业文化,为学生提供实际操作训练场地,增强他们在未来工作岗位中的"实用性"。

第二,课程开发动态化。"订单教育"的专业班的课程开发,受到校、企双方的共同关注。在课程开发过程中,学校首先根据高职人才培养目标要求以及教育教学规律,初步制订出课程实施计划,企业再选派有丰富经验的管理人员和工程技术人员,通过对企业需求岗位的分析,对学校制订的教学计划提出合理的修改意见和建议。

第三,教学过程协作化。"订单教育"的实施过程,实际是校、企双方共同参与、优势互补、相互协作的过程。学院一方选派骨干教师对学生进行社会基础知识、专业基础理论、政治思想道德的教育与培养;企业一方则选派有丰富经验和熟练操作技能的业务能手,充分地利用企业现有的工作场地和机械设备,对学生进行实践技能的操作训练。按照教学计划的安排,企业分阶段为学生提供足够的实训机会,以保证他们实际岗位工作技能的熟练掌握。

"订单教育"作为一种新型的校、企合作办学模式,它的实施,增强了高职教育对人才培养的针对性,在一定程度上保证了学生的就业,同时也减少了企业对员工岗前培训的环节,增强了企业作为用人主体参与职业教育的主动性和积极性,达到了"校企双赢"的效果。

(3)"工学交替"模式

这种模式即学生第一学年在学校学习基本的专业知识和技能,第二学年由学校组织学生到指定的企业顶岗实习,第三年学生返回学校继续学习,完成学业,学生毕业后再返回企业工作。这样,形成了学习和工作交替进行的基本模式。工学交替模式的作用有:首先,解决了学生没有钱交学费而又要完成学业的难题。当前,一部分学生经济困难,但又有强烈的求学愿望。昂贵的学费,往往成为其家庭经济的一大负担。工学交替的模式使学生可以通过在企业的有偿实习,以自己的劳动报酬支付一部分学费,有利于减轻家庭经济负担。其次,工学交替,解决了学校无充足校内实习、实训场地,而又要对学生进行实际培训的难题。再次,工学交替实现了学校与企业的紧密结合,为"产学研"的一体化提供了便利条件。"产学研"紧密结合,是职业教育发展的必由之路。在"产学研"结合的教学模式中,教学是中心,生产是基础,科技开发是关键。学院始终坚持以培养人才为中心,走企业为人才培养提供条件、人才又为企业服务、科学研究和技术开发促企业发展、企业发展提高人才培养质量的"产学研"协调发展道路。最后,工学交替为学院"双师型"教师的培养提供了便利。工学交替教育,要求教师必须到相关企业挂职锻炼,掌握企业岗位要求,并按照国家相应的职业资格标准,熟练岗位技能,以便更好地开展实践教学。工学交替,为培养和锻炼教师实践动手能力,提高"双师"素质,搭建了平台。

2. 高职教育主体的多元化

高职教育主体的多元化,实质是投资主体的多元化。市场经济下,国家是职业教育的投资主体,也是职业教育的管理主体。职业学校经费由地方税收、地方政府拨款、中央政府资助、学生学费以及企业、私人赞助和学校产业收入等多元化构成,只是在额度和比例上有所不同。这种投资结构,决定了职业教育的管理由中央政府职能部门和社会各界代表组成的职业教育管理委员会成员负责制定职业教育发展规划及政策法规,分配管理经费,评优审议课程设置及财务执行,确定学费额度,颁发教师资格证书,争取经费支持等。这种管理形式,使社会各方面都能参与职业教育管理。学校必须面向市场自主办学,由市场决定人才培养的结构、培养的规格、学制的设置、课程的选择等。这种多元化办学,推动学校关注市场需求变化,不断提高教育质量,也推动了学校功能的多样化。

发展高等教育,尤其是发展现代化高质量的高等教育,需要巨大的经济投入。高等教育经费投入的多少与合理与否,在很大程度上影响着高等教育的发展。但对于经济刚起飞的我国来说,仅靠政府投资办高等教育,实在是难以满足社会发展的现实需要。特别是1998年国家大幅度扩招,高等教育规模超常规发展,很多学校的办学条件已达到或超过承受的极限。根据专家预测,到2010年,我国高等教育新增规模所需的增加投资额为150亿元~210亿元,其中政府可供资金为38亿元,资金缺口为112亿元~172亿元,对高职教育投入更是严重不足。我国《高等教育法》中明确规定,我国的高等教育的投资体制是"以财政拨款为主,其他多种渠道筹措高等教育经费为辅的体制","国家鼓励企业组织、社会团体及其他社会组织和个人向高等教育投入"。这些规定,为高等教育投资主体的多元化提供了法律保障,也使得高校利用社会资金及社会资金投入高校有了法律依据。湖南高职院校应与多个企业进行合作,实现学校、企业、社会办学的一体化,解决学校在办学资金、实训场地不足的难题,也为企业提供大量优秀的专业技术人才。由企业(团体、个人)等社会力量出资提供办学所需的一切较为先进的硬件设施,学校则提供办学所需的师资、管理等一切软件内容,同时,形成优势互补,主要是争取企业的支持,为学校提供补充经费、设备、师资、奖学金,学校则以开办短训班等形式为企业定期培养输送急需人才。通过校企(团体、个人)"共建与合作",从而改善学校的办学条件,提高学校的办学实力,增强办学的活力。

3.高职教学内容的多元化

(1)开放式的教育

成功的高职教育是能力本位的教育,其专业知识、基本理论的应用实践,熟练的技术、能力的转化过程,很难在单一的课堂上完成,离开了实验室、练功房,以至企业、社会实践(实验、见习、岗位操作)是不可想像的,职业教育必须走出书斋,踏出校门,深入工作场地,教育与企业、社会的结合,是必然的过程。实行开放式教育,主要体现在向企业开放、向社区开放、向境外开放这三种形式。向企业开放,实行产学研结合,加强人才培养的针对性和适应性,与企业建立关系,其结合的形式应更多一些,程度也应更深一些。如设立校董会,企业家参与学校大政方针的决策;设立专业指导委员会,企业的技术人员参与教学计划、课程设置和教材的开发;学校派有关专业的教师到企业跟班学习,企业派技术人员到学校兼课;校内实训与企业实习相结合等。学校与企业的深度结合,应做到人、财、物共投,资源共享,办学共管。学校办学是企业工作的一部分,学校与企业共生存。企业的参与是整体参与、深层参与。

(2)教育的实践性

实践教学是高职院校实现产学研结合的一种重要形式。它以实践教学基地为依托,开展地区性新技术的研发和新技术的推广应用工作,实现学校对地方产业的介入。技术应用型人才处于社会总劳动链环节的终端,是社会财富的直接创造者、社会运行过程中的具体执行者。这类人才除了要求掌握必备的基础理论知识,更主要的是要具有较强的职业综合能力和解决实际问题的能力。因此,在其培养过程中,必须重视实践能力的培养,重视职业经验和职业技能的获得。实践教学是学生在校期间,获得实践能力和职业综合能力的最主要的途径和手段。因此,仅靠学校教师设计培养方案或按学科体系去培养学生,有可能造成理论与实践的脱节,必须依靠企业的专家参与培养目标的制订,并让学生到企业参与企业的生产经营活动。实践教学是激发学生创新意识、培养学生创新能力的有效途径。学生在实践教学环节中,从亲自动手的过程中,掌握认识自然与改造自然的科学手段,加深对知识的理解,提高运用能力和水平,从而可以自觉地去发现问题,对实践中出现的问题提出大胆的猜想,提出解决问题的思路和见解并付诸实践。这也就是在实际意义上培养了学生的创新精神和创新能力。学院学生在校学习期间,往往借助实践教学获得了与现实的生产实际相同(实际的岗位实习)或相近(模拟的生产实训)的体验,有效地完成了学习任务,并通过对技术、工艺的应用和再现,实现技术创新或为技术创新奠定基础。

(3)教育的个性化

发展高职教育的根本出路在于转变教育观念,深化教育改革。不同类型的高职专业,其人才规格、培养目标不同,专业差异之大,其培养方案、培养模式乃至生源基础、个性素质都会有很大不同。因此,要把握个性寓于共性的特点,走出传统教育的误区,切忌单一模式施教,把不同专业的不同培养目标和职业要求充分体现出来,培养模式必须百花齐放,不能千篇一律。培养方案既要考虑专业特点、职业要求,又要充分考虑专业目标、职业要求与学生自身成长和人生发展的正当要求,体现宽松、和谐、个性发展的人本理念。

(三)多元化人才培养模式创新的主要对策

1.多元化的政策供给——提高职教改革和投入的制度保障

无论是从发达国家高等职业教育发展的经验,还是从我国我省的现实情况出发都表明高等职业教育的发展离不开政府的支持和主导作用的发挥。湖南省的高等职业教育近几年发展较快,得益于国家和政府的支持。1997年,省政府召开常务会议,专门研究高等职业的发展问题。1998年4月,湖南省委、省政府发出《关于进一步改革和发展职业教育的意见》,明确指出要充分利用现有教育资源发展高等职业教育。通过改革、改制、改组等途径,湖南省高等职业教育迅速形成规模。"十五"初期,湖南省政府颁发了《关于大力发展职业教育与成人教育的通知》,"十五"中期,省政府颁发了《关于加快职业教育改革与发展的决定》,在"十一五"开局之年,省委、省政府又颁布了《关于大力发展职业教育的决定》,确保了我省职业教育快速健康发展。各地也都结合本地实际,出台了相关的政策和措施,为职业教育的改革发展提供了可靠保证。2006年初,张春贤书记专门就职业教育做出批示,强调要高度重视职业教育改革发展,一些地方政府成立了职业教育工作领导小组,统筹区域内职业教育的发展。加强高职教育人才培养模式创新,需要国家和政府加强多元化的政策创新与供给,提高高职教育改革和资金投入方面的制度保障。这种多元化的政策供给主要表现为国家和政府对于高职教育的各项政策既要体现高职教育的特点与实际,也应该在高职教育毕业生就业、教师待遇、高职社会地位等方面享受与相同行业部门特别是普通高等院校的同等福利。具体而言,主要体现在以下几个方面:

第一,要积极调整制定高职院校毕业生就业、待遇政策。在教育发达的德国,每年高中毕业生直接考大学的比例通常不足1/2,其他则通过接受职业教育而成为社会需要的各类专门人才,他们照样拿高工资,受到人们的重视和尊重,待遇和社会地位很高。因为在德国,没有经过职业教育的人不能进入工作岗位,职业教育为年轻人铺设了一条成功的就业道路。而在我国,从学生到家长,普遍存在着想当干部、搞管理、搞科研,不愿当工人的思想。许多需要就业的年轻人和他们的家人,不能正确审视自己或自己的孩子,从而导致了学生在选择受教育途径时,瞄准的是大学而不是职院。另一方面也出现了本该大专生干的岗位招博士生干的怪现象。这说明我们的配套政策还没有到位。因此,借鉴国外经验,调整和制定适合新形势的高职院校毕业生就业、待遇政策已是高职教育持续健康发展的重要任务。

第二,改变现行招生录取办法。尽管中央已明文规定"高职教育是高等教育的重要组成部分",但现行的某些政策却只能让人们认为,高职教育是高等教育之外的低水平的二流教育。"招收落榜生"是置高职教育于次等地位的有力佐证,"后批或末批录取"是有失公允的明显表征。所以,应改变新生录取工作中"普通教育"优先,"职业教育"居后的政策,为高职教育营造平等竞争的外部环境。

第三,构建多元化的职教体系。一是高职教育与高中教育的有效衔接。德国的高职院校主要招收中等职业学校的毕业生,若是文理中学的毕业生,必须补上本专业的实习经历,这对于保证高职的教育质量是非常重要的。而在我国,每年有大量普通高中毕业生未经任何专业训练便考入高职院校,他们在文化基础知识上有一定优势,但在形成职业能力方面,给教学带来了很大难度。因此,我们不妨也向德国学习,要求高中毕业生在入学前应接受一些专业知识和专业技能的实践教育,考试(核)合格后再进入高职学习。二是高职教育本、专科层次的有效衔接。近几年,我国制定了相关政策,给有志继续深造的高职毕业生提供了通过考试转入普通大学本科学习的机会,这无疑是一件好事。但我国目前的情况基本上是将接受了工程技术型教育的高职专科毕业生输送到实施工程设计型教育的普通高校本科去学习,这种改变教育类型的衔接,势必给教师和学生都带来很多难以克服的困难,造成很大的教育浪费,也与国家调整高等教育结构的初衷相悖。为此,我们也应像法国在普通大学内办职业学院那样,多办一些高等职业教育类型的本科、研究生层次教育,尽快建立一个从中专到大专,再到本科、研究生层次的职业教育体系。只有在这样一个系统的、完整的职业教育体系中,各个层次职业教育才能准确地找到自己的位置。

第四,加大实践教学力度,保障高职教师的相应待遇。充分利用企业的教育资源为高职教育服务,已成为政府面临的紧迫任务。一是要制定倾斜政策,鼓励相关企业积极投身于实训基地建设,使学校能按学生必须掌握的基本技能、专业技能设计并组织实践教学。二是要在引进师资时,优先考虑那些来自一线,有丰富实践经验的工程硕士、本科毕业生。三是必须明确实验课教师在评职称、分房子、进修学习等方面享受与理论课教师同等待遇,有效减少骨干实验教师流失,同时采取有效措施保障高职教师在高等教育方面与其他普通高校教师的同等待遇。

第五,加大依法治教工作力度。要加强有关职业教育的法制建设,进一步完善执法监督机制,加大执法力度,提高依法治教水平。要加强对高职教育工作的督导检查,把高职教育作为教育督导的重点,并及时向社会通报督查情况。积极探索发挥市场作用和社会参与的高职教育评估方式,建立高职教育工作的评估体系,加强和改进对高职教育的评估,不断提高高职教育的质量和水平。

第六,加大高职教育投入力度,迅速提升其办学实力。促进高职教育的发展,资金是个硬道理。广开财源固然理想,但在目前人们对职教存在一定偏见的状况下,政府的支持至关重要,政府应对高职教育切实重视起来,将其纳入区域经济发展战略,切实承担起发展高职教育的重任,加大对高职教育的财政投入,扶持高职教育,使其尽快打破维持生存的僵局,迅速成长起来,更好地服务于经济建设。

2. 多渠道的调节机制——构建人才培养的开放型办学格局

构建灵活有效的教育调节机制,形成开放型办学格局,打破自我封闭的现行办学模式,多渠道构建教育调节机制,与社会接轨,与企业结成亲密联合体。一方面可以共享企业的资源,为学生的实习实践提供优越的条件,另一方面,还可以通过企业反馈,及时了解社会需求,调整人才培养方略。职业教育与高等教育不同,职业教育是培养从事生产、建设、管理、服务等第一线的技术专业人才和高素质的劳动者,具有鲜明的职业属性。对此,在多元化模式中校企合作发挥了重要作用,但还需要社会各界力量的支持,积极发挥社会资金、社会舆论、学生家庭等力量的作用。

第一,解决投入不足的问题,提高办学条件。针对学校资金实力有限、教育财政困难、国家和地方政府投入不足、学校的实践基地较为简单、存在着实践环节的先天性不足等问题,应积极吸收社会资金投入职业教育,利用企业有利条件为职业学校提供真实的实习场所,从而加强教学的实践建设和科研建设,增强职业教育的功能。

第二,突出实践教学,真正实现产学研结合。职业教育离不开充足的实践条件和实践过程,离不开真实的生产环境,对学校的实践教育有着较高的要求,它并不侧重于架构性的陈述性知识,不侧重于学生在课堂中学习,学生的理论教学与实践教学的比例应达到2∶1,甚至更低。并且,职业人才的培养不仅包括知识素质、技术能力的培养,而且包括心理素质、思想素质、创新和创业意识等方面的培养。学校应该和企业合作,让学生走进企业,按照教学计划、教学内容的安排与企业的生产管理过程相结合;学校应该按一个工人的标准去要求学生遵守工作纪律和生产管理规程,并承担一定的生产任务和工作责任,让学生真刀真枪地演练。

第三,促进学校的专业建设,改善教学内容。高职院校除了应该把专业建设、教学内容目标定位在打造具有优势、特色、市场需求大的品牌专业上外,还应培养地方经济和社会发展的急需人才上。专业建设上要与产业发展需求贴近、与产业结构调整贴近、与市场需求贴近,从而体现其针对性、实用性和职业性的特点。这不仅有助于地方经济、社会发展,而且有助于推动学校发展。因此学校应做好充分的市场调查。而学校相对较封闭,实行校企合作、建立由企业和行业专家组成的专业教学指导委员会,定期召开咨询论证会,不仅能够了解社会、市场、行业的发展情况和趋势,而且能够掌握企业事业单位的用人动态、意向和规模,从而形成双方共同认同的人才培养方向,并结合学校自身的办学资格,适时调整专业结构、优化教学内容,以满足社会的需求,促进学校的发展。

第四,促进就业。就业水平在一定程度上反映着职业教育的水平,在当前社会就业紧张、竞争激烈的情况下,就业工作是学校发展的重要工作。通过校企合作,学校充分利用企业的实践教学训练环境,使培养的人才在多个环节与企业、用人单位广泛接触,使学生真正具有职业的岗位能力,从而缓解学校办学与社会需求之间的矛盾,提高毕业生就业的竞争能力。并且,校企合作可以带动就业,拓宽就业渠道,合作企业往往吸纳部分毕业生就业,特别是"订单式"教学合作,是一种"以销定产"的培养模式,能够较好地保证就业水平。

3. 多元化的需求定位——突出高职教育专业与教材设置的特色

第一,专业及课程设置要具有针对性。以课程建设和专业建设为内容,积极推进教学改革。高职院校的专业及其课程根据地方经济、社会发展的实际开设,专业课程以行业组织制定的职业能力标准和国家统一的证书制度为依据,根据产业需求、就业市场信息和岗位技能要求商定,具体实施内容按照岗位要求建立课程体系,保证其针对性。以高等技术应用型人才为培养目标,按社会需求原则、针对性适应性相结合原则设置专业;按突出应用性、实践性原则重组课程结构,更新教学内容。基础理论教学以应用为目的,以必需、够用为度。专业课教学要加强针对性和实用性,实践教学要占到50%左右,减少不必要的验证性实验,增加技能实训,提高实践教学的知识、技术含量。注意培养学生科学的思维方法和创新精神。注重教学方法的改革,充分发挥学生学习的积极性和主体作用,针对不同生源的学生,因材施教,追求实效。课程设置的科学与否,是高等职业教育的效率能否得到提升的首要问题。与普通高等教育不同,高等职业教育具有典型的应用性、突出的技能性、较强的实践性等特点,它决定了课程设置应始终围绕培养对象的职业能力这一主题。对课程内容采取"多定性少定量,多讲应用少推导,多自学少讲解"的教法,充分发挥"教师主导,学生主体"的作用,把学生推向"学习主人"的位置,变被动学习为主动学习。专业实践课则突出实用性,即不仅要保证足够的课时,而且要制订专业能力开发表,构建专业实践课新体系。根据培养目标的能力因素和岗位要求,筛选学科中与培养职业能力直接相关并且使用效率较高的专业知识内容,配合实践性教学环节,形成一个以综合能力培养为主体、突出技能和岗位要求为目的的专业实践课程教学体系,促进高等职业教育高效率发展。在具体办学过程中,高职教育应体现职业教育多样性的特点。贯彻"终身教育"的理念,建立开放式教育体系,当前科技发展十分迅速,高级技能型工作岗位的内涵及外延常处于变动之中。为适应人才素质提高和工作转

"两型社会"背景下高职教育研究

换的需求,高职教育应该面对学习者的整个职业生涯,扩大教育机会,举办各种学历与非学历教育,逐步把成人教育、继续教育、岗位技能培训等纳入办学职能。高职教育的发展方向应由传统的封闭式教育转为面向个体生活的全程的开放式教育,为建设适应经济社会发展、与劳动就业紧密结合的灵活多样的终身职业教育体系服务。

第二,建设独具特色的专业教材。最先进的工艺总是在科研生产一线,而不是在教科书中,因此,在专业教材建设方面,应贯彻"素质为本、能力为主、需要为准、够用为度"的思想,在尊重职业教育自身规律的前提下,打破传统的学科体系,改革教学内容和方法,按知识、能力、素质结构,重新整合教学内容和体系。高职教育的教材应具备以下特点,才能适应已经变化和飞速发展的职业教育实际。首先,教材内容要结合企业科研生产的需要,以前瞻性、实用性、应用性为主,难易程度要适中。定位于培养高级技师和技工。其次,教材内容学习效果的检测,要突出以学生自己测试为主的特点。第三,教材内容的体现要充分运用现代科技手段,如电子课件、实物场景影像和VCD 等,体现出教师引导学生自主学习的特点。

第三,教学方法突出能力培养。在教学方法上要突出在一线岗位、从事现场和实际职业活动能力的培养。高等职业教育应推崇培养学生自主学习、注重理论联系实际的教学法,其目的在于通过各类教学活动培养和发展学生的学习能力,让学生"会学习",提高学习活动的效率和质量。这种教学法有利于由于科技进步、高新技术层出不穷所引发的对职业人才的"思考与分析能力"、"自学能力"、"协调工作能力"、"创新能力"的培养。对实践课程要提出最低的能力测试考核要求。建议教师采用标准测试方法作为对课程的考核手段。如观测、口试、现场操作、第三者评价、证明书、面谈、自评、提交案例分析报告、工作制件、书面答卷、录像等。考核结果要符合"五性":即有效性、权威性、充分性、一致性、领先性。这些方法的综合运用,比之单用试卷的考核方法,更能反映出学生的实际能力。

第四,加强师资建设和多元化的实践基地选择。教师是实践教学的组织者和指导者,实践教学师资队伍建设是提高实践教学质量的先决条件。高职的实践指导教师既要有较高的专业理论水平,又要有较强的实践操作能力,既要了解企业的工作要求,又要掌握教学规律,必须具备"双师"素质。没有高素质的"双师型"实践教师队伍,再好的设备也发挥不了作用,特别是企业举办的高职教育在这方面更具有独特的优势。"双师型"教师队伍从群体上说是专兼结合的队伍,应能完成理论教学、实践教学等环节;从个体来说,多数教师应既有教学能力又有该专业的实际工作经验。解决这一问题的主要途径:一是从企事业等单位选调符合要求的人员到学校任教;二是选派部分专职教师分期分批到企业生产一线锻炼或到条件好的实训基地进修;三是聘请"双师型"兼职教师;四是在高职教学的改革与实践中,注意培养和造就一批"双师型"、创新型、高素质的优秀教师。高职院校的实践基地是培养学生创新精神和实践能力的重要场所,是高职院校办出特色的关键。为确保人才培养类型、质量和特色,本着"优势互补、互惠互利"的原则,要充分利用企业的多元化教育资源,改善实训基地条件,加强多元化实训基地建设,为提高教学质量提高可靠的物质保证。其突出的特点是,多元化实习现场和学生教室应密切相连,学习环境就是模拟的工作环境,并且注重与技能实训有关的现场指导教师、考核形式、评价标准等配套制度建设,使实训教学从一开始就走上制度化管理的健康之路。

第六章　实现高职教育在"两型社会"建设中的价值

一、建设"两型社会"为高职院校的发展提供了机遇

（一）建设"两型社会"为高职院校提供了良好的发展环境

长株潭城市群作为国家试验区，率先开展"两型社会"建设试点，这是国家在新的发展阶段的重大战略布局。建设后的试验区，在成为全国"两型社会"的示范区，全省新型城市化、新型工业化和农业现代化的引导区，高新产业的聚集区，城乡统筹的样板区，生态宜居的新城区和支撑发展的增长区的同时，也会成为具有国际品质、人民引以为豪的创业之都、宜居城市和幸福家园。因此，"两型社会"的建设，必将给高职院校的发展创造良好的自然环境、人文环境、政策环境、制度环境。随着"两型社会"建设的实施和我省经济的发展，政府、企业和个人必将加大对高等职业教育投资的力度，从而改善高职院校的办学条件，为高职院校教育质量的提升，提供更好的物质保障。

（二）建设"两型社会"为高职院校明确了人才培养的方向

"两型社会"建设的价值，将会直接体现在产业升级和产业结构调整优化上。环境友好与资源节约，必然要求经济发展方式由粗放

型向集约型转变,这一过程必然伴随着传统的、落后的产业被淘汰,先进的、高效的产业不断地出现。"资源节约"和"环境友好"的产业,如电子、微电子技术、新材料和新能源部门以及生物工程等都是长株潭城市群在今后要重点发展的高新技术产业和生产性服务产业。产业结构调整升级,为高职院校专业的设置与调整提供了依据和方向。高职院校要主动地适应这一产业调整的过程,根据产业结构调整所带来的对人才需求的变化,适时调整专业设置:根据"两型社会"建设的需要,明确人才培养的目标与方向,为"两型社会"建设输送合格的技术应用型人才和开发型人才。

(三)建设"两型社会"为高职教育注入了新的内容

"两型社会"建设不仅带来了人才培养结构的调整,也给高职院校人才培养创造了新的机会,也就是说,既带来了存量的调整,也带来了增量的扩张。建设长株潭城市群"两型社会",是一项艰巨的系统工程,没有多少现成的经验可以借鉴。适应"两型社会"建设所需要的高素质技能型人才,也没有现成的培养模式和经验。但高素质技能型人才的标准,在经历了资历取向、能力取向之后,正向素质取向发展。"职业忠诚与责任感、专业进取与创新、团结协作与职业规范、节约资源与和谐友好"等职业道德、态度以及作为其内涵的价值观,将成为长株潭"两型社会"选人、用人的重要标准。职业价值观不能凭空产生,需要通过教育载体,内化为学生的素质和能力。因而,需要有以"两型社会"为主要内容的教材和课程,让长株潭"两型社会"进教材、进课堂、进学生头脑。

(四)建设"两型社会"为高职院校创造了改革条件

以培养创新型的实用型人才为重点,加快技能型人才培养基地建设;以服务为宗旨、以就业为导向,重点培养面向生产、建设、管理、服务一线所需要的高技能型人才,是"两型社会"建设中教育体系改革的重要内容。在这一背景下,"两型社会"建设,有望成为高职院校改革取得突破性进展的重大历史机遇。高职教育在管理体制、运行机制、培养模式、教学内容和课程体系等方面的改革创新完全可以成为试验区内教育体制改革的突破口。即在纵向上,构建高职教育完整的专科、本科和研究生学历层次;在横向上,设计其他教育系统与高职教育系统沟通的蓝图,搭建不同层次、不同类型人才成长的立交桥。从而在社会心理上,要克服高职教育就是低学历教育的偏见;在办学上,要拓展高职教育的发展空间,激发高职教育的活力。

二、高职教育在建设"两型社会"中的战略地位

建设"两型社会",离不开与经济社会发展关系最密切、最直接、最广泛的职业教育的大力发展。

(一)高职教育是人才培养的重要途径

推进"两型社会"建设,一靠科技进步,二靠提高劳动者素质,既需要一大批高素质的专家,也需要大量熟练掌握新技术、新工艺、新设备的劳动者,尤其是与"两型社会"产业相关的高技能、高素质人才。当前,湖南职业院校面临的一个突出问题就是:各职业院校近年来培养的技能型人才不少,质量也不错,可是绝大部分毕业生都"孔雀东南飞",去了珠三角、长三角地区,留下来参与当地经济建设的人才少之又少,湖南的职业院校等于是珠三角、长三角等经济发达的沿海地区的人才培养基地,这是非常令人遗憾的事情。职业教育对于"两型社会"建设最大的功能就是为其提供强大的人力资源支撑。湖南的高职教育如何把职业教育的资源优势充分挖掘出来并真正为"两型社会"建设服务,为城市群社会经济建设和发展服务,是亟待解决的重大课题。

(二)高职教育是社会和谐发展的重要基础

一方面,高职教育是促进社会事业发展、实现社会和谐的重要基础。"两型社会"建设的终极目标,是实现科学发展、和谐发展。实现这一目标的一项基础性工作,就是着眼于让广大人民群众分享"两型社会"建设的成果,解决好诸如"三农"问题和城镇人口就业与再就业等事关改革发展、事关人民群众切身利益的重大民生问题。就业是民生之本,从本质上讲,高职教育就是就业教育。使无业者有业,使有业者乐业,是职业教育的目的,也是"两型社会"建设的题中应有之义。作为直接涉及民生的职业教育,最重要的表现就是就业与再就业,其着眼点并不仅仅只是培养高技能人才,而且还肩负着全面提高劳动者素质和与时俱进、持续提高劳动者劳动技能的重大历史使命,同时它又是公平教育的一个重要组成部分。职业教育是面向人人的教育,是面向贫困学生和弱势群体的教育。在"两型社会"建设中,需要加快职业教育发展,克服现行教育结构中的弊端,形成立交式教育格局,让更多的人最大限度地享受到受教育的权利,使人们的思想道德素质、科学文化素质和技能水平得到不断提高,使更多的人能够在推进新型工业化、新型城市化和新农村建设的过程中找到适合于自己的发展空间。

另一方面,高职教育是提高人的基本素质和职业能力,促进人的全面发展的根本保证。人,是社会的主体,"两型社会"的和谐,归根结底要由人来建设。只有培养出一批又一批高素质的人才,和谐社会各项任务的完成才能有保证。只有不断提高人们的职业素养,诸如就业能力低、诚信缺失、道德失范等影响社会和谐的矛盾和问题才会逐步减少,和谐社会建设的进程才能加快。只有通过职业教育不断提高国民素质,促进和谐人人有责,和谐社会人人共享的生动局面才能早日实现。

因此,发展高职教育既是体现社会公平、完善现代国民教育体系、促进整个教育协调发展的一个重要举措,也是实现社会充分就业、达到和谐社会的必然要求。

(三)高职教育是节能降耗的重要领域

高职教育本身就是"两型社会"建设的对象。目前高职教育资源短缺与资源浪费的现象并存。为了扩大规模,一些职业院校拼命扩充地盘,修建校舍,添置设备,加剧了所在区域的土地紧张,而且很可能造成今后办学资源的闲置和浪费。同时,职业教育多头管理、重复建设、投资分散、资源浪费、布局不合理的现象也很严重。因此,职业院校节能降耗大有潜力可挖。作为承担人才培养、社会服务和智力支撑重要任务的职业院校,必须坚持以资源节约、环境友好的方式进行发展,将节约、环保的理念贯穿于人才培养的全过程和技术创新之中,加强节约文化、环保文化的教育与宣传,努力使广大师生成为节约、环保思想坚定的实践者和传播者,使职业院校成为"两型社会"建设的先行区。

(四)高职教育是构建终身教育体系的重要组成部分

教育部副部长吴启迪在 2007 年第 14 期《求是》杂志上撰文指出:职业教育是我国教育事业的重要组成部分,是国民经济和社会发展的重要基础,它承担着培养数以亿计的高素质劳动者和数以千万计的高技能专门人才的任务,具有鲜明的职业性、社会性和人民性,是面向人人的教育。职业教育这种朴素的人民性和普及性,决定了高职教育的着眼点并不仅仅只是培养高技能人才,而且还肩负着全面提高劳动者素质和与时俱进、不断提高劳动者劳动技能的重大历史使命。作为长株潭城市群"两型社会"综合配套改革实验区中的职业教育,更应该在这个方面为"两型社会"建设提供鲜活的实践例证和强大的服务平台,为构建终身教育体系作出自己应有的贡献。

（五）高职教育是实现人口资源转化为人力资源的重要渠道

新增长理论的创始人、1995 年诺贝尔经济学奖获得者卢卡斯认为,知识的边际生产力是递增的,正是各国在人力资本上的差异导致了各国在收入和经济增长率方面的差异。人力资本的创始人、1979年诺贝尔经济学奖获得者舒尔茨指出,没有对人的大量投资,就不能享受现代化农业的硕果,也不能拥有现代化工业的富裕。人力资源是第一资源。实现科技进步,实现经济和社会发展,关键都在人。建设"两型社会",在很大程度上取决于公民素质的提高和人才资源的开发。通过发展高职教育解决劳动力素质偏低、技能型人才少、科技创新能力不高等问题,大力开发人力资源,将人口资源优势转变为人力资源优势,把潜在的优势转化成现实的优势,才是"两型社会"建设的正确选择。耶鲁大学社会学教授德博拉·戴维斯撰文说:"与其他发展中国家相比,中国占有得天独厚的人口优势;整个中国的基础教育水平很高,在今后的十年里,中国必将继续提升人力资本的等级。"高职教育必将为人口资本的转化和人力资本的提升发挥巨大的作用。

三、建设"两型社会"对高职教育提出的新要求

建设"两型社会",加快了中国经济发展方式的转变,这对高职教育的影响将越来越大,要求也将越来越高,主要表现在以下四个方面:

（一）对专业结构的新要求

以培养高素质高技能人才为目标的高职教育,必须与地方行业、产业、技术、市场、职业等的发展相衔接,其专业设置必须具有较强的职业定向性和针对性。"两型社会"的建设,需要在产业结构调整、产

业技术创新、发展环保产业等方面下工夫,需要特定专业的高技能人才。各地的经济结构、产业结构、科技结构和就业结构,不仅决定高职专业设置的分布结构和调整频度,而且决定高职专业设置的多样性和区域性。区域内高职教育应该以"两型社会"建设需求为导向,以产业发展的职业岗位为依据,以学科专业的交叉复合为发展方向,来综合考虑专业设置;区域内高职教育应该从"两型社会"建设的实际需求出发,构建科学合理的专业框架,优化专业结构,加强专业建设,弥补"两型社会"建设人才缺口。

(二)对人才培养的新要求

建设"两型社会",人才因素至关重要。"两型社会"建设对高职教育人才培养提出了规模和质量的双重要求。根据教育与经济社会发展相互作用的规律,建设"两型社会"必将导致对高技能人才和高素质劳动者的巨大需求,尤其是对以高新技术和现代服务业为主体的"两型"产业的人才需求巨大。同时,"两型社会"建设,对人才培养的质量也提出了新的要求。

高技能人才是人才队伍的重要组成部分,是推动技术创新和科技成果向现实生产力转化的骨干力量。无论是支撑一个制造业区域,还是创业业区域,都离不开大批高技能人才。通常发达国家的高级技工占技工总数的30%～40%,但中国现在许多城市都面临严重的"技工荒",诸多高级技工的岗位只能虚位以待。技能人才结构也不够合理,初级技工多,高级技工少;大龄技工多,青年技工少;单一技能的多,复合技能的少;通用工种多,数控车工等技术性强的高技能人才少;计算机、信息网络、光机电一体化等新生产业高技能人才更是严重匮乏。建设"两型社会"势必要加快实现经济结构的战略性调整和经济增长方式的根本性转变。促进传统产业改造升级,实现由"中国制造"向"中国创造"的跨越,迫切需要一大批掌握现代制造技术的高技能人才。推进"两型社会"建设,培养或培训一定规模且留得住的高素质高技能人才,是今后高等职业教育努力的目标。这就迫切要求高职院校加快发展,着力培养高质量高素质技能人才,为"两型社会"建设提供强有力的人力资源支持。

(三)对科学研究的新要求

"两型社会"建设,使得高职教育服务社会的对象更广泛、手段更多、功能更强。高职院校要根据"两型社会"建设的要求,实施"四大工程",充分发挥职业教育为"两型社会"建设服务的作用。一是加强和优化技能型人才培养、培训,为调整经济结构和转变增长方式服务;二是加强农村劳动力转移培训和农村实用技术培训,为农村劳动力转移和建设社会主义新农村服务;三是以就业为导向,大力开展成人继续教育和再就业培训,为提高劳动者素质、促进就业和再就业服务;四是大力提倡和践行资源节约和环境友好理念,坚持以资源节约、环境友好的方式进行发展,开设"两型社会"相关课程,开发以"两型社会"为主要内容的教材,让长株潭城市群与"两型社会"进教材、进课堂、进学生头脑,为宣传弘扬"两型社会"文化服务。

(四)对社会服务的新要求

"两型社会"建设要求发展资源节约型和环境友好型产业,走新型工业化和新型城市化道路,这就必然要求包括高职院校在内的高校提供智力支持。职业院校的科学研究要适应"两型社会"建设的需要,坚持正确的定位,为教学改革服务,以技术开发和成果转化为主,以当地企业、社区、农村的技术需求和服务为市场,增强自己的科研实力和竞争能力,找到自己的立足点和生长点,创建和突出自己的科研特点,以特色求质量和效益。

四、实现高职教育在"两型社会"建设中的价值

（一）认清形势，增强做大做强高职院校的信心

改革开放以来，我国的职业教育有了迅速的发展。职业教育不仅已作为教育事业的重要组成部分，而且成为社会发展的重要基础，成为促进就业和经济发展、提高国家竞争力的重要途径。2002 年 7 月，国家召开了全国职教工作会议，作出了《关于大力推进职业教育改革与发展的决定》。从此以后，职业教育发生了根本的变化，由教育内部的发展过渡到与社会、经济发展的结合；职业教育的内容更加扩大，由体系系统的建立、结构的合理完善，向自我发展、形成特色的方向发展；强调职业教育的时代性和社会性，即建立现代职业教育体系，已成为职业教育的新动向。2009 年湖南省《关于印发长株潭城市群"两型社会"建设改革试验区 2009—2010 年重点工作职责分工的通知》中提出在长株潭城市群"两型社会"改革试验区，建设"长沙职业教育基地、株洲职教科技园、湘潭职教基地、长株潭职业院校实习实训基地、湖南省高技能人才培训及农民工培训基地"等重点项目，湖南高职教育面临着更为广阔的发展空间。

（二）认清高职教育在经济发展中的作用，增强高职教育的发展后劲

随着社会经济、政治的发展，高职教育的重要作用越来越凸现出来。二战以后，西方发达国家经济快速增长的一个重要原因，就是高职教育及时提供了大量企业急需的应用型、操作型人才。"没有高素质技能型劳动力的支撑，不可能实现经济的快速发展"。英格卑斯领导的涉及 6 个发展中国家的大规模社会调查指出，"……物的现代化和制度的现代化都不是根本的，起决定作用的是人才自身的现代化。

只有现代教育才能培养出现代化的人",因为"再完美的现代制度和管理方式,再先进的技术工艺,也会在一群传统人的手中变成废纸堆"。所以说,高职教育有着强大的发展后劲,这是毋庸置疑的,《国家中长期教育改革和发展规划纲要(2010—2020)》指出必须把职业教育摆在更加突出的位置。高职院校的使命,在于扎根地方经济,在与地方经济社会的无缝对接中"同步共振"。湖南高职院校要抢抓长株潭城市群两型社会试验的机遇,研究长株潭城市群,研究"两型社会",寻求高职院校与长株潭城市群的连接点,寻找高职院校与"两型社会"的结合点,寻思高职院校新的增长点。要用服务长株潭城市群、服务"两型社会"这个目标,来重新调整学校的办学定位,彰显办学特色,奋力把高职院校做大做强。

(三)认清高职教育的新理念,增强抓住机遇的能力

教育理念是指人们对教育现象(活动)的理性认识、理想追求及其所形成的教育思想和教育哲学观点等。建立在教育规律基础之上的先进的教育理念,作为一种"远见卓识",反映了教育本质和时代特征,蕴涵着教育发展的思想,是指明教育前进方向、引导和鼓舞人们为之长期奋斗的教育理想。《国家中长期教育改革和发展规划纲要(2010—2020)》提出了"到2020年,形成适应经济发展方式转变和产业机构调整要求、体现终身教育理念、中等和高等职业教育协调发展的现代职业教育体系"。实践证明,教育理念的转变和创新,意味着人们将以新的眼光重新审视和认识教育现象,以新的范畴重新把握和建构教育体系,以新的方式重新组织和拓展教育活动。转变理念的第一步是在办学的各个环节都体现开放的时代精神,按照现代高职发展规律和国家教育规划纲要要求,去改造我们的办学思路、教育教学思想和人才培养模式,以确保学校发展目标的实现。

国家确定长株潭城市群为全国资源节约型和环境友好型社会建设综合配套改革试验区,标志着"两型社会"建设进入实际实施阶段。

高职教育因其培养目标的职业针对性、教育内容的产业性和办学过程的社会性（即地方性与行业性），在"两型社会"的建设中，起着不可替代的重要作用。21世纪以来，胡锦涛总书记一再强调要大力发展职业教育，"两型社会"的建设给高职院校的发展带来前所未有的机遇，也带来了前所未有的挑战。《国家中长期教育改革和发展规划纲要（2010—2020）》提出必须把职业教育摆在更加突出的位置，作出了大力发展职业教育的决策。高职教育是工业化和生产社会化、现代化的重要支柱，是构建"两型社会"的重要基础。我国高职院校已经进入到主动嵌入地方经济社会发展，打造办学特色的新发展阶段。高职院校应以建设"两型社会"为契机，在示范建设引领下，根据地方经济的内生需求和地方产业结构的演进、生产技术的变化、经济增长的速度等不断调整和优化自身的发展，坚持不懈改革、创新、发展，满足"两型社会"建设对高素质劳动者和技能型人才的需要，在实现高职教育在"两型社会"建设中的价值的同时，完成我国高职教育的飞跃。

参考文献

[1]金中基,周卫国.全力推进长株潭"两型社会"改革试验区建设[N].湖南日报,2007年12月16日版.

[2]朱双华,汪炎珍.改革长株潭经济一体化下高职院校的专业设置实践与思考[J].职教论坛,2006,(5).

[3]张盛仁,田寿永.高等职业教育与"两型社会"建设[J].理论月刊,2008,(7).

[4]徐同文.区域大学的使命[M].北京:教育科学出版社,2004.

[5]张盛仁.建成职教联盟共享信息资源[N].楚天金报,2008年1月23日版.

[6]周济.2004年2月第三次全国高职高专教育产学研结合经验交流会上的讲话[J].职业技术教育,2004,(6).

[7]马树超.高职教育的现状特征与发展趋势[N].中国教育报,2006,(9).

[8]葛锁网.高等职业教育人才培养模式研究[M].北京:研究出版社,2004.

[9]高等职业技术教育研究会.20年回眸——高等职业教育的探索与创新(1985—2005)[M].北京:科学出版社,2006.

[l0]王根顺,王成涛.高等职业技术教育概论[M].北京:民族出版社,2004.

[11]欧阳河.着力建设中国职教课程体系[J].职教论坛,2008,

（2）．

[12]黄克孝.构建高等职业教育课程体系的理论思考[J].职教论坛,2004,（1）.

[13]黄克孝.职业和技术教育课程概论[M].上海:华东师范大学出版社,2001.

[14]蒋乃平.对综合职业能力内涵的思考[J].职业技术教育,2001,22,（10）.

[15]周大农,戚亚光,吴亚萍.分层化国家职业标准理念引导下的高职课程体系重组[J].教育与职业,2008,（10）.

[16]中华人民共和国教育部高等教育司和中国高教学会产学研合作教育分会主编.必由之路——高等职业教育产学研结合操作指南[M].北京:高等教育出版社,2004.

[17]陶晓艳.创新性人才培养模式的研究[D].长沙:中南大学,2003.

[18]刘福军,成文章.高等职业教育人才培养模式[M].北京:科学出版社,2007.

[19]陈牛则.我国职业教育集团化发展构想[J].职业技术教育（教科版）,2004,（16）.

[20]易元祥.中国高等职业教育的发展研究[D].武汉:华中科技大学,2004.

[21]马必学.高等职业教育学生职业素质培养与训练[M].北京:教育科学出版社,2007.

[22]张志勇.高职教育人才培养目标及培养模式研究[D].长沙:湖南农业大学,2004.

[23]穆伟山.高等职业教育创新人才培养模式浅探[J].甘肃社会科学,2006,（4）.

[24]孙中范.关于高等职业教育专业教学改革若干问题的思考[J].中国高教研究,2003,（5）.

[25]武正林.坚持就业导向培养高职人才的社会适应度[J].中国高等教育,2006,(24).

[26]范唯,马树超.关于加快建设示范性高职院校的思考[J].教育发展研究,2006,(10A).

[27]唐成海.关于高等职业教育人才培养基本模式的构想[J].黑龙江高教研究,2006,(6).

[28]贾岩.我国高等职业教育人才培养模式探讨[D].大连:大连理工大学,2006.

[29]刘振兴.高职教育的定位与培养模式的思考[J].机械职业教育,2003,(4).

[30]王前新.高等职业教育人才培养模式的构建[J].职业技术教育,2003,(10).

[31]李建求.论高职院校的专业建设[J].高等教育研究,2003,(4).

[32]赵铁,林昆勇.人才培养质量社会评价指标体系的构建.高教论坛,2004,(3).

[33]余小波,王志芳.高等教育质量的社会保障:特点、途径和实现条件[J].高等教育研究,2006,(3).

[34]王战军,廖湘阳,周学军.中国高等教育评估实践的问题及对策[J].清华大学教育研究,2004,(6).

[35]田恩舜.高等教育质量保证模式研究[M].青岛:中国海洋大学出版社,2007.

[36]许明.高等教育质量保障体系的国际比较[M].辽宁:辽宁师范大学出版社,2005.

[37]黄慧娟.关于美国高等教育质量保障体系的初步研究[D].福建大学,2005.

[38]吴雪萍.国际职业技术教育研究[M].浙江大学出版社,2004.

[39]杨瑛.英国高等教育质量保证体系研究[D].中央民族大学,2007.

[40]卢红学.高等职业院校学生知识、能力、素质结构及其形成研究[D].华中科技大学,2005.

[41]郑荷芬.浅议高职院校核心竞争力的培育[J].职业教育研究,2005,(1).

[42]傅瑞林.关于高职院校加强职业观教育的思考[J].教育与职业,2006,(7).

[43]周杭梅.高职院校学生职业生涯规划策略研究[J].南京工业职业技术学院学报,2004,(3).

[44]潘洪建.职业教育视野中的普通知识与职业知识[J].理论研究,2004,(2).

[45]梁鸿松.高等职业教育课程模式改革的探索[J].徐州建筑职业技术学院学报,2002,(2).

[46]万秀兰.美国社区学院的改革与发展[M].北京:人民教育出版社,2003.

[47]续润华.美国社区学院发展研究[M].北京:中国档案出版社,2000.

[48]余家欣.美国社区学院全攻略[M].北京:中国科学技术大学出版社,2003.

[49]温家宝.大力发展中国特色的职业教育[N].中国教育报,2005年11月7日版.

[50]王前新.高等职业教育人才培养模式构建[M].汕头:汕头大学出版社,2002.

[51]孙伟宏.探索校企合作模式培养优秀技能人才[J].教育发展研究,2006,(4A).

[52]肖化移.关于高等职业教育产学研结合体系的构想[J].职教通讯,2004,(4).

［53］全国产学研合作教育协会.国外产学研合作教育及其给我们的启示［J］,职业技术教育,2004,（6）.

［54］吴岩.产学研结合,解决高职发展瓶颈问题［J］.中国职业技术教育,2005,（22）.

［55］翟向阳.论政府在产学研合作教育中的行政功能与作用［J］.职教论坛,2006（2综合版）.

［56］周和平.职业教育运行机制初探［J］.职教通讯,2003,（11）.

［57］课题组.未来五年高技能人才缺口有多大——关于企业高技能人才开发途径和需求趋势的报告［J］.职业技术教育,2005,（36）.

［58］李芹、谭辉平.政府在高职产学合作教育中作用探析［J］.中国职业技术教育,2006,（14）.

［59］余向平.高职教育以就业为导向的人才培养模式探讨［J］.职业技术教育（教科版）,2005,（4）.

［60］马成荣.关于职教集团基本问题的思考［J］.教育发展研究,2005,（10）.

［61］冯象钦,段志坚,马仲明,冯立兵.集团化办学是改革和发展职业教育的重要途径［J］.中国职业技术教育,2003,（9）.